U0139830

【日本棋院最新版】

围棋定式大事典

（上卷）

（日）高尾绅路　著

苏　甦　译

北方联合出版传媒（集团）股份有限公司

辽宁科学技术出版社

© 2024辽宁科学技术出版社
著作权合同登记号：第06-2021-120号。

图书在版编目（CIP）数据

围棋定式大事典. 上卷 / （日）高尾绅路著；苏甦
译. —沈阳：辽宁科学技术出版社，2024.4
　　ISBN 978-7-5591-3371-7

　　Ⅰ.①围… Ⅱ.①高… ②苏… Ⅲ.①定式（围棋）—
基本知识 Ⅳ.①G891.3

中国国家版本馆CIP数据核字（2024）第018732号

出版发行：辽宁科学技术出版社
　　　　　（地址：沈阳市和平区十一纬路25号 邮编：110003）
印 刷 者：辽宁新华印务有限公司
经 销 者：各地新华书店
幅面尺寸：145mm×210mm
印　　张：16.5
字　　数：300千字
印　　数：1～4000册
出版时间：2024年4月第1版
印刷时间：2024年4月第1次印刷
责任编辑：于天文
封面设计：潘国文
责任校对：栗　勇

书　　号：ISBN 978-7-5591-3371-7
定　　价：58.00元

联系电话：024-23284740
邮购热线：024-23284502
E-mail:mozi4888@126.com
http://www.lnkj.com.cn

前 言

定式处在不断演变的过程中，说是日新月异应该也不为过。本书在这样的背景下终于得以完成，各位读者在最初阅读的时候也许会觉得"啊，又有新的定式出现了"。

定式发展的历史，也可以说是棋形反复淘汰和再现的历史。这里有因为对棋形评价的改变导致几乎消失的定式，也有因为对棋形理解的改变又重新出现在了人们的视野之中的定式。还有些已经被认定淘汰的定式，再次变成了流行的下法。

自日本棋院旧版《基本定式辞典》（二十四世本因坊秀芳著）问世以来，已经过去了30多年的时间。此时进行再修订追加定式的演变已经是比较合适的时机，这也是21世纪新版《围棋定式大事典》出版的原因。

上卷是"小目"定式，"星""目外""高目""三三"定式收录在下卷。本书收录了所有的基本定式，还包括了各位爱好者对局中经常出现并需要注意的棋形。同时，定式的下法、对其中各种变化的评价也收录在书中。

如各位读者所熟知的那样，定式都是在局部进行的棋形，在全局不同的配置下，对定式的评价肯定会有所改变。也请各位读者不要拘泥于定式棋形本身的评价，也要着眼于全局，在实战中进行尝试。

高尾绅路

2009年12月

凡　例

一、标注◆◆的图形，代表是基本定式。

二、标注◆的图形，是符合基本定式标准的定式。

三、索引图下边的数字，是棋形所在页数。

目 录

索 引

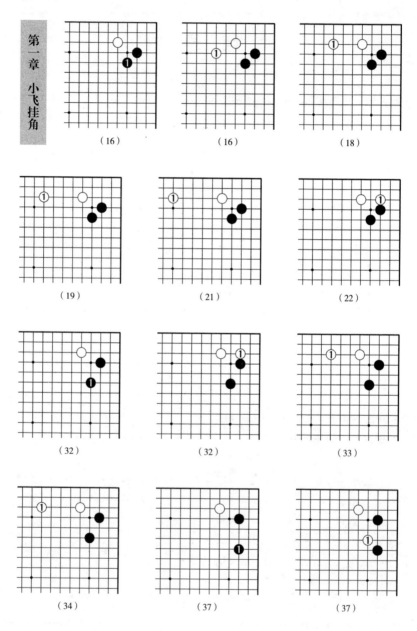

第一章 小飞挂角

（16）　　　　（16）　　　　（18）

（19）　　　　（21）　　　　（22）

（32）　　　　（32）　　　　（33）

（34）　　　　（37）　　　　（37）

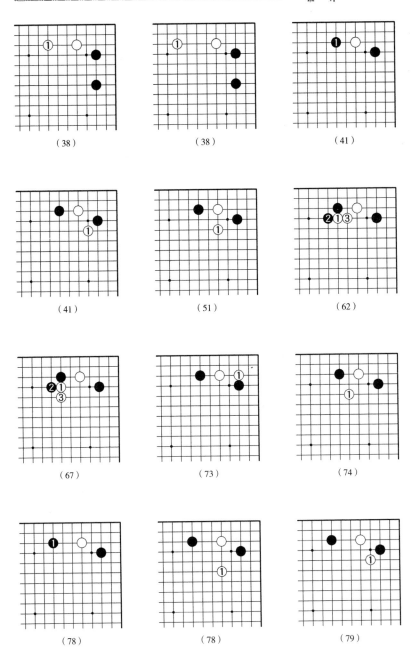

（38） （38） （41）

（41） （51） （62）

（67） （73） （74）

（78） （78） （79）

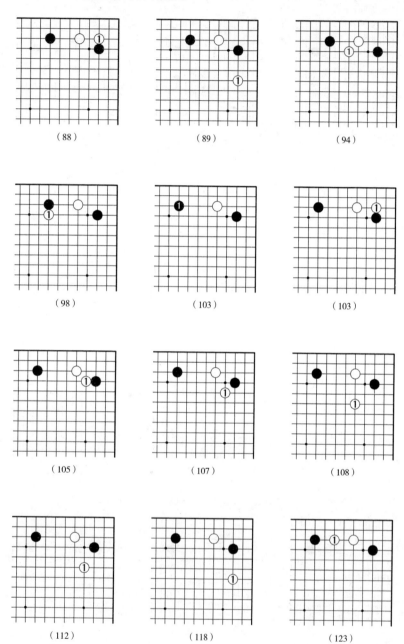

（88）　　　　　　（89）　　　　　　（94）

（98）　　　　　　（103）　　　　　　（103）

（105）　　　　　　（107）　　　　　　（108）

（112）　　　　　　（118）　　　　　　（123）

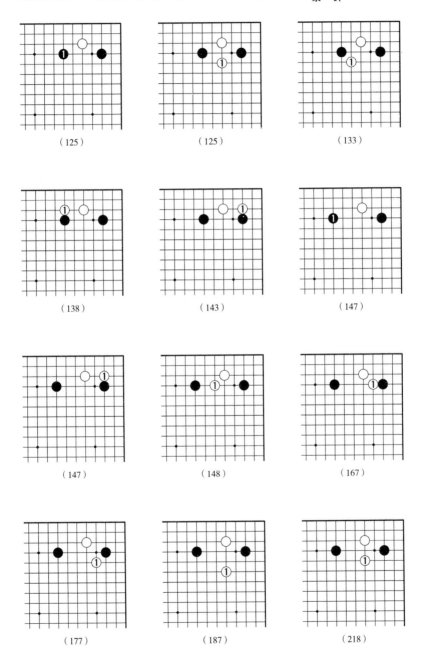

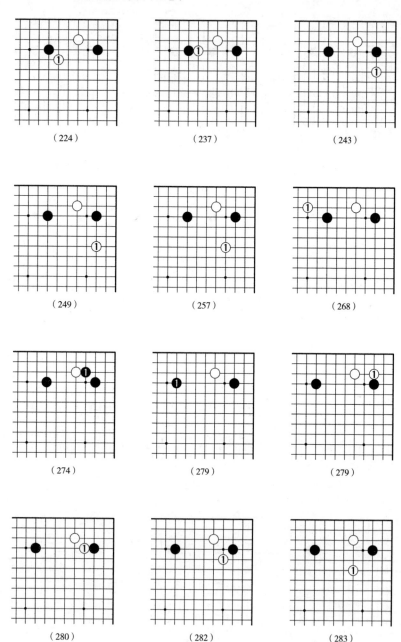

（224）　　　　　　　　（237）　　　　　　　　（243）

（249）　　　　　　　　（257）　　　　　　　　（268）

（274）　　　　　　　　（279）　　　　　　　　（279）

（280）　　　　　　　　（282）　　　　　　　　（283）

（286）

（289）

（291）

（298）

（302）

（304）

（304）

（313）

（316）

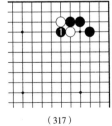

（317）

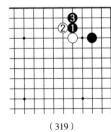

（319）

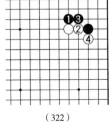

（322）

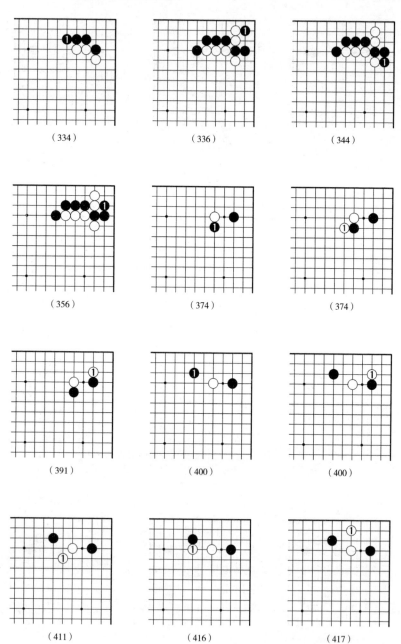

（334）　　　　　（336）　　　　　（344）

（356）　　　　　（374）　　　　　（374）

（391）　　　　　（400）　　　　　（400）

（411）　　　　　（416）　　　　　（417）

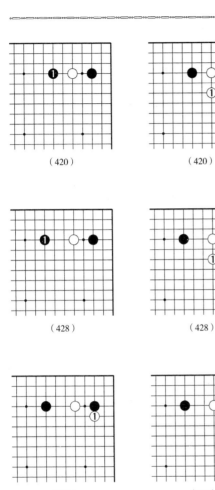

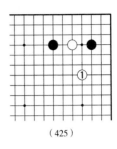

（420）　　　　　　　（420）　　　　　　　（425）

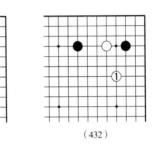

（428）　　　　　　　（428）　　　　　　　（432）

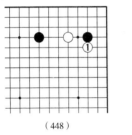

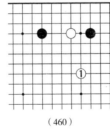

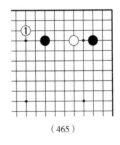

（448）　　　　　　　（460）　　　　　　　（465）

第三章　大飞挂角

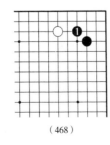

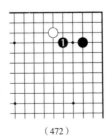

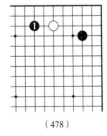

（468）　　　　　　　（472）　　　　　　　（478）

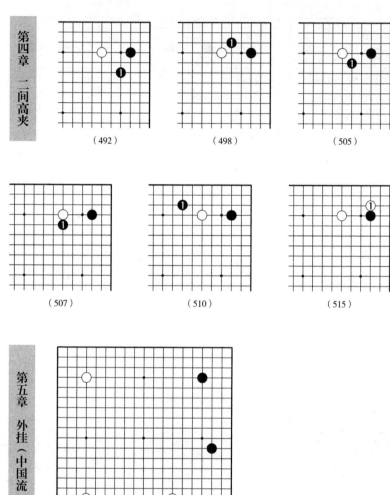

第四章　二间高夹

（492）　　　　　　（498）　　　　　　（505）

（507）　　　　　　（510）　　　　　　（515）

第五章　外挂（中国流）

（520）

第一章

小飞挂角

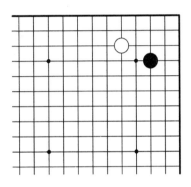

　　面对小目，小飞挂角是最严厉的挂角方法。一般来说"挂角"指的就是小飞挂角。很久远的对局棋谱中大部分都是小飞挂角的棋形。在此基础上，一间高挂、大飞挂角、二间高挂等挂角方法的研究也在不断进行中，近三四百年以来还有很多定式为棋手们所常用。但是这正是定式的特点，随着对棋形评价的微妙改变，如今新的定式棋形也在不断地涌现出来。

1. 小尖

白棋挂角，黑1小尖。这手棋被称为"秀策的小尖"。

与黑a小飞、黑b拆二相比速度偏缓，但棋形厚实。后续黑c位飞压对白棋攻击力度较强。

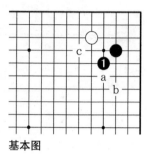

基本图

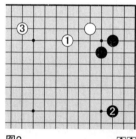

图1

图1（白棋的应对）

面对黑棋小尖，白棋的应对基本上有a位小飞、b位拆二、c位拆三、d位拆四和e位托进角等几种下法。

另外，白棋挂角与黑小尖交换后，已经成功阻挡了黑棋守角，有先手利的感觉。因此脱先也是一种选择。

①白应对

图2（定式）

白1小飞在上边扩张，黑2拆边是在小尖应对时预定的后续手段。白3拆边，棋形可以满意。黑2、白3的交换根据不同局面也可能会选择脱先他投。

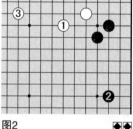

图2 ◆◆

图3（后续手段）

接下来黑1尖顶、3立可以确保角地，实地价值极大。白先可以在a位小飞进角破空，一来一往实地差距有20目左右。黑1、3在以往的对局中被认为是极好的手段。

图3

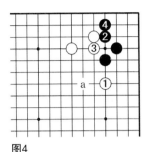

图4

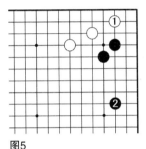

图5

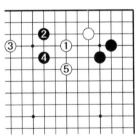

图6

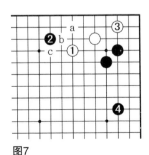

图7

图4（脱先定式）

黑棋尖顶在为了获取根据地的场合中也是一种选择。图2的黑2脱先，白1夹击的时候再2、4位进角，如此也是黑棋可以满意的棋形。

接下来白a位跳也是好形，但是此时不适宜再落后手。

图5（白小飞进角）

白如果不满上图，则会选择白1小飞进角。这样黑2拆边，上图的尖顶和本图拆边见合，黑棋完全不必担心会被攻击。当然白棋可以根据场合选择上图和本图的变化。

图6（激战）

白1小飞，黑也可能选择2位直接攻击。白3反夹，黑4跳出，白5跟着出头。可以预见战斗即将展开。

即使是在左上角白棋有一定棋子配置的情况下，黑2也是有力的手段。当然如果左上角是黑子，黑2就会是更严厉的一手。

图7（根据地）

黑2夹击，白3小飞进角的思路是先确保获取根据地。不过这样一来黑4拆边之后，还留有a位进角的后续手段。而白棋肯定是不想轻易进行白b、黑c交换的。

白3如果不愿意选择上图的夹击，那么白1的小飞就是问题手。

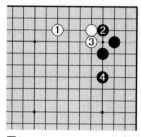

图8

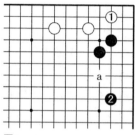

图9

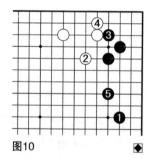

图10

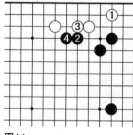

图11

②拆二

图8（定式）

白1拆二是寻求一手安定的下法。与上图小飞一样，不用担心黑棋从左边展开攻击。

黑2也可以脱先，如果继续落子，则会选择尖顶之后4位跳。黑2、4是组合手段。

图9（黑脱先）

白拆二，黑如果脱先，则白1小飞进角极大。接下来黑2一般是拆边应对。

不过根据局面的不同白1也可能选择在a位附近落子，所以白1保留的可能性较大。

图10（直接拆边）

不选择角部尖顶，黑1直接拆边也是常见下法。选点要根据右下角的棋子配置决定。

白2与下图的区别是此时的关键。黑尖顶先手之后黑5补强，局部告一段落。

图11（模样）

与黑棋的模样相比，不论角地多大，白1也是一步问题手。黑2、4扩张模样好形。

白1过于重视实地，图10是更常规的应对。

18

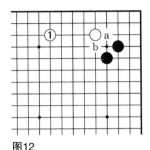

图12

③拆三

图12（意图）

白1拆三和拆二都是比较常见的下法。

拆三的话，黑a、白b的交换会让白棋变成立二拆三的好形，所以白1也可以理解为是不让黑a位尖顶的手段。

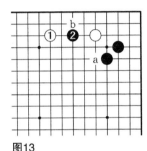

图13

图13（打入）

面对拆三，黑棋脱先的可能较大。如果直接落子，则会选择黑2打入。当然在白棋选择拆三的时候，肯定就做好了对手打入的准备。

白棋的应对手段主要是a位出头和b位托渡过两种。

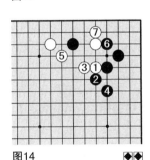

图14 ◆◆

图14（定式）

白1、3出头，黑4虎补，白5、黑6先手利之后告一段落。

弃掉打入的棋子乍一看非常不舍，这其实也是黑棋既定的想法。黑4获得好形，可以满意。

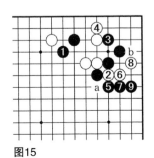

图15

图15（根据征子）

上图黑4如果如本图小尖出头，则要思考征子的情况。白2断时如果a位征子不利，则黑3尖顶好手，至黑9，白被吃。

如果不下黑3尖顶，则黑9位立，白b位爬，黑落于下风。

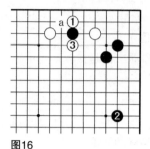

图16

图16（下托）

白棋不想让黑凑调变成好形，则会选择1位托。

黑2拆边，可以看成打入与白1托的交换，是黑棋的先手利，待时机成熟可以a位扳反击。但是白3夹好形，白棋也可以满意。

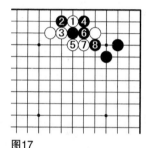

图17

图17（反击）

既然选择了打入，黑2选马上扳断更为常见。

黑2扳，白3～7应对，黑8断。黑2在4位方向扳断只是一种场合下法。

黑8断——

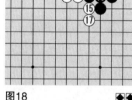

图18 ◆◆◆

图18（定式）

白9、11先手利，白13拐先手。接下来白15、17扩大外势。

白棋角上三子虽然被吃，但通过收气白获得厚势，后续还有a位或者b位的先手利，棋形厚实。这是黑棋实地、白棋外势的转换。

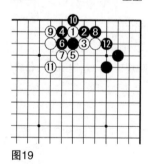

图19

图19（低位）

如上图所述，黑2扳方向不对，但并不是完全不能选择。

白7挡，黑8爬，进行至黑12渡过。

白11虎补，白棋可下。

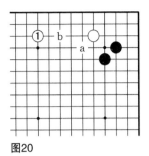

图20

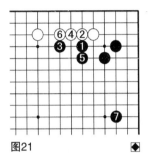

图21 ◆

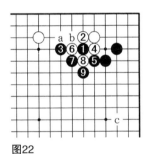

图22

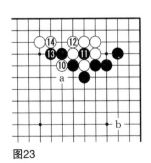

图23

④拆四

图20（节奏）

白1拆四，是在左上角有棋子配置情况下的选择。但自身棋形略显薄弱，所以黑棋后续也一定会针对这一点出招。拆四的下法在实战中并不多见。

黑棋的后续手段有a位飞压、b位打入等。

图21（定式）

黑1飞压，让白棋在低位联络，以期在中腹形成厚势。

白2爬，黑3跳，白4长，黑5并。白6爬回，黑7拆边。上边白棋获得实地，黑棋在右边形成了外势。

图22（抵抗）

黑3跳，白4、6反击。黑7反打、9打吃是此时的行棋关键。

此时若白a渡过，黑1提，白b粘，黑c拆边明显好形。面对黑9——

图23（断）

白10断吃是首选。黑11先手提、13长，白14渡过。后续如果黑棋征子有利可以a位打，也可以选择b位拆边。

本图在"小目·小飞挂角·二间高夹"系列中有具体讲解，请参考268页以下的变化图。

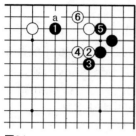

图24

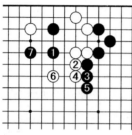

图25

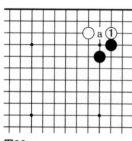

图26

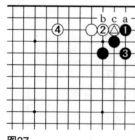

图27

图24（打入）

黑1打入严厉。像20页图16所示的下托渡过的手段此时已经失效。

白2靠压，黑3扳，白4长出头。黑5尖顶是获取根据地的要点。白6小尖意在后续a位托过。

接下来——

图25（战斗）

黑1跳则战斗开始。

白2、4出头，黑3、5不能脱先。黑3或者5若在6位跳，则白在3位打吃或者5位扳棋形绝好，黑不能忍受。

白6跳，黑7跳是正常进程。

⑤托三三

图26（重视眼位）

面对黑棋小尖，白可以1位托三三。这是根据周围棋子配置而定的下法，在棋局早期很少出现。

白棋的目的是防止黑a尖顶同时寻求眼位。

图27（两分）

白△托，黑1扳是绝对的一手。

白2粘是其中一种应对。黑3虎好形，若在a位进角后续白3位刺严厉。

白2也可以在b位倒虎，黑c，白2。

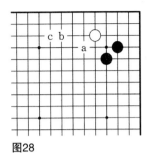

图28

图28（飞压和夹击）

黑小尖之后，因为白已经先手阻止了黑棋守角，所以白棋脱先的实战例子也很多。

在白棋脱先之后，黑棋的下法有a位飞压和b位、c位夹击等。

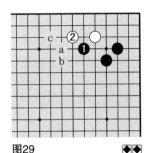

图29　◆◆

图29（飞压）

黑1飞压，白2跳出。飞压是重视右下方发展的下法，同时黑棋需要做好让白2在上边发展的心理准备。

接下来黑棋可以选择脱先或者a、b、c等后续手段。

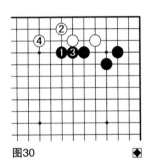

图30　◆

图30（继续跳封）

黑1跳封。这是继续坚持扩大模样的下法，非常严厉。白棋在此处没有好的反击手段。

白2小尖冷静。黑3粘补强，白4小飞出头，双方都是本手。黑3粘住形成了极厚的棋形。

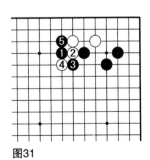

图31

图31（包围）

黑1跳封，白2冲试图出头。黑3挡住必然，白4断可以说是黑棋计划内的下法，黑5挡住，白棋一旦出现失误就会陷入黑棋的陷阱之中。

接下来白棋的下一手非常关键。

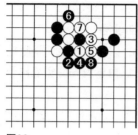

图32

图32（封锁）

只要选择白1断，直至最终定形可以看出已经明显中了黑棋圈套。

白3无法在5位强硬出头，白3吃掉1子之后，黑4、6位先后打吃是正常次序。白7不得已，黑8包围形成厚势，此局面明显对白棋不利。

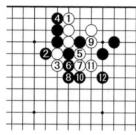

图33

图33（大同小异）

白棋不想如上图中被黑6先手打吃，如本图白1立。但是这样黑2打吃也极为严厉。

白5、7打吃之后仍然不得不9位打吃联络。接下来黑10、12继续成功阻止白棋出头。白棋还是无法逃脱被包围的结局。

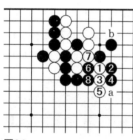

图34

图34（变化）

上图中白11还有本图白1的变化。但是最终的结果仍然是白棋不利。

黑2如果直接在6位挖吃，则白7粘先手，黑8粘，白2立下，黑棋角上不好处理。所以黑2虎是正着。接下来进行至黑8，白a则黑b，黑棋安全。

接下来——

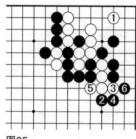

图35

图35（手筋）

白1小飞进角做活，此时黑2鼻顶是精妙的手筋。白3拐，黑4夹，白5必须出头，这样黑6渡过，白棋气紧，后续明显不好处理。

白5如在6位立，则黑5挡住，对杀不利。

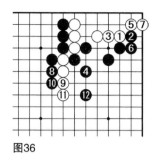

图36

图36（黑好）

图33中的白5切断是俗手，所以考虑如本图白1进角寻求根据地。黑2先手扳之后4位虎补断点。让白棋在角部做活，黑无不满。

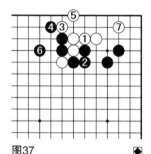

图37 ◆

图37（两分）

从结论来说，图31的棋形白棋经过了各种反击的尝试结果都不满意。

所以白1粘住是冷静的下法，黑2粘，白3扩大眼位做活，形成两分的局面。

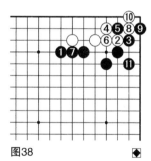

图38 ◆

图38（其他的下法）

如果是选择就地做活的下法，在黑1跳封的时候，白2直接进角也是选择之一。

黑3扳，白4倒虎。黑5先手打吃之后7粘补强是本手。接下来白8吃掉黑1子做活，可以说是完成了最初的目标。

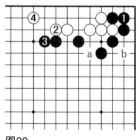

图39

图39（黑贪小利）

黑棋如果不愿意被白棋如上图白8吃掉角上一子，则棋形过重。

白2爬先手，在4位飞出。接下来白棋有a位靠出、b位点的后续手段。黑棋的棋形厚度远不及上图，黑1贪小利不可取。

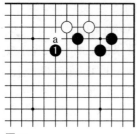

图40

图40（小飞）

黑1小飞和a位跳封一样，目的都是在右边发展中腹势力。但是相比之下还是a位更为严厉。

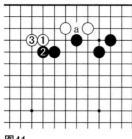

图41

图41（白可下）

白可以1位飞起应对。黑2压，白3长。

白可以在四线成空，本身可以满意。虽然白棋还有a位冲，棋形稍显薄弱，但是黑棋的棋形也有自身问题，所以本图的局面白棋可以接受。

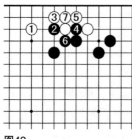

图42

图42（白不利）

白1二间跳不好。黑2靠，白3扳，黑4冲先手利。白棋的联络不成问题，但是棋子都在低位，黑棋的厚势陡然加强。

一定要避开这样的局面。

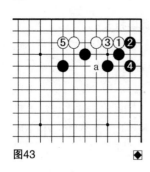

图43

图43（两分）

面对黑棋小飞，白1托进角是稳健应对。黑2扳，白3粘住保留了a位的跨断，黑4虎补强，白5并出头，不给黑棋借用。

双方两分。

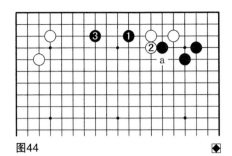

图44

图44（飞压后夹击）

这样的局面下，黑1夹击也是一种下法。白2出头，黑3拆二。接下来白如果a位扳棋形厚实。

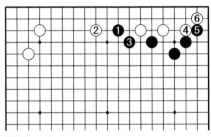

图45

图45（反击）

察觉到黑棋的意图，白2反夹也是一种选择。黑3封头，但白棋有4、6托进角做活的手筋。

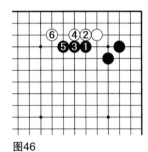

图46

图46（低位）

黑1飞压，白2爬棋形过重。在大多数场合都不是好的选择。黑3长，白4必须再爬一下才可以6位跳出。

黑5长极厚，黑棋优势。黑3也可以下在5位跳。

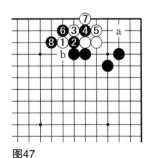

图47

图47（冲断）

白1若直接跳出，则黑2、4马上冲断。

白5吃掉黑一子，黑6、8在外围征子有利的情况下，可吃掉白1一子。接下来白必须a位进角做活，黑b提掉白1一子，外势极厚。

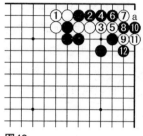

图48

图48（白被吃）

黑断，白1如果粘在外边，则黑2爬，白二子被吃。白3、5长气，进行至白7扳，黑8、10是经典的大头鬼手筋，对杀黑快1气获胜。

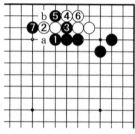

图49

图49（其他选择）

图47中的征子如果黑棋不利，黑也有别的下法可以选择。如本图黑1压，白2长，黑3、5再冲断。

白6粘住，黑7鼻顶手筋。白a出头，则黑b联络；白b吃掉黑1子，则黑a挡住形成厚势。

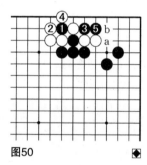

图50

图50（黑好）

黑1切断，白2如果在外边打吃，则黑3断吃之后黑5吃掉白二子，接下来白a长，黑b爬的变化可以参考图48。

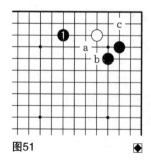

图51

图51（二间夹）

面对白棋脱先，黑也可以选择夹击。

其中一种就是二间夹。

白棋接下来的应对方法如a、b出头和c位进角等。

28

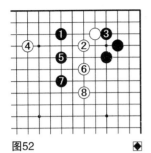

图52

图52（要点）

白2出头的同时，黑3阻止白棋进角是棋形要点。其目的是不能给白棋做活的根据地。

根据左边的配置，白4夹击之后白6跳出，接下来形成双方互相攻击的局面。

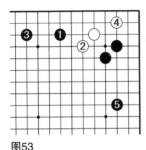

图53

图53（平和）

白2小尖，黑3在左上角拆边。白4进角夺取根据地和黑3拆边皆是此时的好点。

白4进角之后，黑5拆边，两边都有所得。

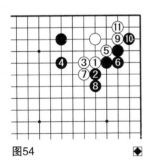

图54

图54（两分）

白1、3靠压出头。黑4跳继续攻击白棋，意在顺调起到加强左边棋形的目的。

白5是整形的手筋，黑6粘之后白7拐先手利之后9、11进角做活。

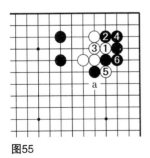

图55

图55（征子）

白1是整形手筋，但是如果黑棋征子有利，则黑2打吃反击严厉。

白3粘，黑4粘角。白a位打吃征子不利陷入困局。所以在这样的局面下，白靠出头就是问题手。

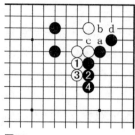

图56

图56（俗筋）

白1拐直接出头，是被称为"后推车"的俗筋。

接下来白a已经没有意义，黑b打吃，白c粘，黑d粘住。黑棋的攻势会更加严厉。

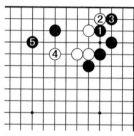

图57

图57（黑可战）

白棋的目的是出头，黑1夺取白棋根据地是好手。目的是不给白棋如图54那样的整形机会。

白2扳先手利之后，白4跳继续向中央进发。黑5小飞应对，接下来就互跑的局面。

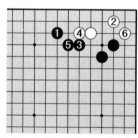

图58

图58（定式）

黑1夹击，白2小飞进角目的是快速获得根据地。这样一来黑3封锁获得外势。

本图黑棋可以满意，但考虑到白棋在此处已经脱先过一手，白棋局部落后也属必然结果。

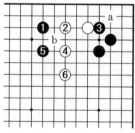

图59

图59（三间夹）

黑1三间夹，白2有拆一的空间。这是根据左上方的棋形配置可以选择的下法。

黑3是为了防止白a位小飞进角。黑棋在夺取了白棋根据地之后再进行攻击，接下来进入战斗的局面。

白2也可以在b位肩冲。

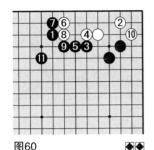

图60

◆◆

图60（定式）

黑1的三间夹，白2小飞进角做活是此时较好的应对手段。

黑3飞压获得外势，至黑11，白棋先手做活，黑棋获得厚势，双方都可以满意。

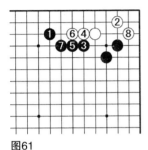

图61

图61（黑好）

上图中白6、8虽然乍看起来有点俗手的感觉，但自有其道理。

本图白6先手爬，白8进角也可以做活。但是与上图相比，白棋落了后手。

黑棋外围厚势有些许差别，但是差了个先后手，白棋不能接受。

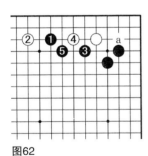

图62

图62（还原）

黑1夹击，白2反夹是要考虑到左边棋子配置的下法。

黑3飞压，白4跳，黑5小尖封头。这与图45棋形相同。白接下来有a位进角求活的后续手段。

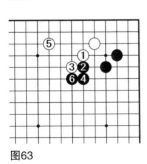

图63

图63（旧定式）

面对黑小尖，本图白1小尖在日本江户时代中期以后较为流行。

黑2、4之后黑6拐头，是当时的经典定式下法，但是现在已经几乎绝迹，普遍认为该形黑棋厚实，白棋不利。

2. 小飞

白棋挂角，黑1小飞是稳健的应对。

棋形虽然不如小尖厚实，但是后续拆边会是好形。

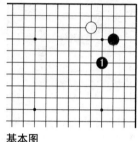

基本图

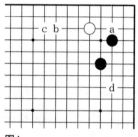

图1

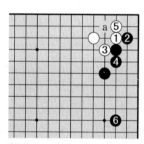

图2 ◆◆

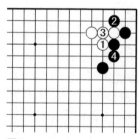

图3

图1（应手）

相比之下，在黑棋小飞的局面中，白a位进角更容易。

还有白b位拆二、c位拆三等下法，这与黑棋小尖的局面大致相同。

当然白棋还是可以选择脱先，根据右边棋子配置，白d也是选择之一。

①托三三
图2（定式）

白1托三三，是为了获取根据地的常见下法。黑2扳，白3虎先手整形，白5立保证眼位。黑6拆边。

进行至黑4，白棋获得先手之后脱先他投，之后黑5位打吃，白a做劫也是一种变化。

图3（愚形）

白1虎整形，黑也可以2位打吃。但是此时白3粘是愚形，是绝对不可以选择的下法。

黑2打吃时的应对，必须如下图。

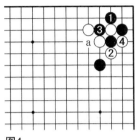

图4

图4（气合）

黑1打吃，白2反打是气合的下法，也是此时必然的一手。

黑3提，白4打吃。接下来黑如果在a位开劫是无谋的选择。白棋先手提劫。因为初棋无劫，黑棋不利。

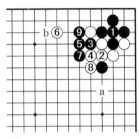

图5

图5（黑厚）

所以此时黑棋选择1位粘冷静应对。白2粘，黑3断，进行至黑9,告一段落。白6直接在a位夹击，黑b拆边也是一型。

本图黑棋厚实可以满意，但是若右边棋子配置对白有利，白棋也可选择，图2中白1、3进角，如果无法接受本图的局面，就要舍弃这个变化图。

②拆二
图6（定式）

白1拆二，目的是尽快获得棋形安定。

黑接下来在2位或者a位拆边，棋形厚实。这样的下法是为了避免白b逼住的手段。当然黑2也可能会脱先他投。

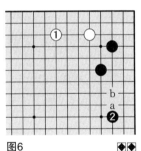

图6

图7（组合拳）

白1拆二，黑2先手尖顶也是一种选择。

接下来白3长，黑4如果不走，白有b位靠断的后续手段。所以在黑选择2位尖顶的时候就已经计划好了下一手选择黑4或a位拆。因为如果脱先，白b靠断将会非常严厉。

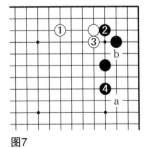

图7

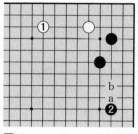

图8

③拆三

图8（定式）

白棋也可以如本图选择拆三。与拆二时的情况一样，黑2或者a位拆边是很厚实的下法，价值很大。

黑2是为了防止白b逼住，当然也可以脱先他投。

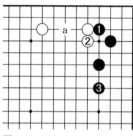

图9

图9（白无不满）

拆三的时候，黑1尖顶不是好选择。因为这样一来白2长起之后变成立二拆三的好形，白棋可以满意。

黑还是如上图直接拆边，或者在a位打入寻求行棋步调。

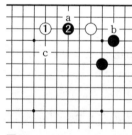

图10

图10（打入）

与黑棋小尖应对的情况相同，黑也可以2位打入。

白棋的应法有a托、b进角、c跳等手段。应对的关键是要选择轻灵的下法来进行腾挪整形。

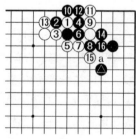

图11

图11（黑满意）

白1托，黑2扳，进行至黑8切断，与20页图17、图18的变化一模一样，但是不同在于，接下来至黑16，黑▲一子的位置与在a位相比好了太多。

白棋是选择忍耐还是——

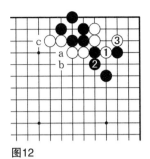

图12

图12（复杂）

上图中的白11，也可以选择如本图白1、3在角上动出。白3在角上基本确保眼位，而黑棋还没有活净。

接下来黑棋有a位断，这要看白b打吃征子的情况。但是黑棋即使征子不利，也有c位鼻顶的手筋，局面较为复杂。

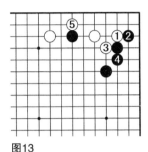

图13

图13（补强）

在托回之前，白会考虑1、3在角上先手利。至黑4之后白5托。这样一来可以避免出现图11的局面。

不过实际上本图中的局面很难实现。

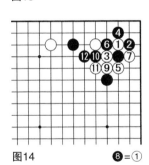

图14　　　❽＝①

图14（反击）

白1、3，黑4打吃反击是此时的好手。白棋必须在1、3落子前就想到黑棋的反击手段。

黑10切断，白11打吃，黑12长一本道。黑棋获得较大角地，可以认为黑棋优势。

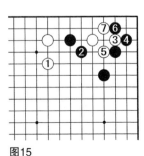

图15

图15（跳）

在左边有棋子配置的情况下，白1跳是实战中曾出现过的下法。即使黑2小尖封头，也没有办法将白棋吃净。白3、5，黑6打吃，白7做劫是后续手段。白3以下的手段会根据时机行事。

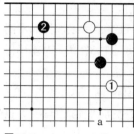

图16

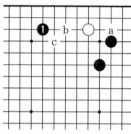

图17

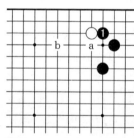

图18

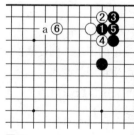

图19

④逼住

图16（战斗）

白1逼住是要根据右边的棋子配置决定的特殊手段。在右下角很厚实的情况下，白会在1位逼住。

黑会在2位夹击或者a位反夹。

⑤脱先

图17（夹击）

如果白棋此时脱先，轮到黑棋在此处落子，则会在黑1等位置夹击，对白棋展开攻击。

面对黑棋的夹击，白棋的应对方法有a位进角，在黑1夹击的局面还可以有b位拆一、c位肩冲等手段。如果黑棋不想让白棋在a位进角的话——

图18（尖顶）

黑1尖顶也是一种选择。这手棋的效果相信大家都可以一目了然，既破坏了白棋进角夺取根据地的可能，同时还可以继续对其保持攻击。

接下来如果白a位长，则黑b夹击。白棋棋形已经变重，黑棋攻击会更严厉。

图19（扳打）

白棋此时必须尽全力避开黑棋的攻击，要将棋形走轻。

举例：白2、4先手利之后在6拆边，就是轻灵落子的下法。白6根据左上的棋子配置不同，也可能会走在a位更看轻角上白子。

36

3. 二间跳

　　黑1二间跳，相比攻击白挂角，更倾向于重视自身棋形的安定。下边白棋有厚势的局面下，还有侵消同时避开对方攻击，补强自己的含义。

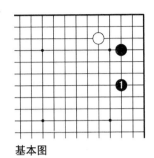

基本图

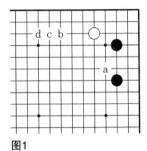

图1

图1（应手）

　　黑二间跳的时候白棋的应对方法有：a位肩冲、b ~ d拆二至拆四等。

　　面对黑二间跳，白棋没有好的攻击手段。所以接下来白棋脱先也是一种选择。

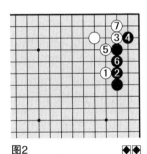

图2　◆◆

①肩冲

图2（定式）

　　白1肩冲，黑2挡住，白3托，黑4扳，白5先手整形的同时也联络了白1。

　　大部分情况下黑会6位粘，然后白7立确保眼位，双方均无不满。

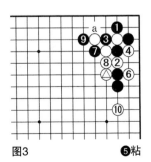

图3　❺粘

图3（白可战）

　　如本图黑1反击也是一种选择。但是白可以挖吃，非常严厉。

　　此时白棋在△位有子，进行至白6，白棋形厚实，不仅接下来还有a位的后续手段，就白棋本身来说也是可以满意的局面。

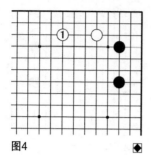

图4

②拆二

图4（安定）

黑二间跳，那么白棋也选择拆二应对。虽然看起来棋形似乎过于坚固，但是和接下来的拆三、拆四相比，完全没有后顾之忧。

棋形坚固的好处自不必说。

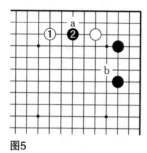

图5

③拆三

图5（打入）

白1拆三，黑棋虽然不会立刻落子，但会找到时机在a位打入。所以事先想好应对方法是有必要的。

黑2打入时，白a位托、b肩冲是常见下法。

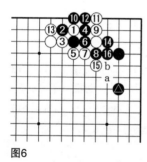

图6

图6（两分）

白1托，黑2扳下的变化，与黑棋小尖、小飞的场合基本相同。

进行至黑16，▲的位置比a位略差，但好于b位。基本双方两分。

白11如在16位打出的变化，请看35页图12。

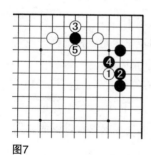

图7

图7（普通）

打入时白1肩冲是注重时机的手段。

黑2简单应对，白3再托，如上图黑2的扳下就不成立了。当然黑4虎也是好形，这样白1变成恶手；白5加厚自身，双方普通进行。

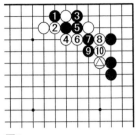

图8

图8（扳）

在白棋已经有了△位一子之后，黑依然选择1位扳下是毫无谋略的下法。

白6挡住之后，黑7切断，白8、10出头，黑苦战。本图黑棋失败。所以在△位有子的情况下，选择上图较为稳妥。

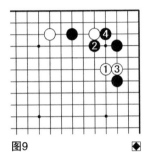

图9 ◆

图9（反击）

如果要选择反击，必须在白1肩冲的时候进行。

黑2靠出，白3挡，黑4虎形成转换。本图在部分情况下是黑棋有利，但是根据周围棋形，白棋也有可能是可战的局面。所以在白1肩冲之前就要先想好本图的变化是否可行。

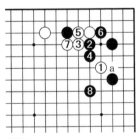

图10

图10（白无不满）

黑2压，白也可能3位扳出应对。

黑4长，白5粘，黑6虎补强角地，白7拐吃掉黑子，黑8告一段落。这个局面白无不满。

黑8如果在a位补，棋形重复，不能满意。

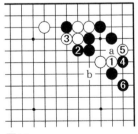

图11

图11（无理）

上图白7如本图白1挡下无理。黑2拐先手，再4、6加强，白棋已经不好下。如果在a位粘，则黑6夹吃。

所以白1是无理手，上图是最好选择。

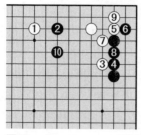

图12

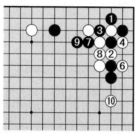

图13

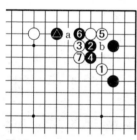

图14

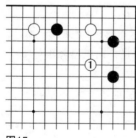

图15

④拆四

图12（定式）

白1拆四，必须要考虑到黑2打入的情况。此时白3肩冲、5托是既定手段。接下来白9角上做活，黑10跳出。

白1即使脱先，在黑2位夹击的情况下，白3以下也是好的应对手段。

图13（定式）

白托、虎力图获取根据地的情况下，黑1打吃反击也是一种选择。与上图相比，双方的势力范围有了调整。

是如本图转换，还是如上图稳健应对，选择权在黑棋一方。白棋只能被动应对。

图14（黑不好）

与拆三的情况不同，▲的位置远了一路，白1肩冲时黑无法反击。

白3，黑4，白5可以长进角。黑6切断，白7压好手。接下来白a断吃和b冲断见合，黑不好。

图15（还原）

图13的变化白棋如果不满意，也可以在黑棋打入的时候选择白1简单跳出。

这样的局面与白挂角，黑二间夹，白1二间跳，黑拆边，白棋再反夹的图形相同。

4. 一间低夹

面对小飞挂角，黑1的一间低夹是所有夹击手段中最严厉的一个。

因为是最严厉的夹击，所以不会允许白棋用轻灵的手段应对，必须谨慎对待。

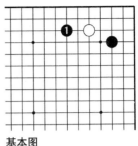

基本图

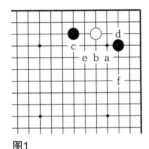

图1

图1（应手）

一间低夹的时候，白棋的应对手段有a位飞压、b跳出、c靠压、d托角、e小飞、f反夹等。

既然是最严厉的夹击，其中出现最多的是b位跳出。

①飞压

图2（定式）

白1飞压，黑有2位爬和a位冲断两种比较常见的应对。

黑2爬，则白3长，黑4跳，白5反夹。白5也有b位压、c位进角等手段。

图2　◆◆

图3（战斗）

黑1跳出是战斗态度。接下来白2、4压出，根据黑棋的下法找出攻击步调。

黑不在1位直接跳出，在a位补角伺机而动也是一种选择。

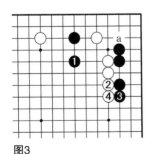

图3

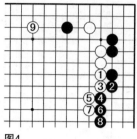

图4

图4（压）

白继续1、3压出头也是一种选择。接下来白5扳、7位压继续压头加强自身后白9反夹。

虽然白棋形加厚，但是实地已经先损失了不少。黑棋可以选择看轻一子。

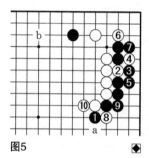

图5

图5（白厚）

白扳，黑1也可以连扳。接下来白2、4冲断之后白6先手交换，之后白8、10是正确的行棋次序。接下来白a和b两点见合。

一般情况下本图是白棋稍好的局面。

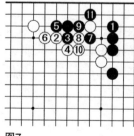

图6

图6（冷静）

白1夹击，黑棋不直接动出，而是在2位占角。三三是此时的棋形要点，价值极大。

黑棋接下来瞄着的是a位的渡过和b位的飞等手段。白不好应对。

图7（厚势）

面对黑1，白2飞压的目的是取得厚势。

黑3、5先手利，接下来黑7渡过。右上角黑棋实地获利较大，白棋则获得先手取得厚势，双方可下。

图7

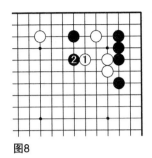

图8

图8（步调）

白1是为了防止黑棋在同一位置飞刺。乍一看棋形坚固，其实是有问题的一手。

白棋给了黑顺调2位靠出的好手。在选择落子点的时候，不仅要思考自身棋形，还需要考虑落子不能给对方带来帮助。

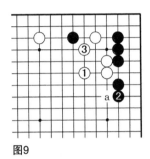

图9

图9（两分）

黑占三三，白1是棋形好点。不给黑棋顺调出头机会的同时，还有a位跳的手续手段。黑2加强自身棋形，白3补棋，不让黑棋渡过，接下来准备对黑棋展开攻击。黑棋可以选择直接逃出一子，也可以看轻整形。

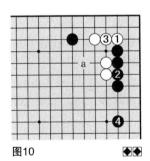

图10 ◆◆

图10（定式）

不想让黑棋占三三好点，在图13征子有利的情况下，白1直接托角是好手。黑2粘，白3粘占据角上根据地。黑4拆边，双方皆可满意。

黑4直接在a位飞刺也是一种选择。

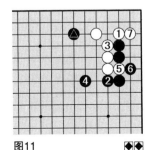

图11 ◆◆

图11（实地与厚势）

白1托角，黑2贴出的下法也较为常见。接下来白3补强，黑4跳出头，白5交换之后7位获取角地。

白棋角地不小，黑棋也获得了不小的厚势。需要注意的是黑▲距离白棋过近，后续处理是个问题。

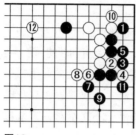

图12

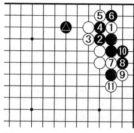

图13

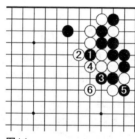

图14

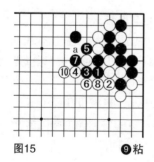

图15　❾粘

图12（白可战）

上图黑4跳，如本图黑1扳角过于贪心。

白2、4冲断，黑5只能粘在里面，白6、8扳头先手整形后，再占到白10立获取根据地，白棋形厚实，优势。

图13（冲断）

白1托角，黑2、4冲，6切断是此时的强硬手段。但是要注意自身的棋形有气紧的问题。

白7、9冲断，黑10粘补棋，白11征子有利。黑▲一子也变薄了。

接下来——

图14（白有利）

黑1断，白2征子有利，接下来根据黑棋的下法决定如何应对。

黑3跳出，白4提。黑5断吃，白6夹封头，棋形极厚。黑棋虽然获得了一定的实地，相比之下明显白棋的厚势更诱人。

图15（外势）

黑1如果逃出，白2提。

黑3拐，白也可以在a位虎出头，但此时还是白4连扳更好。黑5切断，白6、8是既定的弃子手段，白10长，外势极厚。

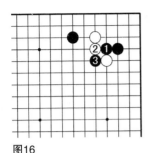

图16

图16（冲断）

白棋飞压，黑1、3冲断是比较强硬的下法。

虽然是强硬的下法，但也有双方满意的简明定形可以选择。如果黑棋继续挑起复杂变化，后续也有相应的应对。

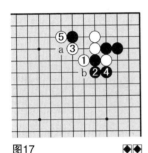

图17 ◆◆

图17（定式）

白1打吃出头、3虎补断点。这两手是必然的下法。

接下来黑4拐吃稳健。此时也可以黑a位扳出。白5位也吃掉黑一子，接下来b点对于黑白双方来说都是获取外势的要点。

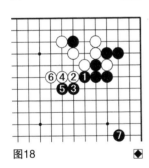

图18 ◆

图18（拐）

黑1拐、3扳头之后5压，是为了加强右边厚势。但是相应的白棋，对上边棋形也十分理想。

黑7拆边形成模样。

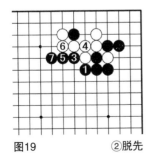

图19 ②脱先

图19（黑厚）

黑1拐，白也可能选择脱先。因为吃掉了黑一子，即使脱先也不会有死活问题。

但是一定要对黑1以下会形成的棋形有心理准备，进行至黑7，黑棋形极厚。

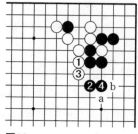

图20

图20（逆转）

同样的，白如果占到1位，也会获得中央的势力。

黑2、4应对，右边虽然也会获得一定的实地，但与图18相比差距明显。

黑4如果补在a位，则白还有b的后续手段。

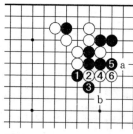

图21

图21（无理）

此时黑1扳无理，白2断严厉。

黑3打吃、5立，白6贴好手。接下来黑若a位立，白b跳出。黑棋思考的变化图是——

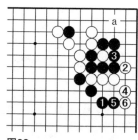

图22

图22（白好）

黑1意图封锁白棋，但并不能如愿。

白2先手打吃之后虎补冷静。黑5，白6爬，黑已经无法封头。接下来白棋还有a位进角攻击黑角上的手段，白棋优势。

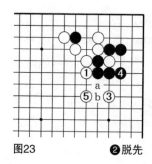

图23　　　　❷脱先

图23（急所）

白1压，黑如果脱先他投，白3是急所。黑4本手，如果下在a位出头，白5封头，反而棋形会更加厚实。

黑4如果在b位靠出，白会在a位挖断。

46

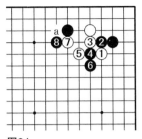

图24

图24（扳）

面对白1飞压，黑2、4冲断反击。白5、7出头之后，黑8扳也是此棋形中的常见应对。这是黑棋不想让对方简单a位吃掉黑一子时的选择。

接下来白棋要灵活运用白1，形成大型定式。

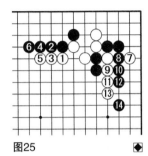

图25

图25（定式）

黑扳，白1反扳之后走厚，白7跳是此时的手筋。

白7是在诱导黑8以后的手段，接下来进行至黑14，是简明应对。黑棋在左右两边都获得了实地，白棋在中腹形成了巨大厚势。

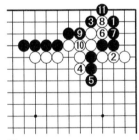

图26

图26（渡过）

白跳，黑不选择直接冲出，而是在1位跳。这是不想弃掉黑二子的下法。

白2粘，黑3托可以和上边取得联络。

白4是必需的一手，与黑5交换之后在白6冲破坏黑棋的棋形。

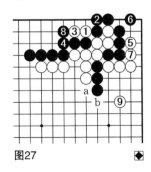

图27

图27（定式）

接下来白1之后是弃子的手筋。

白5好手，黑6也是此时的经典手筋。进行至白9告一段落。在白9拆二之前，也有白a、黑b交换的实战案例。

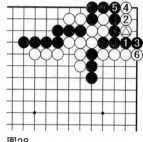

图28

图28（黑崩）

面对白△，黑1冲是一步问题极其严重的恶手。

白2紧气，即使黑3立长气也无济于事。白4先手，6贴住，对杀黑差一气被吃。

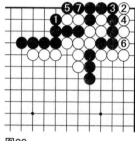

图29

图29（全部紧气）

如果图27中的黑6如本图黑1直接吃掉白二子，白2"二一路"是此时的手筋。

黑3如果在4位冲，则会形成劫争。最终白2～6全部紧气，白棋有了目数的同时局部已经净活，与图27差别巨大。

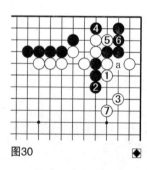

图30

图30（两分）

白不在a位粘，白1也是局部的选择之一。黑2长、白3小飞出头。

接下来黑4、6渡过，白7加强右边棋形，黑三子与上边的攻杀是接下来的行棋关键。

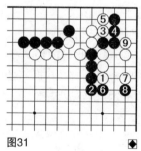

图31

图31（弃子）

上图中，白1如果继续爬，目的是对角上黑棋发起攻击。

黑2长，白3、5阻渡，变成对杀。接下来黑棋会弃掉角上，黑6、8在外围形成厚势，双方可下。

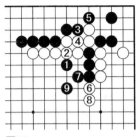

图32

图32（战斗）

黑棋也可以选择不弃角。

黑1刺先手，之后3、5渡过。白6扳是必须忍受的。

白8，黑9，之后就要形成战斗局面了。

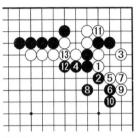

图33

图33（两分）

白1，黑2不长而是选择强硬的扳头。

白3跳是此时的正形，黑4拐急所。白5、7先手，接下来可以吃掉黑棋角上二子，但是黑12长先手，获得外围厚势，双方可下。

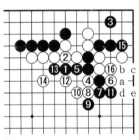

图34

图34（黑崩）

黑1刺是希望能够寻求先手补断点，然后补强角上。但是这个下法十分危险。

白4切断，接下来6、8强手。黑11拐，白12～16，黑崩。黑虽然有a～e做劫的后续手段，但是初棋无劫，黑没有成功的可能。

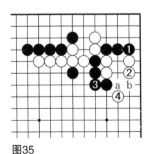

图35

图35（黑不好）

上图黑3，如本图黑1挡，白2双补即可。

黑3必须补断点，白4出头，角上的黑棋无法完全活净。

黑3如果下在a位，则白b。3位的断点让黑棋无法用强。

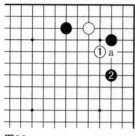

图36

图36（骗招）

白1飞压，黑如果脱先，白a挡住很大。此时黑2是诱导白走a位的一手。

这是通过弃子获取外势的变化，以前被称为"19目骗招"。

——中国称为"18目半骗招"。

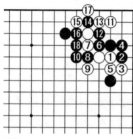

图37

图37（陷阱）

接下来是挡下的变化。

白1挡，黑2扳。接下来白3、5分断，将黑棋控制在角上。

黑6、8冲断，白11飞进角。黑12～18是既定下法——

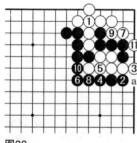

图38

图38（铜墙铁壁）

接下来白1粘，黑2以下一本道。黑a在一线打吃也是先手，黑棋优势是必然。而白棋只有19目左右的实地，这也是"19目骗招"名字的由来。

——中国称为"18目半骗招"。

那么，应该如何避开呢？

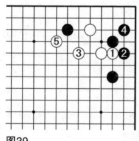

图39

图39（破解）

白1挡下，黑2扳的时候，白3跳是此时的关键一手。

这样一来，先将黑棋限制在低位，黑4必须补断点。接下来白5飞压好点，黑棋的目的被破坏。

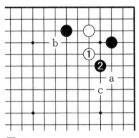

图40

②一间跳

图40（本手）

白棋简单的1位跳出头。这是很常见的下法。黑棋会在2位小飞或者a位拆二应对。

面对黑2，白棋有b飞压、c夹寻求行棋调子等下法可以选择。

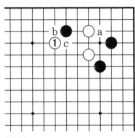

图41

图41（飞压）

白1飞压，是为了压迫黑一子的同时扩张中央势力。

接下来如果黑a尖顶是根据局势可以选择弃掉黑一子的下法。比较常见的是黑b爬或者c冲。

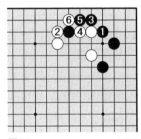

图42

图42（定式）

黑1尖顶，白棋如果满足外围厚势，就形成弃子的局面，黑棋获得实地。

白2挡，进行至白6告一段落。黑5和白6的交换可以保留。

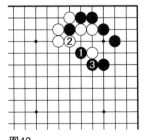

图43

图43（手筋）

接上图。黑棋还保留了黑1靠的手筋。

白2提，黑3挡住可以扩大右边实地。黑1直接下在3位，则白棋会脱先。接下来黑再下1位，白2有可能会脱先他投。

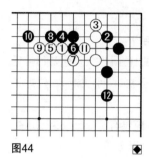

图44

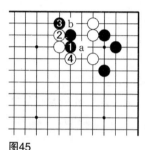

图45

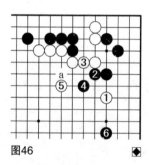

图46

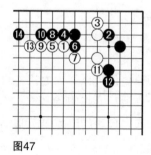

图47

图44（定式）

黑2尖顶，白3立下保留进角的手段。但是最近更多的意见认为本图白棋明显被利。

白3立，黑4以下进行至12告一段落，黑棋两边兼顾，没有不满。

白还是如图42的下法更好。

图45（行棋次序）

上图中黑4如果直接如本图黑1，行棋次序错误。白2挡住好手，黑3扳，白4再扳头。这样一来黑棋形气紧，同时白有a位的先手，外围变厚。

如果黑3下在4位出头，则白可以b渡过。

图46（变化）

图44的白11，也有如本图白1的下法。黑2出头，白3顺势联络。

但是这样的下法好坏难讲，因为黑4小尖出头之后，瞄着a位飞刺的后续手段，白5补强。黑6夹击，白1瞬间被攻击。

图47（目的是压头）

白9长，黑10也有继续爬的手段。

接下来白11压，黑12长形成好形，白13长，进行至黑14告一段落。

理由和图44一样，黑棋可以满意。

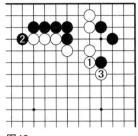

图48

图48（气合）

白1压，黑2扳，白3扳必然。被扳头双方都会觉得难受。但是相比之下，黑棋角上没有活净，压力更大。

黑2扳只有在左边棋形配置较好的情况下可以选择。

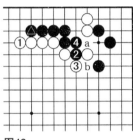

图49

图49（败势）

⬤爬，白棋如果忽略了其目的直接白1长，则黑2挖非常严厉。⬤长就是为了让挖变成可能，对杀黑棋也正是因为有了⬤才占据有利地位。

白3打吃，黑4粘，黑a、b两点必得其一。

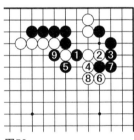

图50

图50（黑好）

黑1挖，白2先手冲后4出头，逃出是没有问题的。但是被黑5打吃，棋形非常难受，而且白棋已经无法腾出手来救回一子了。

白棋补强右边，黑9中腹开花，局势大好。

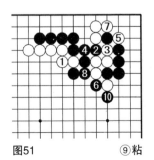

图51　　⑨粘

图51（铁厚）

上图白8，如本图白1粘，则黑棋会封住白棋的出路。

黑2挖，白3打吃，接下来白5，黑6、8封头。

白棋被关在角上，黑棋外围极厚，大优。

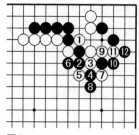

图52

图52（困局）

黑挖，白1断吃之后3冲断，是想全力破解难局的下法。

但是，黑可以4挡住，白5以下至11的手段都没有效果，黑12渡过，白棋已经找不到后续手段。

接下来——

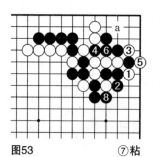

图53　　　　⑦粘

图53（濒临崩溃）

白1、3吃掉黑一子，接下来黑4扑好手，先手分断。

接下来白棋即使有a位做活的手段，结果也不能满意。黑棋外围压倒式的厚势，白陷入苦战已成必然。

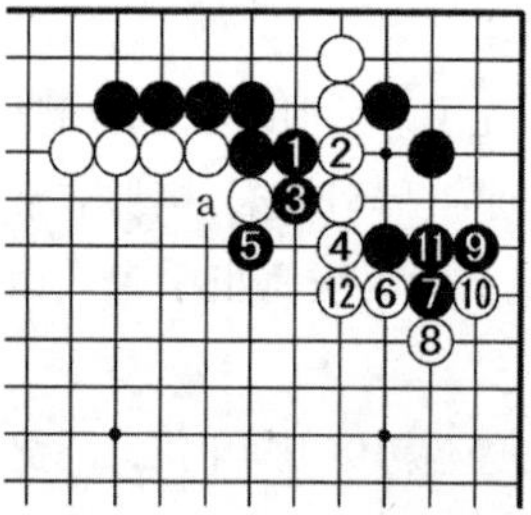

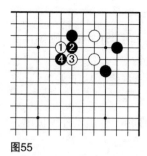

图54

图54（变化）

黑棋不在3位挖，如本图1位也是一种下法。但是既然可以挖断，而且结果是可以满意的，那么就没有选择本图的理由。

黑3，白4出头，与图50相比，黑1是可以下在a位提子的，高下立现。

图55（征子关系）

白1飞压，黑2、4冲断的下法是否成立取决于征子的情况。

特别是黑棋，如果征子不利，很可能直接导致全局的失败。

图55

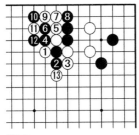

图56

图56（黑崩）

面对冲断，白以1、3应对。

进行至白13，形成征子局面。即使黑4切断暂时防止了征子的可能，白5以下，征子再次出现。

本图黑崩，不可选。

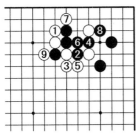

图57

图57（白优）

白棋也可以选白1挡应对。虽然是征子不利的选择，但是黑2、4获取的实地并不大。

白7扳先手利，黑8虎补，白9补强。白棋外围极厚。

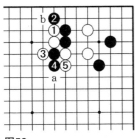

图58

图58（反击）

白1挡，黑2扳反抗是必然。白3打吃之后的变化也和征子有很大关系。

黑棋如果征子不利，白a打吃、b扳见合，白可战。

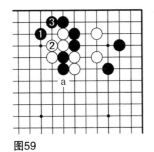

图59

图59（黑好下）

白a征子不利的话，黑可以1、3帮助下边黑棋出头做活。白棋无法兼顾两边棋子，局势不利。

当然，如果不考虑征子，黑棋是断然不能选择本图的。

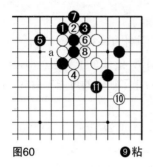

图60　　　　　❾粘

图60（白苦战）

征子不利的情况下，白棋必须有陷入苦战的觉悟。

黑1扳、白2断是为了防止征子。黑3吃白一子，接下来黑5出头，仍然是白棋苦战的局面。

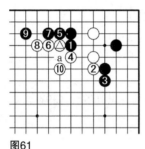

图61

图61（妥协）

白棋征子不利，在黑1冲的时候，白2压时为了防止黑a的分断。

但是白2与黑3的交换实地损失极大，本图还是黑好。所以在征子不利的情况下，是否还要选择白△肩冲，是需要在落子前就想好的。

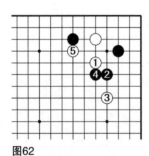

图62

图62（步调）

白1跳，黑2飞，白3在右边夹击也是一种选择。

乍一看白棋是为了不让黑棋在右边扩展，但从白3、黑4、白5的交换可以发现，白棋寻求上边行棋调子的目的更为明显。

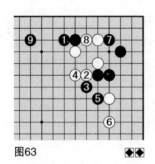

图63　　　　◆◆◆

图63（定式）

黑1长，白2、4整形。白6也可以考虑先攻击上边黑二子，好坏难讲。白6跳出也是此时积极的选择。

黑7确保角地，白8、黑9，局部进行告一段落。

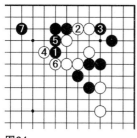

图64

图64（两分）

上图的黑7，如本图黑1刺也可以。这手棋的目的是破坏白棋的眼位。

白2，黑3夹顶，双方的棋形都各自加固之后，白4靠是向中腹进发的手筋。

黑5、7之后局部告一段落。

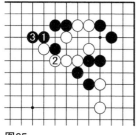

图65

图65（其他选择）

面对白靠，黑1虎是另一种选择。白2连回，黑3长，上边棋形厚实。

但是本图白棋以后可以吃掉黑一子，眼形充分。与上图相比，黑棋攻击白棋的难度加大，好坏难分。

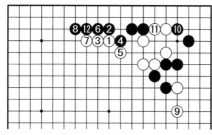

图66

图66（黑满意）

白1先放下右边发展，在上边落子。黑2做活，最终白9，黑10、12整形，黑无不满。

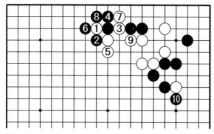

图67

图67（黑好）

白1扳，则黑2断弃子。进行至黑8，黑先手提子之后黑10扳好点，黑好。

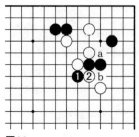

图68

图68（强硬手段）

黑1扳，白也可以尝试一下直接2位切断的强硬手段。但是只要应对正确，黑棋就不会落于下风。

白棋瞄着a位冲，所以黑棋的应对会在a拐或者b打吃中选择。

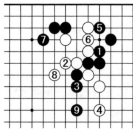

图69

图69（战斗）

黑1拐。

白2长整形，黑3长。白4跳，黑5尖顶先手加固角地，白6粘，黑7补强上边，同时伺机攻击白棋。

接下来白8夹出，黑9跳，开始朝互相攻击的局面发展。

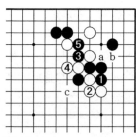

图70

图70（切断）

黑1、白2的交换是为了给黑3切断做准备。有了黑1，白a冲，黑可以直接b挡住。

白4，黑5可以获得巨大角地，接下来白c位夹吃必不可少。

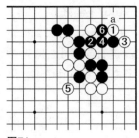

图71

图71（黑可下）

白1托三三是局部手筋，黑2补断点。

白3、黑4交换之后，白5枷吃补强外围。黑6冲，白保留了a位立下做活的后续手段。但黑棋棋形厚实，可以满意。

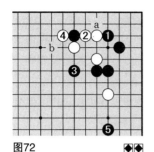

图72

图72（定式）

黑1尖顶，是选择弃掉上边黑子的下法。白2顶，黑3跳出头，对右边白棋进行攻击是黑棋后面的行棋思路。

白2如果a位立，黑3跳，白棋形薄。白4也可以在b位跳。

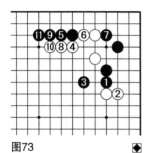

图73

图73（顶）

黑棋也可以1位顶，根据白棋的应对决定接下来的下法。本图可以对白上边两子进行攻击。

接下来黑3跳出，白4靠，黑5进行至11既定变化。进入战斗局面。

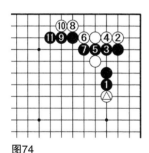

图74

图74（两分）

白棋不马上动出右边一子，白2进角也可。

黑3、5冲断，白可以先手获取巨大角地。而且白△与黑1交换稍优，从整体看，双方可下。

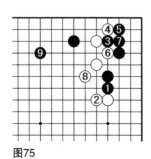

图75

图75（黑满意）

黑1顶，白2长，黑3夺取白角部根据地。

白4、6先手利之后，8小尖出头。但此时还不能说完全联络。

黑9补强上边，黑棋两边走到，满意。

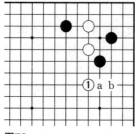

图76

图76（五线）

白不在a位，而是在1位高位夹击。这手棋的目的与a位一样，都是希望顺调整形。

白1高位，更容易在中腹行棋。黑棋留有b位小飞出头的手段。

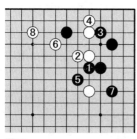

图77

图77（定式）

黑1压、3尖顶先手，之后5小尖出头是非常自然的行棋次序。

白6飞压，上边棋形达到最初目的。

黑7、白8各自补棋告一段落。黑7如果脱先，白跳下棋形极好。

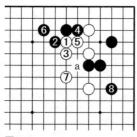

图78

图78（两分）

面对黑压出头，白也可以选择1位靠。虽然本图黑棋被封锁，但留有8位小飞的好点，所以黑2扳反击是可选的变化。

黑6补断点，白7跳，黑8小飞，形成两分局面。白7也可以在a位做眼补棋。

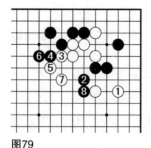

图79

图79（场合下法）

上图白7如本图白1，根据场合不同也是一种选择。黑2小尖出头，白3以下整形，但是相应的黑棋在上边形成好形。

接下来黑8可以将两块白棋分断，右下方向如果没有援军会陷入苦战。

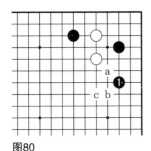

图80

图80（拆二）

黑1拆二与a位小飞相比，防守的目的明显大于攻击，首先是要保证自身安全。面对黑a，白有b或者c的手段。面对黑棋拆二，白棋没有这样的后续下法。

反过来，黑棋也没有很好的攻击手段。

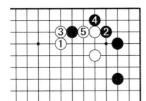

图81

图81（定型）

与黑小飞的时候相同，白也可以1位飞压。黑棋是选择动出还是如本图弃子呢。这个选择也和黑小飞应对的情况一样。

如果舍不得弃子，黑2会在3位爬。

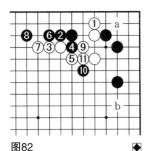

图82

图82（定式）

白棋也有上图和本图的变化可以选择。如果在乎角地，会选择本图白1立。这样黑棋会在上边出头。

白有a位进角的手段，也可以在b位逼住也有先手意味。相比之下白b的价值更大些。

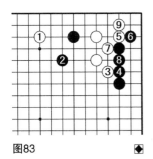

图83

图83（定式）

本图是黑棋拆二情况下的特定下法。

拆二位置较低，白1夹击有力。黑2小飞出头，白3是常用整形手段。

进行至白9，白棋形完整。

61

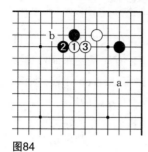

图84

③靠压

图84（坚实）

面对黑夹击，白1靠压，黑2扳，白3连回坚实。白3也可以向上长。

白1、3靠压是以整形为目的的手段。黑接下来可以选择在a或者b位落子。

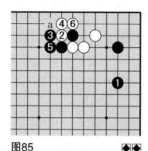

图85 ◆◆

图85（定式）

黑1拆二是普通应对。因为担心白靠压出头之后会对黑小目带来压力而选择补强。白2断确保眼位。

黑5粘好手，如果下在a位，因为还有断点需要补会落后手。

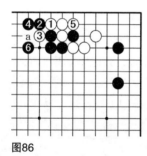

图86

图86（变化）

白棋在征子有利的情况下，可以选择白1拐，黑2挡住、白3断。黑不能直接a位征子，所以只能4长。这样白棋获得先手。

如果黑4可以在a位征子，那么黑下在a位局部优势。

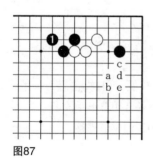

图87

图87（虎补）

黑1虎补目的是不让白棋切断，这是破坏白棋根据地的严厉手段。

但是这样一来，黑棋小目一子就要处于被攻击的状态。白棋的应手包括a～e 5种。d、e可能陷入苦战，比较推荐的是c位。

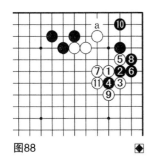

图88

图88（基本两分）

白1在征子有利的情况下是好选择。

白1，黑2、4托断手筋。接下来白5、7是正确次序，白9征子与8分断见合。黑10补角，接下来有a位联络的后续手段。

进行至白11，基本上是双方两分的局面。

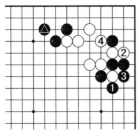

图89

图89（实地巨大）

如果不想外围被白征吃，黑1会选择走在外围。白2、4获取角地。

根据具体棋子配置，黑棋虽然也可能会选择本图的局面，但客观地说白棋实地巨大是可以满意的。

▲位虎最好还是在落子之前先确认上图的征子情况。

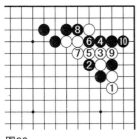

图90

图90（场合下法）

黑托断，白1长是场合下法。必须在特定的棋子配置情况下才可以选择。

因为接下来黑2打吃，4、6是手筋，黑8分断右上角实地极大。与之相对白棋是否可以在外势上有巨大收获呢？

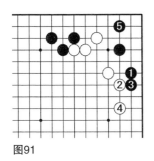

图91

图91（白好下）

黑1小飞位置过低。白2小尖，黑3不得不爬。白4、黑5交换告一段落。

与图88相比，本图白棋获得先手。而且黑棋本来就是在低位的小目，这样的局面白无不满。

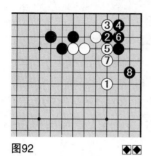

图92

◆◆

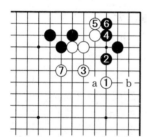

图93

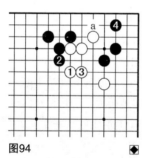

图94

◆

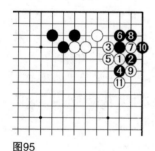

图95

图92（定式）

图88中的白9如果征子不利，可以选择本图的白1。黑2进角做活是自然的选择。

虽然角地给了黑棋，但是白棋外围厚实，双方可下。

图93（封锁）

如果觉得上图的结果不够满意，黑棋可以如本图黑2小尖。白3跳，黑4尖顶做活。

白5立先手，白7跳补强，局部告一段落。接下来黑有a位靠断和b位出头的后续手段。特别是如果黑a，如果征子有利是很严厉的手段。因此如果白棋想防止这样的手段可以如下图。

图94（两分）

白1跳，就是等着黑2长。接下来白3双走厚。黑4角部补活。

黑2长先后，接下来还有a位渡过的后续手段。但本图白棋是先手，一手之差棋形还比较厚实，白棋可下。

图95（碰）

看起来有点过分，但白1靠也是此时的选择手段之一。

黑2下扳，至黑6进角。接下来白棋断哪边黑棋吃哪边。

如果征子有利，进行至白11，双方两分。

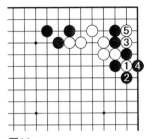

图96

图96（黑好）

上图如果征子不利，白棋会断在外面。黑2，白3吃角上两个黑子。

这样白棋有点难受。一开始碰用强，结果被黑4提掉一子后弃子转换。本图也是双方可以选择的图形。

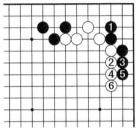

图97

图97（两分）

黑棋在征子不利的情况下也有其他选择，比如黑1直接进角。

白2长，进行至黑5，黑棋先手做活。因为黑棋在二线落子过多，不能说本图黑棋满意，只是在征子不利情况下的被动选择。

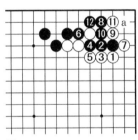

图98

图98（俗手）

白1靠，黑2长反击是俗手。黑4、6可以切断白棋，但白7扳角极其严厉，黑无法忍受。

黑8如果在12位直接打吃，则会被白9，黑10，白8，黑粘，白a，黑可以获得先手，但仍然是局部亏损的局面。

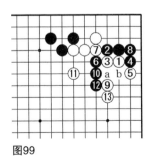

图99

图99（无理）

白3压长，黑4扳是为了避免上图被白7扳的棋形。但是黑棋仍然不利。

黑10长，白11跳不给黑直接a位冲断的机会。黑10直接在b位吃掉白一子也不好。

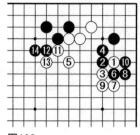

图100

图100（一间夹）

白1夹击的话，黑棋会选择可以分断白棋的手段。

先看看黑2靠。黑4退、白5跳不能省略，黑6断吃补强。本图黑棋上边和角上都棋形完整，黑稍好。

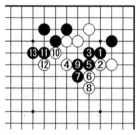

图101

图101（白不好）

更简单直接的下法是黑1小尖。这样一来白棋很难阻止黑棋出头。

白2、4顺调出头，黑5拐强硬。黑7扳，白9位断不成立。进行至黑9粘，黑棋好调。

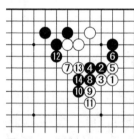

图102

图102（黑可下）

白1二间低夹，黑2小飞出头仍然是可战的局面。

白7跳必然，黑8拐头、10扳强硬。白11长，黑12、14好次序，局面黑有利。

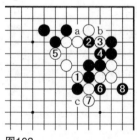

图103

图103（挤）

上图白11如果选择本图白1断，黑2挤是既定手段。白a粘，则黑棋先手补掉了4位的断点。白3打吃，则黑4打吃，接下来还有b提巨大的后续手段。进行至黑8，白三子已经动弹不得。

黑6在c位长也可战。

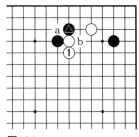

图104

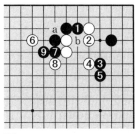

图105 ◆◆

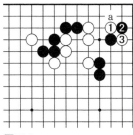

图106

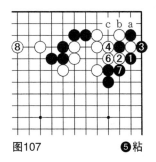

图107 ❺粘

④压长

图104（瞄准两边）

白1长，是在瞄准a位切断的同时准备攻击黑小目一子。

在白1下在b位的时候，黑可以选择被白a吃掉黑▲。但是在本图中，黑棋不能接受这样的局面。

图105（定型）

黑1是必然的一手。与白2交换之后补掉了a位的断点，同时还瞄着b位冲断。

白4靠就是为了补断点。与黑5交换之后，白6夹击，至黑9之后——

图106（靠断）

白1、3靠断是为了不给黑a位守角的机会而要做的工作。

黑a不仅实地极大，而且还彻底夺取了白棋的眼位。作为白棋不能接受这一点，必须有所动作。

图107（白棋的计划）

黑1打吃似乎是必然的一手，冷静思考会发现并不是此时的好选择。

白2至黑7，黑棋被利。同时还有白a位扳角的后续手段（黑b、白c打劫），白棋形安定得到保障之后白8继续对黑进行攻击。

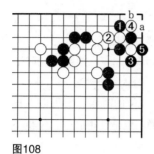

图108

图108（愚型）

面对白棋靠断，黑1打吃应对。此时白2粘不是好选择。

一来白2粘形成愚形，二来进行至黑5，白a变成后手。而如果让黑棋走到b位，白棋还是没有活棋。

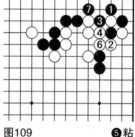

图109　❺粘

图109（黑满意）

那么黑1打吃的时候，白2反打如何呢？黑3提，白4打吃先手之后6连回，这样可以破坏黑棋右边的棋形。

但是，黑7渡过之后，局部黑棋可以满意。因为白棋的整块棋还是没有眼位，未来还是要担心死活问题。

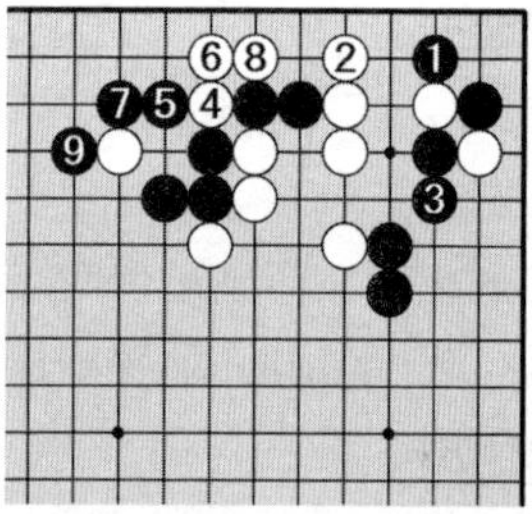

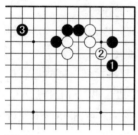

图110　◆◆

图110（定式）

黑1打吃，白2立是好手。接下来白4断和白3打吃见合，两者必得其一。黑3是必然。

接下来白4切断获得根据地。但是黑棋两边棋形都比较完整，也可以满意。

图111

图111（一间跳）

黑1一间跳是为了获得先手之后在上边开拆，在上边棋子更重要的局面时是很好的选择。

为了防止冲断，白2小尖补棋，黑3在上边拆边。接下来白2之后的下法就由白棋来做选择了。

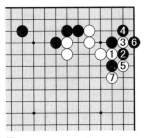

图112

图112（定式）

白1、3冲断。黑还是断哪边吃哪边，黑4角上打吃。白5、7在外边征吃。

白3在角上断一定要以征子有利为前提，否则白棋不利。

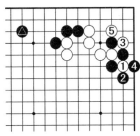

图113

图113（黑好）

征子不利的话，白1选择在外边断。黑2打吃，白只能3、5获取角地。

因为黑▲已经在上边开拆棋形完整，同时黑4提掉一子棋形厚实，本图黑无不满。

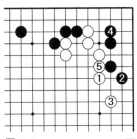

图114 ◆

图114（两分）

图112中的征子如果不利，白棋也有别的选择，可以白1跳。

黑2小尖是此时的棋形好点。黑4守角与白3封头见合。

白3、5之后局部告一段落，白外围厚实。

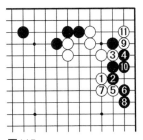

图115

图115（白可战）

白1跳的时候，黑2爬棋形太重。白3冲、5扳好手。

黑6扳，白7粘之后白9断和8扳头见合。

进行至白11，与图113相比，黑棋形明显较差，白好。

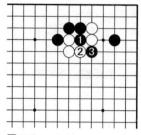

图116

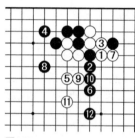

图117

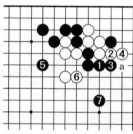

图118

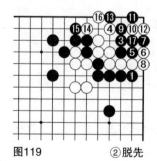

图119　②脱先

图116（冲断）

白长，黑也可以直接1、3冲断。虽然手段很强硬，但接下来的下法势必会对角上一子带来影响。一定要在落子前想好可能出现的各种变化。

抱着即使会损失实地，也要攻击白外围三子的信念可以选择这个下法。

图117（战斗）

面对黑棋的冲断，白1、3出头必然。黑4虎是为了补断点。

白5，黑6跳双方见合。接下来白7拐，这样角部已经确定是白棋的根据地。黑8开始对白进行攻击，未来的战斗情况决定了局势的好坏。

图118（双方可下）

黑1、3的下法看起来有点过于直接，但可以先手整形，也是目前局面下的一种选择。

白4不可脱先。黑5、白6交换之后黑7跳出，继续攻击白棋。

接下来黑a挡基本上是先手。

图119（打劫）

黑1之后白棋如果脱先，黑3立是局部要点。

黑5先手，白6、8阻渡，白10点破眼。接下来黑11、13撑住棋形，虽然是两手劫，但是角上有这样的手段白棋是不能忍受的。

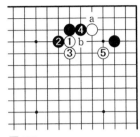

图120

图120（飞压）

黑4顶，白也可以5位飞压。白接下来有a、b两个后续手段。

黑棋正确应对是双方可下的局面，关键要注意行棋步调。

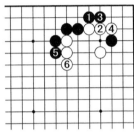

图121

图121（白无不满）

面对白棋飞压，黑1、3直接二线落子舍弃小目是过于简单的下法。这样白棋获得巨大角地，可以满意。

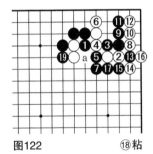

图122　　　⑱粘

图122（黑可战）

黑1拐出，目的是弃掉小目一子。但是如果在白2的时候，黑a，白3实地过大，黑棋不能满意。

黑3冲断是既定手段。白4冲，黑5断、7长补断点。进行至黑19，黑棋获得外围巨大实地，可战。

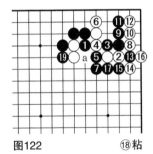

图123　　　◆

图123（定型）

黑也可以1位爬。此处的关键在于白2长，黑必须继续3位爬。白4，黑5跳出。

接下来白a或者b整形，黑在c位虎补断点。所以反而是白棋会纠结之后的棋形选点。

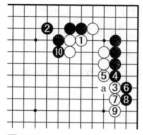

图124

图124（黑满意）

黑爬，白1先手挡住后，可以在3位扳头。

黑2虎必然，白3扳，黑4～8局部做活，黑棋可以满意。获得先手之后可以抢占黑10的好点。

黑6如果在7位夹，白6立，黑7在a位切断，会形成混战。应该也是黑好下的局面。

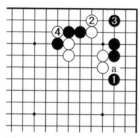

图125

图125（中计）

只爬一下黑1就直接跳出过于草率，黑棋形马上就会变得薄弱。

白2立好手，接下来4位切断和a冲断见合。黑3补掉冲断之后，白4切断，黑不好。

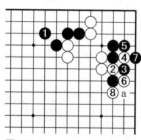

图126

图126（白好）

不想让白棋吃掉黑二子，黑1虎补。白2、4冲断。黑5，白6、8如果征子有利，本图明显白好。

如果征子不利，则白4会在6位断，黑a，白4吃掉角上黑棋二子。这样的话黑棋勉强可下。

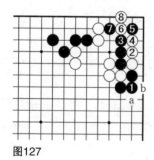

图127

图127（黑被吃）

白断，黑1在外面粘不成立。白2爬，黑二子被吃。

白如果在1位断，相比之下黑棋在外围提掉一子，眼形厚薄相差明显。

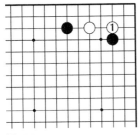

图128

⑤托三三

图128（腾挪）

白可以直接在1位托腾挪。在序盘阶段这样的下法已经几乎绝迹。

白棋的目的是就地做活，黑棋有轻灵应对和强硬抵抗两种选择。

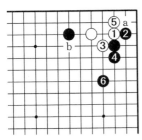

图129

图129（整形）

黑2扳是第一个想到的下法。白3虎的时候黑棋的下法会有分歧，黑先选择稳健的4位长出。

白5整形。接下来白a、b两点见合，局部暂时没有死活问题。黑6飞出在右边形成好形。

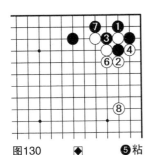

图130   ◆   ❺粘

图130（黑好）

大多数的场合下，在白虎的时候黑棋会在1位打吃。接下来黑3提子，黑5粘住。

接下来虽然白8拆三也是好形，但黑7联络之后两边厚实，所以黑1是常见的下法。

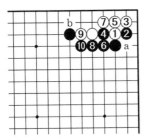

图131

图131（目的）

白1、3连扳的下法，在混战的中盘阶段想要寻求快速活棋时的腾挪下法。在序盘阶段这样下会让黑棋获得极大的厚势。

进行至黑10，因为白有a和b两个后续手段已经活棋可以脱先他投。在可以控制黑棋外围厚势发展的情况下，是可选的变化。

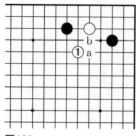

图132

⑥小飞

图132（轻灵）

白1小飞同样意在向中腹出头。与白a跳相比显得更加轻灵。

本图可以与白a跳的定式共用，最大的区别是a位跳没有b位的分断。

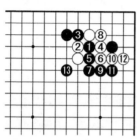

图133

图133（两分）

黑1跨断，白2、黑3分断。虽然是严厉的手段，但既然白棋选择了小飞出头，必然已经有所准备。

白4、6出头，黑要弃掉小目一子。进行至白12白获得角部实地，黑棋外势很大，双方可下。

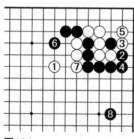

图134

图134（两分）

上图白12也可以如本图白1动出。白1，黑2、4扳粘先手，白5只能忍耐。

白1之后，黑6与白7见合。黑6小尖先手，8拆边。接下来中腹的战斗会是全局的焦点。

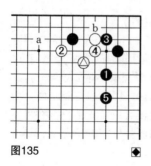

图135

图135（定式）

黑1小飞是稳健的应对手段。白2飞压，是△的既定手段。接下来黑3先手尖顶，5跳补加固右边棋形。

白a虽然实地所得不小，但黑有b位扳粘的官子先手利，也可以满意。

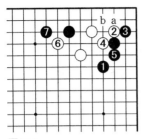

图136

图136（托）

上图被黑3尖顶，白棋如果有所不满，可如本图白2托角。黑3扳，白4虎先手。接下来黑a、白b做劫棋形更有弹性。

另外，黑棋的棋形也因为白2、4的交换有所加强，所以白6飞压的时候，黑7会选择动出。有好有坏。

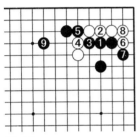

图137

图137（黑可战）

白1托，黑2～5分断也是一种选择。白6、8扳粘做活，黑获得先手在9位补强上边，是黑可战的局面。

黑5分断，白6、8不能脱先。此时白4、黑5不做交换也是一法。

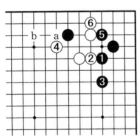

图138

图138（小尖）

白棋小飞，黑可以小尖应对。白2补强，黑3跳，白4飞压，黑5尖顶先手。接下来黑有a位出头的手段。

白4在b位夹击是比较积极的下法。黑棋是否动出一子要看当时的局面而定。

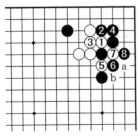

图139

图139（天下劫）

上图白4如本图白1挤看似严厉，但黑2、白3交换后，黑4粘角强硬。白5打吃，黑6反打、黑8形成打劫的棋形。

问题是接下来不论白下在a位或者b位，只要黑棋提劫，白棋就陷入被动，因为根本无法找到相应的劫材。

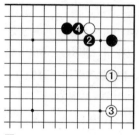

图140

⑦反夹

图140（重视右边）

黑夹击，白1选择了反夹。黑2压、白3拆二。这是重视右边的下法。

但是黑4可以吃净白一子，从局部来看黑棋可以满意。白3也可以考虑直接动出。

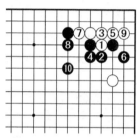

图141

图141（挖）

白1挖是直接动出的下法。但是要注意下图的征子情况。

白如果征子有利，黑会2位外打。白3以下在角部做活，黑棋外围也形成了厚势，接下来会对白外边一子进行攻击。

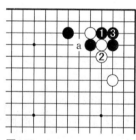

图142

图142（征子）

白挖必须是在征子有利的情况下。

如果征子不利，黑1切断、3粘，白不好下。

反过来如果白棋征子有利，白a征吃是黑不好的局面。

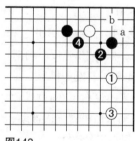

图143

图143（小尖）

白1夹击，黑2小尖应对。白3拆二，黑4飞压是普通应对。

黑棋角地看起来很大，但白棋以后有a位或者b位的后续手段。

白3也可以选择直接将一子动出战斗。

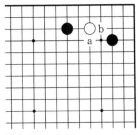

图144

⑧脱先

图144（白脱先）

黑夹击的时候，白棋可以脱先他投。白棋的思路是，这里相当于是白挂角与黑夹击进行了一个局部交换。

轮到黑下，黑棋一般来说有a位压封锁和b位尖顶攻击两个选择。

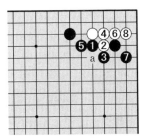

图145 ◆◆

图145（定式）

黑1压，白2挖。此时的关键是必须白棋征子有利。

接下来黑3至黑8是局部定式。

给黑棋留有a位断点是白2挖的目的所在。

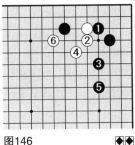

图146 ◆◆

图146（定式）

如果不满足于封锁获得的外势，黑可以1位尖顶攻击。白棋还是可以在继续脱先或者白2长出头中做出选择。

白2长，黑3、5在获取实地的同时继续对白进行攻击。在小飞挂角、夹击的局面下，黑1以下是很有力的下法。

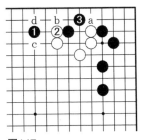

图147

图147（目的）

接上图，黑1直接在侧面对白棋继续展开攻击，态度强硬。白2挡，黑3小尖，接下来黑a、b两点渡过必得其一。

此时黑1下在c位夹击也是一法，这样白2挡住之后，黑d跳可以继续利用，在左边有棋子配置的情况下可以作为参考。

5. 二间夹

黑1二间夹。这是古代围棋定式中的代表性下法，但在如今的实战中已经很少出现。一间夹、二间夹、三间夹再加上有高低夹之分，一共有6种夹击方法，二间夹应该是其中出现频率最低的。

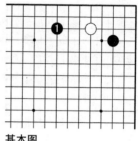

基本图

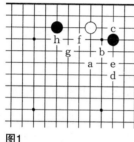

图1

图1（应手）

夹击越宽松，对方的选择范围越广。与严厉的夹击比较，白棋的应对也会更容易。

二间夹时，共有a～h，8种选择。这在一间夹的局面下几乎无法想象。

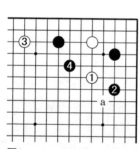

图2

①二间跳
图2（逆袭）

白1二间跳。黑2拆二，白3反夹。白1与黑2是"虚与实"的交换，接下来白棋可以反过来攻击黑一子。这样的交换是有价值的。

白3也可以近夹，或者a位飞压。

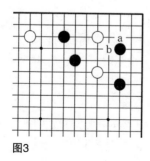

图3

图3（参照图）

本图之后，白有a位托角或者b位补强的下法可以选择。

这是二间跳之后的共通点。这和夹击高低位基本没有关系。本图以下的变化会在二间高夹讲解中展现。

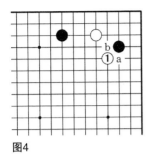

图4

② 飞压

图4（积极下法）

白1飞压是积极下法。对角上黑一子进行压迫的同时顺调寻找攻击上边黑子的机会。

黑棋会在a爬或者b冲断中做出选择。

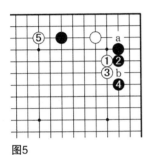

图5

图5（夹击）

白1飞压，黑2爬，白3长，黑4跳，这是常见下法。接下来白会在5位反夹还是a位托角中二选一。

黑4如果继续在b位爬，是因为不喜欢被白抢占a位托的好点。但是多爬一下是否合适存在争议。

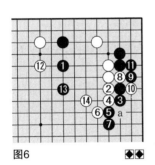

图6 ◆◆

图6（定式）

黑1跳出，白2、4走厚，目的是给上边的黑棋带来压力。

黑7长，白8、10冲断是最佳时机。黑11粘，则白棋以后留有a位的后续手段，白12、14先整形补强自己。

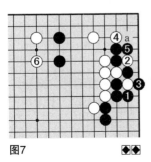

图7 ◆◆

图7（定式）

如果不喜欢上图的结果，也可以如本图黑1打吃。

这样白4托变成先手，然后白6对上边黑二子进行攻击。

白4之后还有a位好点，眼位充足。

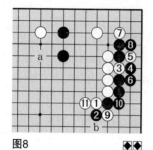

图8

图8（定式）

白1扳，黑2可以连扳。白3、5冲断。

黑6粘必然，白7先手利之后至白11，白a、b两点见合。

但是这个变化有很大的变数。

◆◆

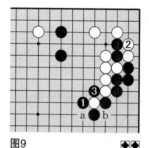

图9

图9（转换）

上图黑8可以选择如本图黑1转换。白2吃掉角上黑二子，黑3中腹提花。

白2如果不想被对方提掉一子，只能3位粘。黑2拐吃，白a断，黑b粘。接下来白棋无法吃掉黑1一子是个棘手的问题。

◆◆

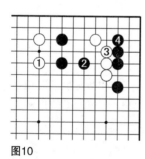

图10

图10（白过分）

右边没有解决好就直接白1跳，过于急躁。黑2急所。白3，黑4走到三三好点，白棋形立刻变重。

白棋从攻击的一方变成被攻击的处境，全是因为白1过于急躁所致。

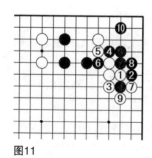

图11

图11（白不好）

白1冲、3拐，黑4冲断。白吃掉黑一子。

虽然黑棋的实地中还有些许余味，但已经可以算作黑棋的实地；而白棋在右边的提子相对来说价值不大，白棋不好。

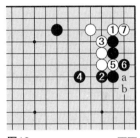

图12

◆◆

图12（定式）

白棋如果想在此时就地做活，白1是好手（可以参照一间夹的讲解）。黑2贴出，白3补强，黑4，白5、7告一段落。

白7下在a位，与黑b交换之后可以脱先。但是棋形损失太大，几乎已经没有人选择这样的下法。

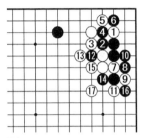

图13

图13（白好）

白1托角需要先想好黑2、4用强时的策略。

第一种方法是在黑6断吃时，白7、9冲断，黑10粘住，白11打吃。

黑12断，白棋如果征子有利，至白17可以满意。

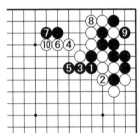

图14

图14（白可战）

黑1如果逃出，白2提必然。

黑3拐，白4虎，如此局面白可战。

白8粘是先手利，白10压出极厚，白好。

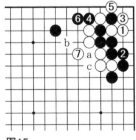

图15

图15（战斗）

图13中的白9如本图白1立。黑2粘，白3在角上做活。

但是黑4、6分断形成作战局面。

如果黑棋征子有利，黑4也可以选择在a位断、白b、黑c的下法。

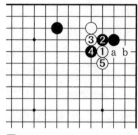

图16

图16（冲断）

白1飞压，黑2、4冲断形成了复杂局面。

因为二间夹的位置，双方在后面的下法中都不能有一点疏忽。

白5长是本手，此时如果a位挡，黑b位扳，白不好下。

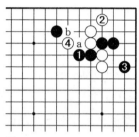

图17

图17（穿象眼）

二间夹的局面下，黑1长是问题手。因为这样的话棋子与棋子之间的联络不完整。

白2小尖冲击黑棋的弱点，黑3小飞补强，白4穿象眼好手。接下来黑a冲、白b可以下立。白棋一旦出头，黑棋必然陷入苦战。

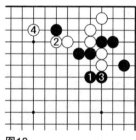

图18

图18（白缓）

接下来是既定的变化图。

黑1跳，白2压，黑3挡吃掉白二子，勉强可以说是双方两分的局面。

但是白棋有更强硬的下法。黑1跳，白会直接动出二子。

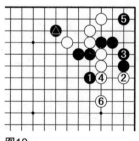

图19

图19（白好下）

黑1跳，白2靠是此时的好手。

黑3退回，白3贴出。接下来黑5角里做活，白6跳出头。黑棋中腹三子没有眼位棋形变薄，这都是因为▲子的位置导致的。白棋可战。

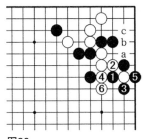

图20

图20（白好）

黑1扳出，白2断。黑3打吃，白4、6出头，白好。

接下来白还有a位扳、b位顶的手续手段。白a的目的是夺取黑棋眼位，白b、黑a、白c可以获得角上实地。

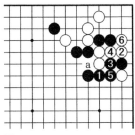

图21

图21（白好下）

黑1挡，白2夹可以吃掉黑角上二子。

角上实地巨大，同时黑棋外围的棋形仍然有问题，白棋好下。

黑a不是先手，也就是说接下来还有被对方冲断的可能。

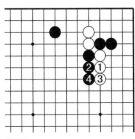

图22

图22（压）

在白1长的时候，黑棋为了避开之前的变化可以选择黑2压。

这样一来黑角上二子与上边的白棋正面战斗不可避免。一步错就可能会陷入巨大问题之中。

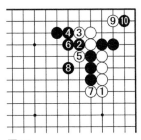

图23

图23（白苦战）

面对黑压，白1如果长，则黑2扳、4顶住强手。上图黑2、4的目的正在于此。

白9小飞进角，黑10可以靠住。先说结论，接下来不论如何变化，必然都是白棋苦战。

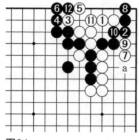

图24

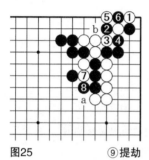

图25　　　　　⑨提劫

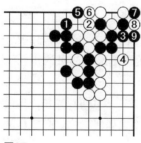

图26　　　　　⑥提劫

图27

图24（缓气劫）

白1连回，黑2长，白3、5破坏黑棋眼位，黑6立，白棋局部已经无法做活。

白棋接下来只能对角上黑棋开始紧气，最终形成对白棋不利的缓一气劫。

白7下在8位，黑a小飞扩大眼位，对杀仍然是白不利。

图25（撑劫）

还有一种方法，黑靠的时候，白1扳。接下来黑2夹，白3、5撑住做劫。那么打劫的结果会如何呢？

白7是损劫，但是因此可以在a位多一枚劫材。黑在b位逃也是一个劫材。

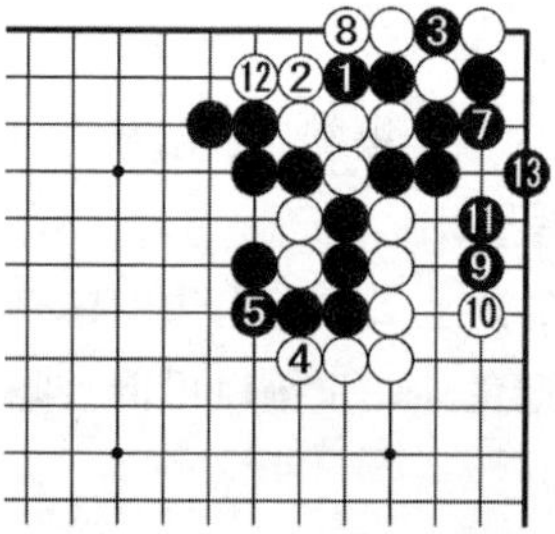

图26（白稍好）

黑1是劫材，但也是损劫。双方基本相抵。

白4找劫材，白6提劫。此时黑棋已经没有劫材只能黑7粘住、9扩大眼位做活。接下来形成了双方都做活的局面，白棋稍好。

图27（黑可战）

那么上图的黑1如本图黑1退让一步更好。白2提，黑3粘，再度形成对杀。

结果黑7扑做劫，黑白双方都是两手劫，本图是黑棋好下。

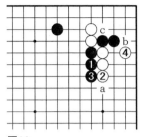

图28

图28（跳）

白不在a位长，而是选择在4位跳下。

有了这手棋，黑棋角上已经无法净活。所以接下来黑棋必须对白发起攻击。

白4跳，黑有b、c两种应对方法。

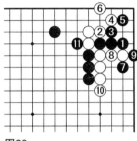

图29

图29（结果如何）

黑1挡住，白2拐好手。接下来黑3做眼是必然的一手，双方都在努力扩大眼位的同时尽力缩短对方的气。

黑7、9长气，白10长，黑11扳封头，结果如何呢？

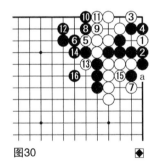

图30

图30（双活）

白1是急所。黑2、4确保眼位。黑8，白9、11应对，至此双方都保证一只真眼。

进行至白15，形成双活。黑16不能脱先，白a提先手。基本是双方可下，白棋稍好的局面。

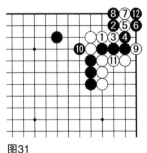

图31

图31（黑失败）

白1拐，黑2跳看起来棋形轻灵，其实是此时的大问题手。白3、5冲断以后黑棋的气瞬间变少。

黑6，白7形成经典的"大头鬼"棋形。对杀基本上黑棋是无法获胜的。即使黑10封头——

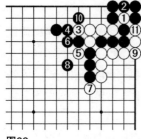

图32

图32（白好）

白1扑，对杀白快1气胜。白3拐，5、7先手利，黑只能委屈联络。

进行至白11，白吃掉黑四子，同时还留有继续吃掉黑五子的后续手段，明显白好。

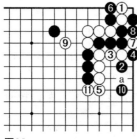

图33

图33（黑不好下）

白1，黑2、4尽全力延气。

白5长补强自己棋形。接下来攻杀黑角和中腹三子见合。白9、11出头，白可战，同时还有a位挖的后续手段。

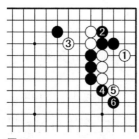

图34

图34（有力）

白1跳，黑2是好手。白3出头，黑利用角部暂时安全的情况，4、6连扳压迫外围白子。

黑4、6严厉，白棋要先想办法做活。

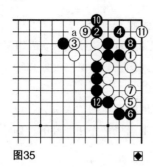

图35

图35（定式）

白1爬意在寻求眼位。接下来黑2、4做眼弹性十足，黑8虎和a渡过见合。

白5立下形成双方做活的局面。

白11是精彩的手筋，确保白边上净活。

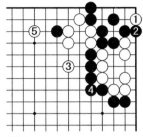

图36

图36（手筋）

白1点是绝好的手筋。这样可以省略右边补棋的一手。

译者注：这里是作者失误，变化图不对，黑2可以团住。

黑棋这样也是可以活棋的，白1点、黑2交换之后，白3、5占据好点，可以满意。

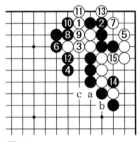

图37

图37（黑好）

图35的白3如本图白1扳，强硬分断的结果并不好。

白3粘，接下来有白a、黑b、白c的后续手段。黑4跳补，白5长进角，黑6以下收气吃。相比之下，黑棋获得的厚势要比白棋所得实地更有价值。

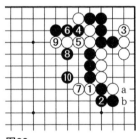

图38

图38（黑可战）

上图中白3长如本图白1打吃之后，3长进角，黑4、6可以吃掉白一子连回。

白7长，黑8夹、10出头战斗。接下来如果白a立，则黑b挡住先手，明显黑可战。

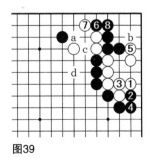

图39

图39（黑好）

图35中的白1如本图白1虎，则黑2、4先手利，白眼形极小。

白5，黑6、8扳粘，接下来白a，黑b，白c则黑d，黑棋都可战。

白5爬之前，白2必须先进行交换。

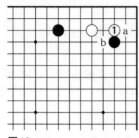

图40

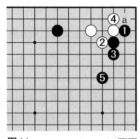

图41 ◆◆

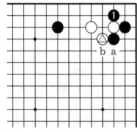

图42

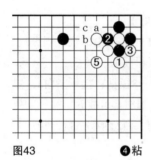

图43 ❹粘

③托三三

图40（选择）

白1托三三，是因为不想让黑棋攻击而选择进角做活的下法。

黑a扳基本上是此时的唯一一手。白b虎整形，接下来黑棋会出现多种选择。

图41（定式）

黑1，白2虎，黑3长是稳健的下法。在右边的棋形价值更大的局面下，是较好的选择。

白4确保眼位，黑5小飞或者拆二加强。接下来a位对于双方来说都是好点。

图42（打吃）

白△虎，黑1打吃也是一种选择。但是在二间夹的情况下，实战中黑棋选择a位长的更多。主要还是根据夹击的棋形配置而定。

面对黑1，白在99%的情况下会下白a打吃。也有b长的下法。

图43（定形）

白1打吃，进行至白5虎补。

接下来黑如果下在a位，则白b，黑c渡过。但这样的棋形位置过低。因为此时黑棋渡过和右边吃掉白一子见合，局部做活是没有问题的，所以此时黑棋脱先也很常见。

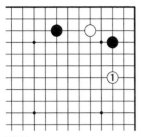

图44

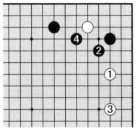

图45　◆◆

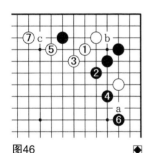

图46　◆

图47　◆

④二间反夹

图44（右边展开）

白1反夹。如果面对夹击没有好的对策，而且是对右边更重视的局面下，这是比较好的选择。

白棋如果直接动出一子，则大部分场合黑棋都会在右边有所斩获。

图45（定式）

白1反夹，黑2小尖简单的分断。白3拆二，黑4飞封局部告一段落。

黑棋的棋形不错，白3如果与下边能形成好的配合，也可以满意。本来也是在重视右边发展的情况下选择的定式。

图46（直接动出）

黑小尖，白棋也可以白1出头。

如本图，进行至白7为例。白5可以下在a位跳出，黑b尖顶。黑6也可以c位跳出。

但是进行至黑6，与白棋重视右边的初始目的矛盾。

图47（尖顶）

图45中黑4也可以不选择飞压，而是如本图黑1尖顶。这也有不喜欢白3进角的原因。这样可以更好的对△进行攻击。

看透黑棋意图之后，白4也是好手。也可以直接脱先他投，等待更好的落子时机。

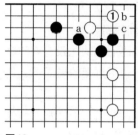

图48

图48（余味）

飞压之后白一子仍然留有余味。比如白1小飞进角。但要注意的是黑棋形较厚，动出的时机选择很重要。

黑的应对下法有a位挡、b靠、c小尖等。

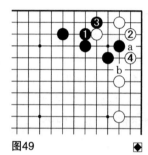

图49

图49（定式）

黑1挡是坚实的下法。白接下来可以就地做活或者渡过，黑棋已经不能净吃白角。

白2小尖选择渡过，黑3扳，白4跳。黑3如果下在a位挡，白3位立下做活。黑3也可以下在b位尖顶。

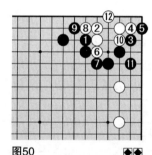

图50

图50（定式）

白2立想要就地做活。黑3小尖之后是必然的次序，进行至白12，运用"两边同形走中间"的手筋白棋确保净活。

但此时白棋做活也只有2只眼，而黑棋外围厚实可以满意。是否选择这个定式，要看黑棋的厚势对全局的影响而定。

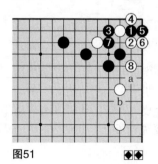

图51

图51（定式）

黑1靠，白2扳。白棋不仅是要吃掉黑一子，还要瞄着后边渡过。

白2扳，黑3夹好手。黑5立弃掉二子，之后白8渡过。接下来黑有a、b等余味。

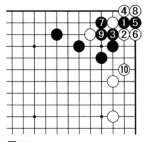

图52

图52（俗筋）

上图中的黑3如本图黑3断是俗手。白4打吃，黑5立弃掉二子，白6、8提掉二子。

此时白可以10位小尖联络，白棋的棋形比上图更坚实，黑棋亏损。

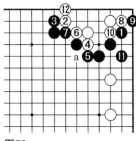

图53

图53（黑不充分）

黑1小尖也不能吃掉白棋。而且黑1下法不够紧凑，反而会让白棋做活空间加大。

白2之后双方次序井然，进行至白12做活。黑棋外围还有a位的断点，与图50相比，高下立现。

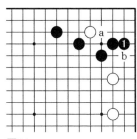

图54

图54（补强）

轮到黑棋落子，花一手棋补强角地价值极大。

黑1是局部好手，同时破解了白棋局部做活和渡过的手段。此时如果下在黑a尖顶过于保守。黑1也可以下在b位。

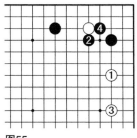

图55

图55（压）

白1反夹，黑可以2位压出。

与尖顶的情况相同，白3拆二，黑补强，棋形可以满意。

在被压住的局面，白棋会想动出一子，但此时的关键是征子是否有利。

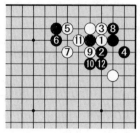

图56

图56（定式）

征子有利的局面，可以白1挖。征子指的是黑2在3位打，白2位长，黑8位粘住，白11打吃。

如果征子是白棋有利，黑只能2位外打。黑4虎，白5跳是局部手筋。进行至黑12，双方可下。

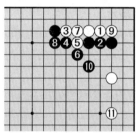

图57

图57（定式）

如果白棋征子不利，可以白1长进角。黑2粘，白3爬就地做活。

白9，黑10虎补不能省，此时黑棋外围厚实也可以满意。

白3如果在7位长，黑5位压，白3位顶也是一种选择。

⑤一间反夹
图58（严厉）

白1一间反夹对于黑棋是比较严厉的下法，但是黑棋的反击也会比较强烈。

黑棋的对策有a压、b小尖、c靠等。

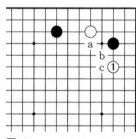

图58

图59（压）

黑1压是在出头的同时，让白△一子变薄的手段。接下来白2扳、白4长，黑5双，目的明确。

接下来如果白a进角，黑b断严厉。所以——

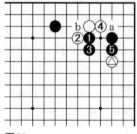

图59

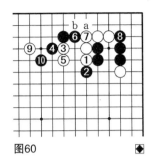

图60

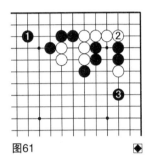

图61

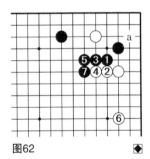

图62

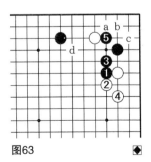

图63

图60（两分）

白1出头。此时如果黑7位切断，白6位打，黑a位立，白b位立，黑不成立。

黑2扳，白3、5向中央出头。黑8占据角地，白9夹击开始战斗。如此是双方两分的局面。

图61（坚实）

上图黑8，如本图黑1拆边棋形坚实。这是根据左边的棋子配置，选择自身稳妥优先的下法。

白2占据三三确保眼位，黑3夹击棋形也可以满意。

图62（双分）

黑1小尖与下图靠的目的相同，都是要压迫反夹的白子进行攻击。

白2、4压出头，看似放弃上边挂角一子，先在6位拆三。但是白接下来还有a位的后续手段。

图63（两分）

黑1靠也是与白交换至白4，获得先手之后，黑5尖顶攻击白一子。

但是白一子仍然还有余味。白a，黑b，白c，或者白c直接点。除此之外还有d位出头的选择，这要根据周围棋子配置而定。

93

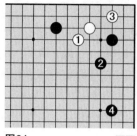

图64

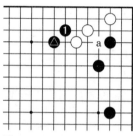

图65

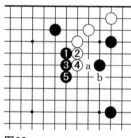

图66

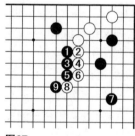

图67

⑥小尖

图64（定式）

白1小尖是在二间高夹时比较常见的应对方法。这种坚实的棋形在低夹的时候也可以选择。

黑2至黑4是定式，接下来的进程请参照148页二间高夹变化图。

图65（高低差）

变化大体相同，唯一会有区别的地方就是夹击的位置高低。

在▲高位夹击的场合，黑1小尖是冲击白棋形急所的好点。接下来如果a位也被黑占据，白棋眼形会出现问题。而在低位夹击的情况下就没有这样的下法。

图66（飞封）

而在低位夹击的场合，黑会选择1位飞封。在上面形成厚势是此时较好的选择。

白2、4试图出头，黑3、5长必然。如果白棋对跟着应不能接受，白2可以下在a位，与黑b交换之后脱先。

图67（变化）

图64中的黑4，如本图直接在黑1飞封也是强有力的下法。白出头，黑顺调守住右边棋形。白2～6，黑7拆边。

如果白棋不喜欢这个局面而直接脱先，黑2位封锁极大，可以取代拆边棋形厚实。

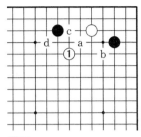

图68

⑦象眼

图68（轻灵）

黑如果下在a位被称为"穿象眼"。虽然看起来很危险，但白棋已经准备好了应对的手段。即使黑棋马上动手也不用担心。

接下来白有b飞压、c靠、d飞压等手段。轻灵的应对是白棋的目的。

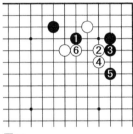

图69

图69（黑不好）

黑1穿象眼，之后如果被白棋的应对诱惑会导致局部不利。

黑1，白2飞压是既定手段。接下来黑3、5，白6压连回。白棋形完整，黑棋没有好的后续下法，黑不好。

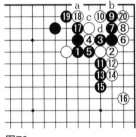

图70

图70（实地与外势）

在白棋飞压的时候，黑棋应该下在1位，白2挡则黑3、5冲断。

冲断的黑棋棋子会选择弃掉。利用弃子，最终形成白棋获得实地，黑棋取得外势的局面。因为接下来黑棋还有a至白d的后续手段，黑棋比较满意。

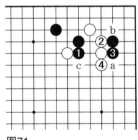

图71

图71（连接）

上图黑的外势更为壮观。

如果不想下成上图，则白2连接。黑3长，白4长，接下来白有a位拐、b和c的好点，棋形舒展。

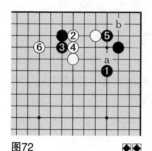

图72

◆◆

图72（定式）

黑1小飞是稳健应对。白没有了a位飞压的手段，但必须要小心黑棋会穿象眼。

选择补强的下法之一是白2靠，黑3长，白4粘，接下来黑5尖顶不让白b位进角，白6夹击。黑棋如果动出二子，战斗就此展开。

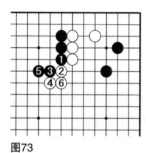

图73

图73（压）

上图黑5也可以如本图1继续压。

白2、4连扳目的是获得中腹的控制权。黑棋想在上边和右边都有所得，但是这样的下法也可能会遭到对方的反抗。

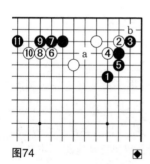

图74

◆

图74（飞压）

黑1小飞，白也可以直接2、4先在角部获得根据地。黑5之后如果a位分断，白可以b位连扳，棋形弹性十足，暂时不用担心死活问题。

所以白棋继续在6位飞压，黑7爬，白8、10形成一定厚势，是在目标向中央发展时的下法。

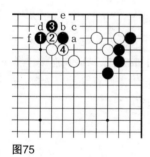

图75

图75（跳）

白棋飞压，黑1跳轻灵。白4拐，一般情况下黑棋会脱先他投。黑1至白4，目的是先手利。

如果继续落子，会下a位。白b以下要看征子情况，如果白b，黑不能在c位打吃，则黑不好。

96

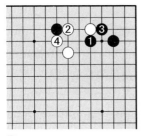

图76

图76（定式）

面对象眼，黑1也是有力的应对。白2靠，黑3虎补，白4整形告一段落。

黑棋获得较大角地可以满意，但是根据周边棋子配置，白棋也可战。

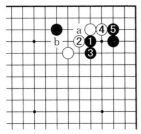

图77

图77（白不好）

黑1压，白2直接扳，黑3长，黑一子的位置恰到好处，正好攻击在白棋的薄弱点，白不好。

为什么说黑一子是急所呢？接下来白4、黑5交换，因为有a位断点，所以黑b是绝对先手，白棋后续的选点难度极大。

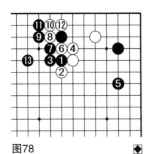

图78

图78（靠）

黑1靠也可以。不过这样一来白棋的棋形会更加坚固，黑小目一子的压力会增大。

白4长，黑5拆二加强角上，白6、8冲断成立。进行至白12，白吃掉黑一子确保眼位，黑13补断点。

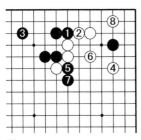

图79

图79（场合下法）

黑1、3的目的是不让白棋如上图吃掉一子，但这样一来就要做好被白4夹击小目的准备。

既然上边更加重要，那么右上可以考虑弃角。黑5断，目的在上边的模样。这是根据场合选择的下法。

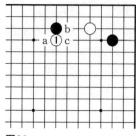

图80

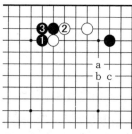

图81

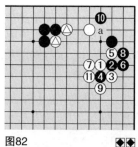

图82 ◆◆

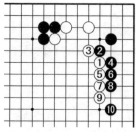

图83

⑧靠压

图80（特殊手段）

白1靠压是在二间低夹时的特殊手段。白棋的意图是借黑棋的力来实现自己整形的目的。

黑有a外扳、b长、c扳断几个选择。

图81（基本形）

黑1外扳是稳健的下法。接下来白2、黑3形成基本形。获得先手之后，白棋会对黑角展开攻击。进行至黑3，黑棋已经在边上走厚，白棋在边上的损失一定要在角上夺回才行。

白棋有a～c 3个可选项。

图82（定式）

白1大飞，白棋征子有利是大前提。黑2、4托断，白5、7应对，黑8，白9征吃。黑10也可下在a位。白11提子棋形非常厚实，但因为最初△的交换亏损，所以局部两分。

图83（黑好）

如果征子不利，黑可以2小尖、4虎出。

接下来白5长看起来是普通的应对，但此时是缓手。黑6、8爬加强棋形之后出头，因为上边最初的交换，白棋的厚势无法发挥。

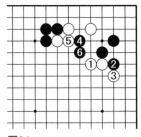

图84

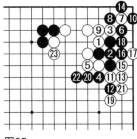

图85

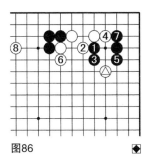

图86

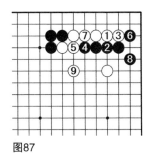

图87

图84（黑可战）

黑棋尖顶，白1如果长，黑2、白3交换之后黑4是好手。

白5粘，黑6出头，形成战斗局面。

从棋形来看是黑棋可战，只有在周围棋子配置不同的情况下白棋有可能选择本图。

图85（战斗）

白1、3进角是此时的正确选择。黑6、8是最强抵抗，但这样白可以11切断。

接下来白15、17先手利，19动出。黑22长，黑白双方在中盘一战在所难免。

图86（压）

黑也可以1位压。白2、黑3出头。△一子被自然分割。

白2是对被分断有准备的，白4先手，白6长出头，黑7、白8见合。所以△一子有所牺牲，但从整个棋形来看，白棋也可以接受。

图87（两分）

如果对上图被黑3分断的局面不满意，白1可以长进角。黑2、白3，黑4长，白5粘住。黑6扳，白7必须补棋。

黑8整形，白9出头。

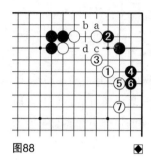

图88

图88（两分）

黑2尖顶的目的是要在角上确保眼位，白3的应对轻灵。黑4小飞，白5、7封头告一段落。

接下来黑a扳，白b虎，黑c，白d形成劫争。

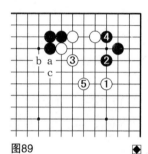

图89

图89（两分）

白1在更远一路夹击。这是比较温和的下法，对手的反击手段不多。当然反过来说，对黑棋的压迫也小了很多。

黑2小尖棋形坚实。白3虎，黑4尖顶确保根据地。白5也可以下在a位虎，黑b扳，白c长。

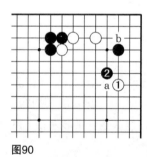

图90

图90（二间低夹）

白1二间低夹的下法在此时并不多见。因为后续变化对白棋有利的变化很少，这和上边白棋之前的交换有关。

黑2肩冲反击是好手。接下来白会在a或者b应对。

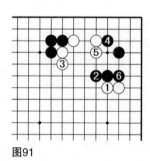

图91

图91（黑好）

白1贴出，黑只需要顺势出头就可以。白3出头，黑4先手尖顶之后黑6补强，这样白上下两边的棋形都比较薄弱。

白3如果6位拐，则黑5位靠整形，仍然是黑好下的局面。

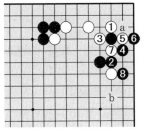

图92

 ◆◆

图92（定式）

白1托是局部变着，黑不直接应对，而是在2位整形是好手。白3虎，黑4倒虎，接下来瞄着a位虎进角。白5，黑6、8整形，同时还保留了a位打吃的后续手段。白7如果在a位粘，则黑b位夹击。

此时白棋在角上已经确保眼位，双方两分。

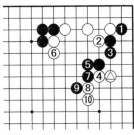

图93

图93（白可战）

黑1扳，白2、白3交换先手，△子的位置恰到好处，黑棋形变重。

而且白4出头好调，黑5，白6，黑7，白8扳两边棋形都走好，白可战。

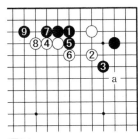

图94

图94（长）

黑1长，白2顺调跳出。黑3飞应对，白4长，以下还原一间低夹的定式。黑3也可以a位拆二。

黑1如果在5位扳，白必然1位断。接下来的变化可以参考140页图60一间高夹的变化。

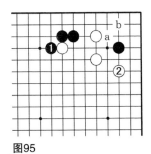

图95

图95（场合下法）

白跳出，黑1扳头是场合下法。白2飞封住黑小目一子，局部白可战。如果黑棋上边有一定模样，可以选择黑1。

接下来黑a可以做活，如果是白棋先落子，会在b位飞角，价值极大。

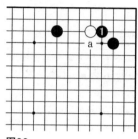

图96

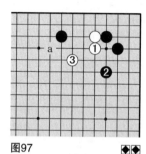

图97

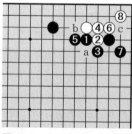

图98

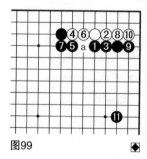

图99

⑨脱先

图96（尖顶）

面对二间夹如果脱先，则黑1尖顶和a压是常见下法。

但是现在黑1的选择概率已经是压倒式的领先。究其原因，黑a让白棋直接做活，白棋可以满意。

图97（定式）

如果白棋继续脱先，黑1虎是好形。如果要动出，白会1位长。黑2小飞继续攻击同时扩大右边实地。

此处白棋会被攻击，但在此前已经脱先一手，被攻击是必然结果。接下来黑a小尖的应对比较常见。

图98（定式）

黑1压，白棋基本上会马上动出。

如果征子有利，白可以2位挖。黑3，白4，进行至白8在角上做活。白8是局部棋形好手，这样的话黑b拐不是先手。

白8如果下在b位，则黑c虎扳。

图99（实地）

如果征子不利，白2长。因为是二间夹，黑3粘，白4可以靠整形。已经脱先了一手还能下出本图的棋形，白棋也可以接受。

黑棋外围虽然厚实，但还有a位的冲，稍显不足。

6. 三间低夹

如果相隔四线以上的话，因为有对手拆二的空间，所以一般不叫夹击。因此三间夹是最温和的一种夹击。

接下来白棋的应对方法也很多。

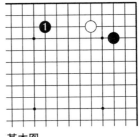

基本图

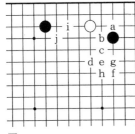

图1

图1（应手）

白棋可以选择的下法有a位托三三，b尖顶，c飞压，d二间跳，e大飞压，f、g、h反夹，i拆一、j肩冲和脱先等。

i拆一、j肩冲是三间夹特有的应对手段。

①托三三

图2（定式）

白1托三三的目标是就地做活。但是黑棋也可能反击，那么就可能无法获取根据地，而是变成夺取外势。

黑2扳、4长是让白棋实现目的的稳健下法，白在角上可以就地做活。

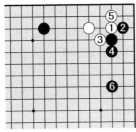

图2

图3（定形）

接下来根据场合，白1、3先手利之后，白5反夹黑一子。白5要想对黑实现有效攻击，要在左上方有棋子配置才好。

白1如果直接在5位夹击，黑3小飞支援，白不好。

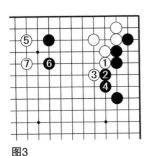

图3

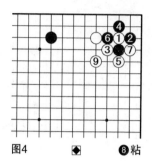

图4 ◆ ❽粘

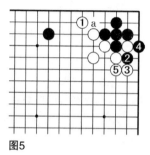

图5

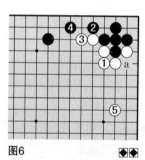

图6 ◆◆

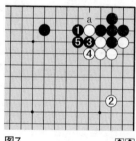

图7 ◆◆

图4（黑简明）

面对白1、3，黑4打吃是必然的选择之一。黑6提、8粘住，形成眼位充足的好形。白选择1、3必须先想到黑4打吃的应对方法。

进行至白9告一段落。

图5（利用）

上图黑棋脱先，白1或者白2是保留的先手利。但是黑2、4吃掉一子仍然可以先手做活，所以并不严厉。

如果不能满意，白1还是要让黑在a位扳。

图6（定式）

白棋不虎补，而是选择本图白1粘，棋形坚实。黑a打吃变成后手，价值变小。

黑2、4渡过棋形厚实，白5在右边拆边，形成两分的局面。

图7（定式）

此时黑也可以1位夹。白如果马上a位立下分断，黑必然3位切断。

白2拆边，因为担心接下来白a下立，黑3吃掉白一子是本手，不留味道。白4先手打吃告一段落。

104

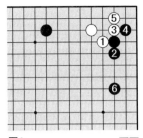

图8　◆◆

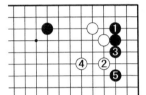

图9

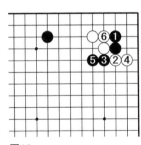

图10

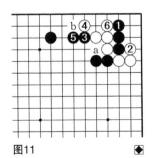

图11　◆

②尖顶

图8（定式）

想要获取角部根据地，也可以白1尖顶。这样能避开图4中黑4的打吃。本图的下法更加坚实。

黑2长稳健，白3、5进角，与图2同形。

图9（反击）

当然，尖顶黑棋也有反击的下法。此时可以黑1进角。因为这手棋非常严厉，所以现在尖顶在实战中也很少出现了。

接下来白2跳，黑3长，白4补强，但相比之下黑的棋形更为舒展。

图10（黑弃子）

黑1长进角，白2扳。

接下来黑3断必然。白4立，黑5长，白6立吃掉黑角上二子。当然弃子是黑棋的既定思路。

图11（两分）

接下来黑1立，是弃子时的正确思路。

白2紧气，黑3封头，白4、6对杀快一气获胜。

黑棋被吃三子，但外围厚实，还有a、b的先手利。

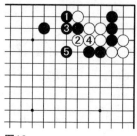

图12

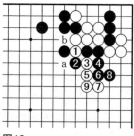

图13

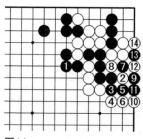

图14

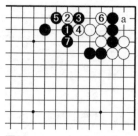

图15

图12（后续）

黑1连扳是严厉的手段。

白2、4出头，黑5枷仍然可以封锁。

但是这里一定要注意征子的情况。如果黑棋征子有利，白棋崩溃。反过来白棋征子有利，黑棋会陷入苦战的局面。

图13（征子）

接上图，白1、3冲断。

进行至黑8，白9粘住，a位的征子成为此时的关键。如果白棋征子不利，黑b粘，白已经失利。

如果征子是白棋有利的话——

图14（白可战）

黑只能1位粘。如果白直接3位挡，黑2位长气，对杀白不利。白2、4、6是紧气好手。

进行至白14，形成白先劫。从普通情况来看，黑棋陷入苦战。

图15（其他）

图11中黑3的靠，也可以如本图黑1拆一。

接下来白如果直接在6位紧气，则黑4位顶，白a夹，黑先手。

白2弃子，为了获得先手。黑可以吃掉一子棋形极厚，也可以满意。

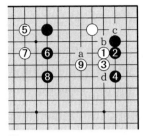

图16

◆◆

③飞压

图16（定式）

白1飞压，黑2、4出头，白5反夹黑一子。这是比较积极的下法。

黑6、8出头，白9是整形的好手。可以防止黑a、白b、黑c的手段。白9如果在d位压，很可能是展开战斗。

图17（定式）

此时白1进角的下法在一间夹、二间夹里都有出现。在三间夹的情况下也是选择之一。

黑2至白7是经典的局面。

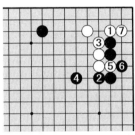

图17

◆◆

图18（场合下法）

黑也可以1位多爬一个。这是为了获得先手，同时破坏上图白1的手段。

白2长，黑可以脱先，比如在3位拆二。接下来白4拐，黑5飞确保根据地。黑3也可以a位跳出。

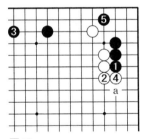

图18

图19（冲断）

白1飞压，黑2、4冲断的下法与三间夹温和的思路相违背。

白5长、黑6长，白7与黑8交换，白接下来还有a位拆一的空间，也有b位跳出的可能，可以一战。

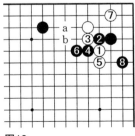

图19

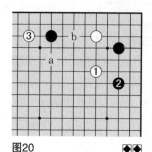

图20

◆◆

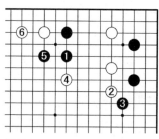

图21

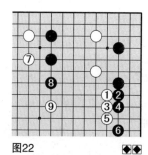

图22

◆◆

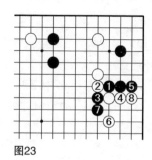

图23

④二间跳

图20（反击）

白1二间跳出后3位夹击。这与二间低夹时的思路相同，白1与黑2的交换稍损，目的是为了获取先手在3位夹击。

白3之后，黑可以a位跳出或者b位拆一。但b点下法已经很少有人选择。

图21（堂堂正正）

黑1跳，白2与黑3交换之后，白4镇头攻击黑棋。

黑5，白6加强上边，仍然试图继续对黑棋展开攻击。双方接下来的棋形会变成哪种局面，需要时间证明。但是战斗应该在所难免。

图22（飞压）

比跳更严厉的是白1的飞压。黑2～6应对，白棋形更为厚实。利用这一点，白7、9展开攻击。白7也可下在8位。

但是，黑2有下图反击的手段。

图23（冲断）

黑可以1、3冲断。

白4、6应对，黑3明显占据棋形急所，白棋陷入苦战。这与当初的希望先手利的思路相反。

所以——

108

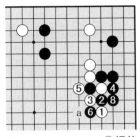

图24　◆◆　⑦提劫

图24（定式）

白1跳轻灵应对。黑2打吃，白3反打是此时的既定手段。黑6断吃，白7提先手。接下来白a打吃或者如白1一样再跳。

黑2如果不吃白一子，也可以5位长。

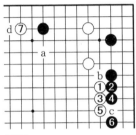

图25

图25（平稳）

在上边夹击之前先白1飞压。因为a位没有黑子，即使黑棋b位冲断战斗白棋也可以从容应对。

黑6跳出头，白7夹击。

黑6也可以继续c位爬获得先手之后d位拆二。

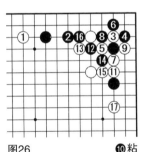

图26　　⑩粘

图26（一间夹）

此时也有黑不跳出而在2位拆一的变化。目标是瞄着白棋二间跳棋形薄弱点。

白3、5加强棋形。在此局面下黑一般不会在7位长连回，6位打吃是基本应对。白11～15整形，进行至17夹击告一段落。

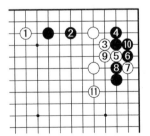

图27　　◆

图27（定式）

如果不喜欢被上图黑6打吃，本图白3是一种选择。黑4长进角，白5以下先手利，白11跳出头。

这样最初白棋的二间跳棋形有所加强，右边虽然黑棋实地也有所得，接下来白棋可以通过攻击黑二子，攻击得利。

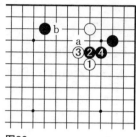

图28

图28（靠）

白1二间跳，黑2靠是冲击白棋薄味的下法。

白棋此时面临选择，白3、黑4定形。接下来是白a连回准备战斗，还是b位靠腾挪呢？

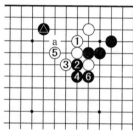

图29

图29（混淆）

白1是准备好战斗的强手。

但是白3、5的棋形与二间高夹的定式混淆了。如果夹击的位置在a位，则白5是好形。但是▲三间夹的位置影响不大。

白1连回必须做好下图变化的准备。

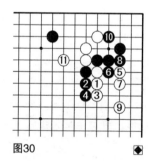

图30

图30（两分）

白1长，直接战斗。因为黑棋是三间夹，白棋形充分。

黑2、4压，白5跳，黑6～10角部做活。接下来白11出头，白可战。

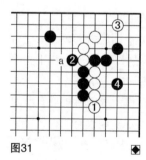

图31

图31（定形）

上图白5跳也可以如本图稳妥的白1长。接下来白3进角和a位出头两点见合，白棋形安全。

黑2扳则白3飞进角。黑4不能脱先，局面两分。

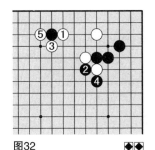

图32

图32（定式）

白1靠是轻灵的腾挪手段。黑如果跟着应，白可以2位粘住。

黑2断气合，进行至白5，双方各被吃掉一子。

黑4如果5位长，会形成战斗局面。

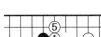
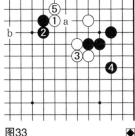

图33

图33（变化）

白1靠，黑2长，白可以3位粘。黑4、白5双方告一段落。

黑4如果5位扳，则白a长，接下来黑4飞出。接下来白会b位夹击黑二子。

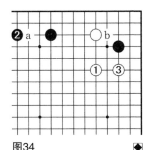

图34

图34（场合下法）

上边白a夹击是绝好点的局面，白1二间跳，黑可以选择黑2拆二。白3跳封也是好手，所以必须是在认定黑2价值极高的局面才可以做出本图的选择。

但是白3封头的黑角，如果黑下在b位尖顶还是可以做活的。

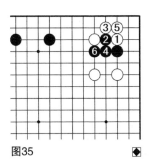

图35

图35（继续脱先）

黑一子仍然可以脱先，即使如此白棋还是不能完全吃净。

比如白1托角，黑有2位挖的余味。白3、5，黑6可以出头。黑棋可以保留这些后续下法，但不能立即动出。

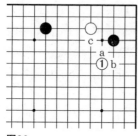

图36

⑤大斜

图36（大飞）

白1大飞压。这手棋被称为"大斜"。这里的具体变化会在下卷《目外》中详细介绍，请做参考。

黑棋的应手有a位尖顶、b托、c压出头等。

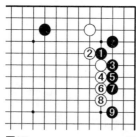

图37

图37（定式）

黑1尖顶是避开复杂定式的简明手段。白2扳，黑3扳出头，5、7做好准备后出头。

不过客观地说黑棋子都处于低位，有妥协的意味。还是要根据棋子配置来进行选择。

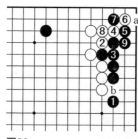

图38

图38（黑不好）

如果黑棋在三线少爬一个，直接黑1跳出，则白2、4交换之后白6连扳严厉。黑9只能粘住，白无不满。

黑9如果在a位打吃，则白可以b位冲断。

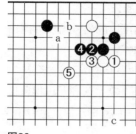

图39

图39（变化）

黑尖顶如果是场合下法，那么白1也是根据场合选择的应对手段。如果在右边价值更大的情况下，白棋会这样下。

黑2长，白3、5。白棋看起来选择弃掉上边一子，但其实还有a位的后续手段。如果黑棋继续在b位补棋，则白c位拆边。

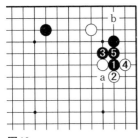

图40（分断）

黑1托，白2扳，则黑3虎将上边白一子分断。

如果不想下出这个图形，白3位长，黑5位粘，白a也是一种选择。

接下来如果白b位小飞进角，被黑a位打吃极大。

所以——

图40

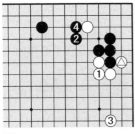

图41（定式）

白1粘，黑2飞压，白3拆边获取右边势力。

黑4挡住封锁白一子，棋形厚实。

乍一看黑棋实地所得巨大，但因为白在△打吃、拆边的棋形也很舒展，双方两分。

图41 ◆◆

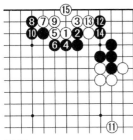

图42（黑厚）

面对黑棋飞压，白棋也可以直接动出。但是白会让自身棋形变重。

黑2冲，白3挡进行至白9做眼，白还可以下到11位拆边。但接下来黑12、14先手利，黑棋外围极厚。

图42

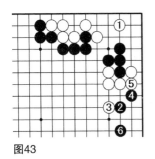

图43（黑满意）

如果上图12、14被利有所不满，白1可以如本图小飞进角。但是落了后手。

黑2夹击攻击白四子，黑棋在上边的厚势取得了效果。

图43

113

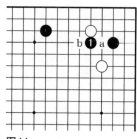

图44

图44（压）

面对白大斜，黑棋选择最多的应对方法是黑1压出。这是正面战斗的态度，接下来变化极多，是有"百变"之称的复杂棋形（中国称为"大斜千变"）。

白接下来有a、b等应对手段。其中b的下法要根据场合而定。

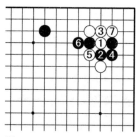

图45

图45（挖）

只要是大斜，白1挖，黑2打吃，白3粘住，黑4粘住白5切断是几乎必然的进行。

黑4的粘，如果选择在上边5位粘，则白4位断，最初三间夹的棋形位置不够紧凑，黑棋稍显不满。

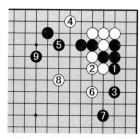

图46

图46（定式）

黑1拐，白2粘住先手再4位小飞确保角部做活。黑5补强的同时瞄着对白的后续攻击。白6、8出头，局部暂时告一段落。

需要注意的是选择黑1拐，必须提前确认征子情况。后续会讲到具体变化。

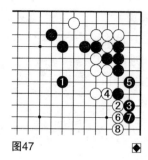

图47

图47（两分）

根据上边左边和右边下边的棋子配置，上图黑7也可能选择本图黑1扩张中腹。

白2靠，黑棋右边棋形被压低。但如果对黑1的子效更加重视，也是可选变化。

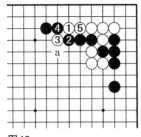

图48

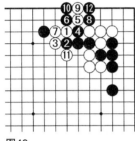

图49

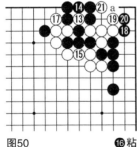

图50　　　　⑯粘

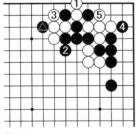

图51

图48（征子关系）

白棋如果征子有利，则图46的白4会如本图白1跳。接下来黑2，白3扳头强硬。黑4断，白5粘之后，黑a征子不成立，黑立即陷入苦战。

这是三间夹大斜棋形特有的手段，黑棋需要引起注意。

图49（上当）

白3扳，黑4冲就掉入了白棋的陷阱之中。

白5挡，黑6、8之后彻底上当。

白9立多弃一子是常用手筋。黑12之后——

图50（黑失利）

白13、15先手之后，17阻渡。黑棋只有招架之功。

黑18紧气，乍一看似乎可行，但白19是好手，接下来黑20长，白21尖，对杀白快一气。

黑20如果下在a位是打劫，但是打劫黑棋也是无法获胜的。

图51（白好）

白1立，黑2长出头避免了被全歼的恶果。但是白3打吃之后，黑▲一子变成废子，黑棋明显亏损。

图48中黑征子不利的情况下，还是如下图下法更为合适。

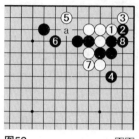

图52

图52（定式）

所以在白1进角的时候，黑2扳与白3挡住交换之后，黑4跳出是此时的正确下法。这样一来白a的强手就无法成立。

白5小飞，黑6小尖连回。白7、黑8各自补强告一段落。

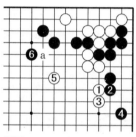

图53

图53（后续）

这是上图之后的变化。

白1跳好点。如果此时是黑棋先落子，也会下在同一位置的小尖整形。黑爬之后4小飞出头。白5大飞，黑6补强。黑6是必要的一手，否则白a是攻击好点。

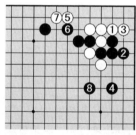

图54

图54（定式）

白1拐，黑2立也是此时的选择之一。这手棋的目的是下一手进角和边上出头见合。

白3如果获取角地，则黑4跳出。白5小飞，黑6小尖先手利之后，黑8跳外围形成厚势。

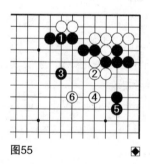

图55

图55（两分）

上图的黑8，根据场合也可以选择本图黑1走厚。但是这样一来白2也可以马上动出中腹二子。

黑3至白6，形成了双方互攻的局面。黑棋的选择要根据上边和右边的棋子配置而定。

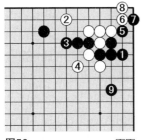

图56

◆◆

图56（定式）

面对黑1，白可以如图54中3立守角，本图白2也是选择之一。

白2小飞，黑3长。白4虎，黑5、7先手进角，白为了做活必须跟着应。是两分的局面。

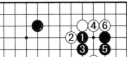

图57

◆

图57（两分）

黑1压，白2扳。进行至黑7，白棋大斜一子被攻击，这个变化以往基本不会出现。

但是白6进角获得了较大的实地，而且还是先手。

如今对该棋形的评价已经有所改变。

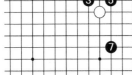

图58

图58（征子）

上图黑5如本图黑1也算是一种选择。但前提是必须要征子有利。

白2、4冲断，黑5、7紧气。如果白a征子有利，黑崩。即使征子有利，白也可以8位夹。

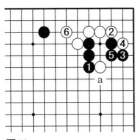

图59

图59（两分）

图57的黑5，也可以如本图黑1压。这个下法是为了改善上图征子的问题，如果白a长，则黑2位挡住棋形完整。

所以白2是必然的一手，黑3扳好形，白4先手利之后，6位虎补。局部告一段落。

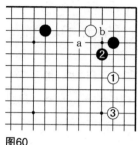

图60

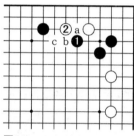

图61

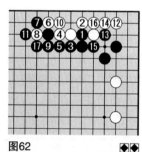

图62 ◆◆

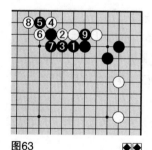

图63 ◆◆

⑥二间反夹

图60（与二间低夹相同）

白1反夹的前提与二间低夹的情况相同。对于白棋来说，右边有很大的发展可能性。

白3拆二，暂时告一段落。接下来是黑棋要面临选择，有a飞压和b守角两种。

图61（动出）

黑1飞压，因为夹击比较宽松，白2可以直接动出。如果白2如二间夹时的下法会直接小飞进角，那样黑a挡棋形较好。

接下来黑有a冲、b压、c小尖等手段。

图62（定式）

黑1冲、3拐头是强硬的整形手段，白棋只能被动应对。

白4、6，黑7连扳。白8如果直接在10位粘，则黑在8位粘住。白8打吃之后，黑13、15先手利，接下来17提子。虽然落后手但外势极厚。

图63（定式）

上图黑1如果保留，则黑5连扳。白如本图6、8转换。作为黑棋如果不想形成上图的变化，就要设想好本图的结果。

进行至黑9告一段落。

118

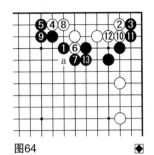

图64

图64（两分）

黑1小尖是强手，白如本图的次序可以做活。

白6冲制造断点是这里的关键。黑7，白8，接下来进行至黑13，白棋可以先手做活。

但是因为有下图的变化，所以白a位的断点并不成立。

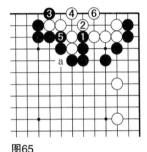

图65

图65（黑棋的权利）

接上图，黑1冲、3扳是局部好手。

白4是活棋的唯一选点。黑5，白6做活。

黑提白二子是先手，a位的断点等于没有。

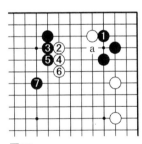

图66

图66（尖顶）

黑1尖顶，目的是先守住地盘不损实地。同时也不给白棋就地做活的可能。

白2也可以在a位出头，但这样下就入了黑棋的圈套。接下来必然要被黑棋攻击，白棋能做的只能是根据情况调整腾挪的下法。

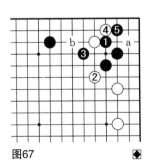

图67

图67（利用）

上图的出头，不如本图白2先手利。白棋既然选择右边反夹，前提肯定是在右边有一定棋子配置。

黑3飞封，白4、黑5交换之后还有白a或者b的余味。

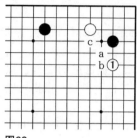

图68

⑦一间反夹

图68（严厉）

白1一间反夹严厉，不给黑棋更多的选择。接下来黑棋的应对下法基本上是a小尖或者b靠两种。c压因为三间夹的位置决定，此时并不是合适的选择。

白1也是重视右边的下法。

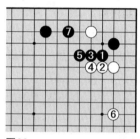

图69

图69（定式）

黑1小尖出头，白2加强右边棋形。

黑3、5继续出头。白6拆三、黑7封住上边白一子。黑棋实地所得较大，但夹击的位置与黑7搭配重复，白棋可以接受。

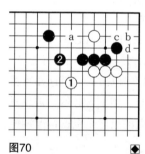

图70

图70（两分）

上图白6拆边也可以如本图白1小飞。接下来黑会在a位或者2位应对。

这样的棋形白棋还有b位点的余味。黑c挡，则白d连回可以缩小黑棋实地。接下来黑棋再花一手棋补强角地价值极大。

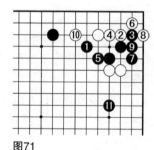

图71

图71（战斗）

黑1飞压也是一种选择。黑棋的目的是为了让白棋在局部无法脱手。

接下来白2、4整形，黑5联络，进行至白10局部做活，黑棋获得先手，在11位夹击。形成战斗局面。

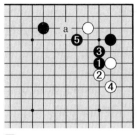

图72

图72（定式）

黑1靠出头，是要大吃上边白一子。白棋要动出就会立即进行攻击。

白棋重视右边，会选择2、4应对。黑5飞压暂告段落。接下来白还保留a位跳的可能。

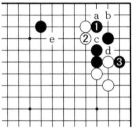

图73

图73（尖顶）

上图黑5如本图黑1尖顶也是一法。目的是不让白棋获取根据地。白2长，黑3夹。接下来白a、黑b、白c、黑d是既定变化。

白2不直接动出，而是下在e位轻灵出头更为常见。

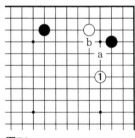

图74

⑧二间高反夹
图74（重视右边）

白1二间高反夹，目的与一间、二间低夹目的和意义，都是重视右边发展。

接下来白a飞压是好点，所以黑a小尖、b压是黑棋的选点。

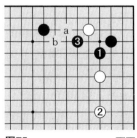

图75

图75（定式）

黑1小尖是棋形急所。黑棋自身加强后，可以对上下两边白棋展开攻击。

白2拆边，黑3飞压。白棋接下来还有a位动出的后续手段（参照图62），一旦动出黑棋会形成厚势。

白2也可以下在b位。

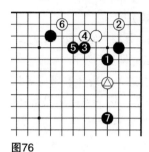

图76

图76（战斗）

黑1小尖，白2如果直接小飞进角做活，黑3、5飞压形成厚势。白6小飞，黑7夹击攻击白一子。

因为要考虑到白△反夹位置的选择，白2的下法是否合理还要根据场合决定。

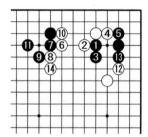

图77

图77（定式）

黑1靠出，是分断上下两边白子的严厉手段，但另一方面又给了白棋顺调整形的机会。

白2扳、4长是一种下法。黑5是要点，白6出头，黑棋两边都走到，白的棋形也可以满意，双方可下。

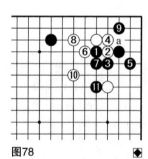

图78

图78（两分）

面对黑1压，白也可以2位挖应对。但是前提必须是如果在黑4位打、白3位粘、黑a冲、白6征子有利。

黑5虎是此时的好形。白6打吃、8虎补，黑9获取角地棋形完整。

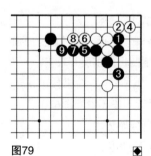

图79

图79（两分）

上图黑5，如本图黑1是看起来目的在角部获取实地，实际想要获取厚势的下法。

白2扳，黑3虎补，白4进角，黑5长封头。形成白棋获得实地、黑棋取得外势的局面。

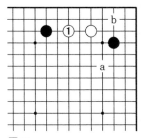

图80

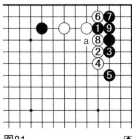

图81 ◆

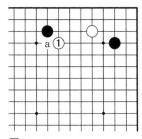

图82

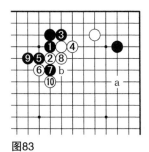

图83

⑨拆一

图80（安定）

白1拆一目的是就地做活。接下来既可以进角确保眼位，也可以出头。

比如，后续黑如果a位小飞，则白b进角。

白1的下法在黑棋三间高夹的局面下出现更多，具体下法可以参考相关变化图。

图81（定式）

如果不想白棋就地做活，黑1尖顶。

接下来白2飞压轻灵。黑3爬，白4长之后，6、8先手利。接下来可以攻击黑上边一子。

白2如果在a位长，则黑4位小飞，白棋形重。

⑩肩冲

图82（腾挪）

白1肩冲是向中腹出头的手段。接下来白棋不仅是要利用黑棋的棋子进行腾挪整形，同时要瞄着对角上黑子发起反击。

黑下a位，可以在上边形成厚势。

图83（两分）

黑棋出头可以说是此时的唯一正解。白2扳是气合的下法。黑3拐先手，黑5扳，白6连扳气势十足。

黑7断吃、9长是正确次序。接下来黑a、白b交换，两分。

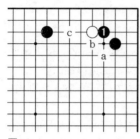

图84

⑪脱先

图84（脱先）

黑三间夹的时候白棋可以脱先他投。

此时轮到黑棋落子，黑1尖顶是首选。黑a、b、c的攻击效果不够，这几个选点在特殊场合配置下可以进行选择。

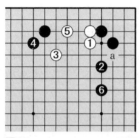

图85　◆◆

图85（战斗）

因为不想被黑下到1位虎，白1选择直接动出。黑2小飞，这个棋形要注意白棋有a位的后续手段。

白3、5整形之后，为了防备白a，黑6跳补。接下来双方会在上边展开战斗。

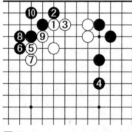

图86

图86（黑有利）

黑小尖，白1、3的目的是快速确保眼位。黑4补，白5～9，目的达成。

但是白棋付出的代价太大，黑棋的角上和上边棋形都非常完整，黑棋可以满意。

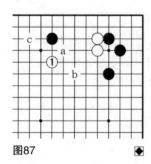

图87　◆

图87（其他应手）

图85的白3以外，白棋的应对方法还有几个选择。

白1镇头、a位肩冲、b位象眼以及c位反夹等。

这里将具体变化省略。

7. 一间高夹

黑1一间高夹。这与一间低夹一样是比较严厉的夹击方法。

高夹在以前的对局中较少出现，如今因为其高位和攻击严厉的特点为更多棋手所喜爱。

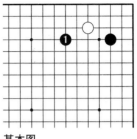

基本图

图1（应手）

一间高夹较为严厉，白棋可以选择的应对方法也相对较少。

比如白a一间跳、b小飞、c托等。白d进角也是在小目挂角常见的下法，但是在一间高夹的局面并不多见。

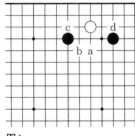

图1

①一间跳

图2（定式）

白1跳，黑2小飞。接下来白棋可以在3位夹击或者a位反夹。

白3夹击，黑4跳，白5连回告一段落。

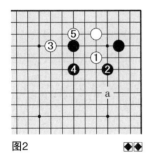

图2　◆◆

图3（继续）

上图之后暂告段落，可以选择脱先他投。黑棋也可以根据场合，黑1、3继续加强自身棋形。

进行至黑5粘，虽然落了后手，黑棋的棋形极厚。一旦左边有了棋子配置，黑a扳是可以威胁到白安危的严厉手段。

黑5还有——

图3　◆

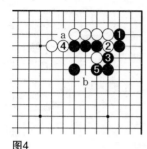

图4

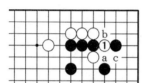

图5

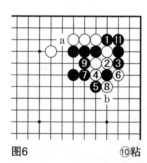

图6　⑩粘

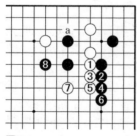

图7

图4（旧型）

以前的对局中，黑1出现较多。

黑1挡住是为了角上的实地。但这样一来，白2、4先手，黑棋没有了a位的后续手段。同时白还有b位刺的先手利，黑不满。

现在如上图黑5的下法是主流选择。

图5（白无理）

白1挖是黑棋已经预想到的手段，本身是无理手。

白1挖，黑如果a位打吃，白b粘则如上图棋形相同，白棋满意。所以在白1的时候，黑一定会在b位切断反击。白a，黑c严厉，接下来白棋没有好的应对方法。如下图所示。

图6（挣扎）

如果不想让白棋实现目的，黑1切断是必然的一手。白2粘，黑3挡住，在连接的同时紧气，严厉。

白4拐，黑5连扳，白6打吃，黑7、9滚打之后11粘补角上断点。接下来黑a扳和b连扳见合，白苦战。

图7（场合下法）

图2中白5连回也可以如本图白1压出。进行至黑8双方可下。

但是黑2～6棋子都在四线，实地损失明显。不仅如此，白a连回的手段也因此消失，接下来的局势好坏要看战斗的优劣而定。

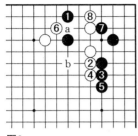

图8

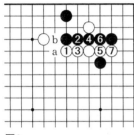

图9

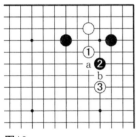

图10

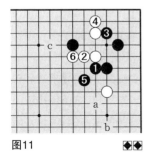

图11 ◆◆

图8（两分）

图2中黑4选择如本图黑1跳下阻渡。

白2、4压出头，黑7、白8先手交换之后双方棋形稳定告一段落。

白2如果直接在6位尖刺，黑a粘，白2压出，黑b跳，则马上进入战斗局面。

图9（黑可战）

如果白1封头，则黑2、4冲断。

白5、7可以顺调切断黑一子，但是角上白一子的实地价值明显更大。

而且接下来黑a直接扳出非常严厉，白b断之后的战斗也是黑可战的局面。

图10（反夹）

白1跳，黑2小飞之后，白3也可以反夹。这个下法的目的是顺调出头，在一间低夹的局面下也有同样的手段。

黑棋除了a位出头，也有b位顶的手段。b的下法与一间低夹有区别。

图11（压）

黑1出头，不给白下到1位封头的机会，是非常直接的下法。白2长，黑可以选择3位尖顶或者直接5位小尖出头。同时白4也可以脱先。

白6压，黑可以a位飞压、b位夹击或者c位跳出。

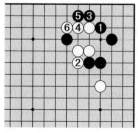

图12

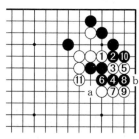

图13

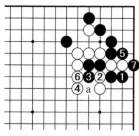

图14

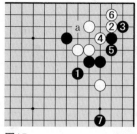

图15

图12（定式）

黑1尖顶，白2可以直接拐头。虽然角地会有一定损失，但白2更重视的是外势。

黑3扳、5爬实地获利，白6基本上将黑外围一子变成废子。这是一个经典的黑白双方各获实地和厚势的局面。

图13（两分）

黑扳的时候白棋脱先，1、3冲断也是有力的下法。

黑4、6，白7、9先手利，进行至白11，白棋外围极厚。

黑10如果下在a位出头，白b打吃先手连回，形成战斗局面。

图14（两分）

上图黑6直接如本图1位挡，前提是征子有利。白4如果可以在6位或者a位征吃，黑崩溃。

白棋征子不利，在4位枷封头。

本图也是双方两分。

图15（定式）

如果黑棋不满意图12的变化，则会直接如本图黑1小尖出头。

这样的话白会在2位托角寻求角部根据地。黑3扳，白4先手利之后6立补强。

白4也可直接在6位立，黑4位长，白a双。

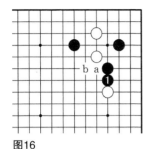

图16

图16（顶）

黑1顶目的也是不让白a位封头，同时根据白棋的应对方法，黑还有b位的后续手段。

白棋则要思考接下来是右边重要，还是上边更重要，下法会有区别。

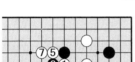

图17　◆

图17（两分）

白1压不愿意被黑a封头，是更为重视上边白二子的下法。

黑2扳，白3扳住上边黑一子。

接下来白有b位、黑有c位的后续手段，本图是双方两分的局面。

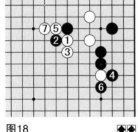

图18　◆◆

图18（定式）

白1压，黑2扳与白3长交换之后，黑4扳。黑4扳，白5断，黑6与白7各自加强之后告一段落。

双方棋形都非常完整、厚实，两分。

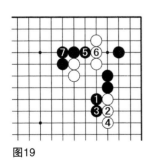

图19

图19（战斗）

上图黑4如本图黑1上扳是积极下法。白2如果在7位断，与上图相比稍显不满。

白2长，黑5先手交换之后7位补。接下来形成战斗局势。

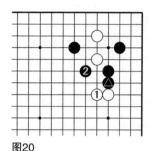

图20

图20（长）

此时白也可以1位长。堂堂正正地应对，白棋也可战。

但是黑▲顶、2跳是既定手段，白需要对接下来的下法有准备才行。

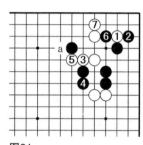

图21

图21（旧定式）

在以往的对局中遇到此时的局面，白1托角之后白3冲是常见应对。

接下来黑4双，白5出头是旧定式下法。黑6告一段落。白7也可以下在a位扳。

白3冲，黑4是只此一手么？

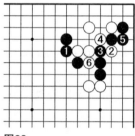

图22

图22（黑失败）

上图黑4很想下在本图黑1挡。但这样下的结果并不理想。

白2夹是白棋的既定手段。

黑3冲，白4先手打吃、6冲。黑棋无法阻断，失败。

黑3如果——

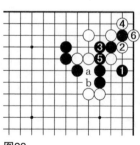

图23

图23（白满意）

此时黑1是可以选择的手段之一。如果白还是3位打吃，黑2位粘，接下来白a位冲断，黑可以b位分断，黑好下。

但是黑1跳，白2下打好手，黑5连回，白6提就地做活，白好。

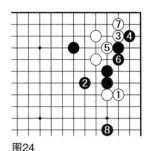

图24

图24（黑可战）

白1立是重视右边的下法，但是结果并不能满意。

黑2跳出，白3以下至白7寻求就地做活，黑8夹攻击白二子，此时的局面明显黑棋可战。

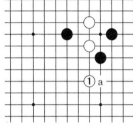

图25

图25（五线反夹）

此时白棋不在a位，而是白1五线反夹也是一种选择。同样是根据黑棋的下法顺调让上边二子出头，与白a的意图相同。

相比之下，白1比a位夹更加轻灵，但也有更多的缺点。

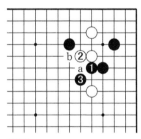

图26

图26（上下分断）

面对白五线夹击，黑1将白上下分断是此时很简明的下法。

白2长，黑3小尖，分断的目的已经实现。

黑3如果在a位压，则白b长。这样的下法是俗手，黑不满。

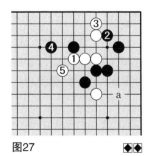

图27

图27（战斗）

白1压，黑2先手利之后黑4跳出。

接下来白有a位跳下威胁黑眼形的后续手段。

双方的棋形都没有安定，接下来战斗局面应该在所难免。

131

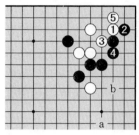

图28

图28（定式）

上图白1也可以如本图白1进角做活，这是此时的常见手段。

黑2扳，白3、5确保眼形。

接下来黑棋的选择较多，可以a位攻击白一子，也可以直接b位小飞获取实地。

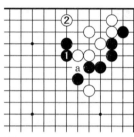

图29

图29（负担）

接上图，黑棋直接1位封头也可以。白2小飞出头。

但是即使黑1是先手，接下来白a的后续下法对于黑棋来说负担较重，而且黑1也可能下在2位，所以此时大都选择保留变化。

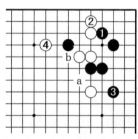

图30

图30（两分）

黑棋如果不满意图28中让白棋就地做活，可以1位尖顶。

白2如果跟着应，则黑3小飞或者a位小尖出头。黑如果a位小尖出头，白b压，还原图27。

但是——

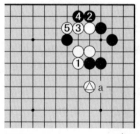

图31

图31（定式）

黑棋尖顶，白△棋子的位置不一样了，此时白可能直接1位拐头。进行至白5，形成黑棋获得实地，白得外势的两分局面。

黑棋如果想下尖顶，则本图的变化一定要考虑到才行。

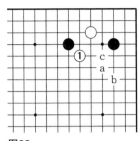

图32

②小飞

图32（轻灵）

白1小飞是为了轻灵出头。同时根据黑棋接下来的应对方法对黑角上一子施加压力。

黑棋的应对方法有a位小飞、b拆二、c小尖等。

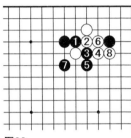

图33

图33（白满足）

先将上图中记述变化以外的下法进行讲解。

黑1、3冲断是俗手。白4、6出头之后黑棋只能弃掉角上一子。

黑7枷吃，白角地巨大可以满意。

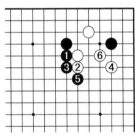

图34

图34（白好）

黑1是场合手段，可以根据上边和右边的棋子配置情况做出选择。

白2长，黑3继续压，接下来黑棋还是要放弃角地。黑5虽然从全局来看价值较大，局部来看白棋所得较大。

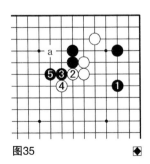

图35

图35（白可战）

白长，黑1拆二可以保护角地。

但是图34中黑1也极大，此时白2拐头棋形极厚。黑3、5应对，接下来白还有a位的急所，黑有些勉强。

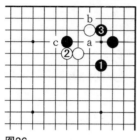

图36

图36（小飞）

白小飞，黑也1位小飞应对。接下来的行棋重心会在右边。

白2压是一种下法。在防止黑冲断的同时方便自身出头。

黑3尖顶，白有a～c 3种应对方法。

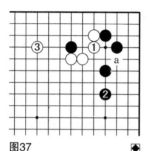

图37

图37（定式）

白1长，瞄着接下来a位跨断。所以黑2不能省略。

白3拆边告一段落，黑也获得了较大的角地，双方可下。

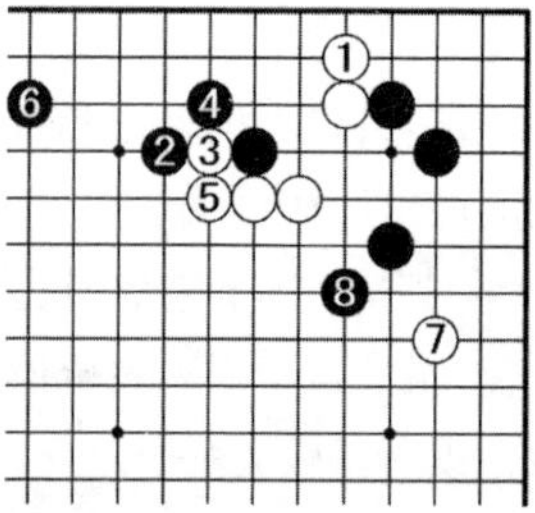

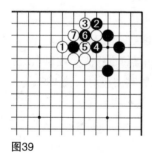

图38

图38（定式）

白1立更重视角地。没有上图中跨断的后续手段，黑2可以将一子动出。

进行至黑8是战斗局面的变化之一。如果不想被白7逼住，黑也可以在右边开拆。

图39（形）

白1扳，接下来黑棋大部分都会选择脱先。

如果以后在此处落子，则会形成黑2以下的图形。

黑2，白3扳，黑4打吃，白弃子7位提整形。

图39

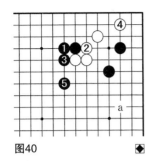

图40

图40（长）

黑1长接下来瞄着2位冲断。

白2拐，则黑3拐加强上边。

接下来白4进角确保眼位，黑5也可以a位拆边，双方可下。

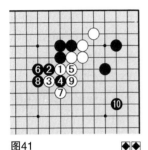

图41

图41（定式）

面对黑棋拐头，白1扳，黑2反扳，白3连扳目的是向中腹发展。

黑4打吃，白5粘，黑6长整形。白7征子，黑8打吃先手之后10位拆边。

白棋形也很厚实，双方可下。

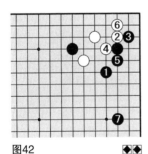

图42

图42（定式）

不想被黑棋下到尖顶好点，白2直接托角。如果想要尽快在角上做活，此时托角是好手。

黑3、5交换是稳健应对。白6做活，黑7在右边拆边，局部告一段落。

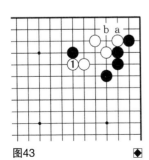

图43

图43（一法）

上图中白2、4先手利之后，也可以如本图白1直接出头。如果接下来的目的是获取中腹，则可以暂时不在角部做活。

接下来黑如果a位打吃，白可以脱先或者b位做劫。

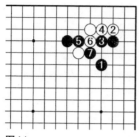

图44

图44（切断）

白2托角必须考虑到如何应对黑3、5的反击。

黑把白小飞出头的一子分断，并通过攻击在上边和右边获得利益。这样可以抵抗白棋获得角地。

接下来——

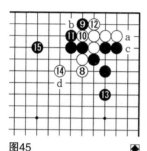

图45

图45（定式）

白8长，进行至黑15是基本定式。

角上黑棋如果a位扳粘，则白b吃一子；如果黑b粘，白c扳粘可以做活。

中央的白三子出头顺畅，暂时不担心被攻击。白14也可以下在d位。

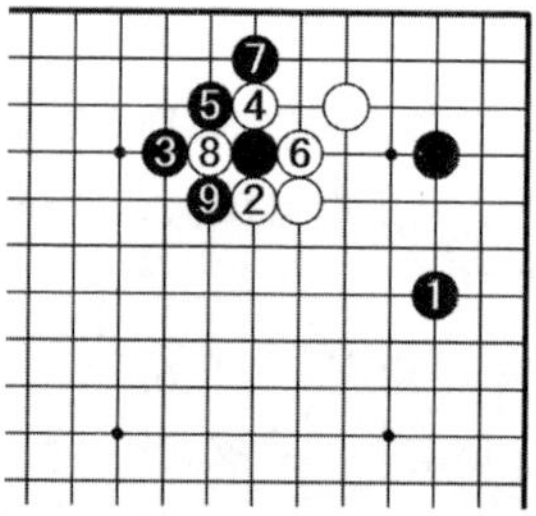

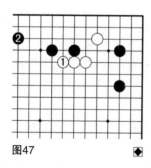

图46

图46（拆二）

黑1在右边拆二可以一手补强。

白2压，黑3跳，白4夹是以前的定式下法。但是白4之后黑5可以顺调整形，好坏存疑。

白4还是如下图更好。

图47（两分）

上图白4如本图白1长棋形更厚实。

黑棋不拘泥于最终夹击的一子，2位拆边下法轻灵。白很厚，黑右边和上边都走到，也可以满意。

图47

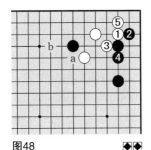

图48

图48（定式）

白1、3寻求眼位。黑4长，白5立告一段落。

接下来的下法，黑先会在a位出头，白先可能在b位夹击。

黑4如在5位打吃，则白4位反打，一间高夹的位置不好，黑不满。

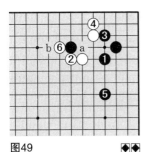

图49

图49（定式）

黑1小尖，强调下一手要在a位冲断。所以白棋必须立即补棋。

白2压是一种下法。接下来黑如果3、5，则白6扳双方各有所得。黑3如果下在b位，则白6位挖应对。

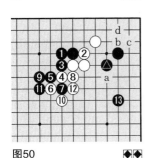

图50

图50（定式）

黑▲小尖和在a位小飞的情况相同，黑棋同样可以选择黑1长。白2连回。进行至白12，局面与a位小飞相同。

黑下▲的话，后续可以13位拆边。

白4如下在b位，黑c，白d，这样的定形局面在实战中也有出现。

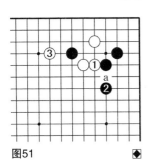

图51

图51（两分）

白1顶的目的是补断点。同时还有a位扳的后续手段。

如果黑棋无法接受，会在2位跳出头，白3夹击。

上边黑一子是不确定因素，接下来围绕这个棋子有可能会出现各种变化。

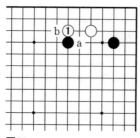

图52

③托

图52（腾挪）

白1托的目的是腾挪。有句格言叫"腾挪要碰靠"，以寻找整形的调子。根据黑棋的下法找出快速做活的方法。

黑棋的应对方法有a长、b扳。主要是以上两种。

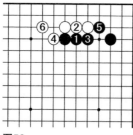

图53

图53（黑有利）

黑1长，白2粘，黑3压是必然的一手。

白4扳是旧定式下法。黑5补角，白6虎。本图看似两分，黑棋形厚实，同时实地较大，还是黑稍好的局面。

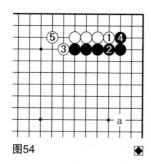

图54　◆

图54（定式）

白1长是不想让黑棋走到上图黑5的好点。黑2粘，白3扳，黑4拐，白5虎。与上图相比，白棋获取了更多一些的实地，但是黑棋仍然很厚，同时a点是绝好的下一手。

本图双方可下。

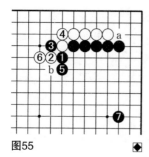

图55　◆

图55（两分）

上图黑4，如本图黑1扳也是一种选择。白2扳，黑3打吃后5位长。接下来a位实地较大，但此时的急所是7位拆边。双方可下。

白6也可以在b位继续压。

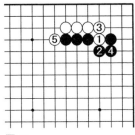

图56

图56（白好）

图54的白1如本图白1挖严厉。如果黑棋忍耐，白棋明显得利。此时黑棋的反击是必然选择。

黑2外打不好。白5扳好点。黑4如果在5位长，则白4位断。

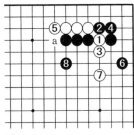

图57

图57（战斗）

黑2切断，白3长，黑4粘形成战斗局面。

白5长稳健。黑6小飞，白7跳，黑8跟着跳出头。接下来互相攻击已成必然。

白5如果在a位扳局面会更危险。

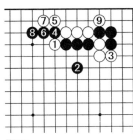

图58

图58（最强）

也就是本图白1扳。这样一来黑棋也没有办法平稳地如上图黑6小飞，必须黑2跳出头。接下来白3拐，黑4切断。

以下的变化双方都一定会寸土必争——

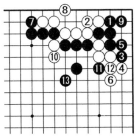

图59

图59（黑可战）

黑1先手，3、5扳粘扩大眼位。虽然此时黑棋仍然没有净活，但因为白棋也没有两只眼位，对杀黑棋有利。

白8、黑9做活。但是从外围棋子配置来看，黑棋更有利。

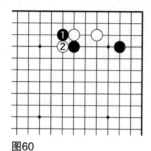

图60

图60（扳）

此时黑1扳应该是第一感。

接下来白2断也是白棋的既定手段。落子前要想到对手的想法，就能够提前找好对策。

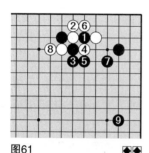

图61

图61（定式）

白棋分断，黑1打吃后3位长是常见下法。白4吃掉黑一子，黑5、7补强。白8长，黑9拆边告一段落。

此时如果白4下6位打吃，则黑8征子，白不能满意。

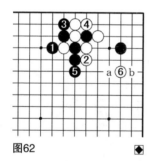

图62

图62（两分）

如果黑棋征子有利，上图中黑5也可以如本图1征吃。在棋盘左边一带有棋子配置的情况下是可选的下法。

白2出头，白6夹击黑一子获得角部利益。

接下里黑如果a位靠就会形成战斗局面，黑b目的是就地做活。

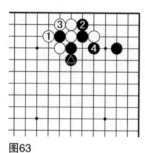

图63

图63（白不好）

图61中的白4如本图白1打吃，则黑2分断，白不好。

白3提，黑4虎。黑棋角地所得巨大，而且●一子位置极好，右边极厚。白无法接受这样的局面。

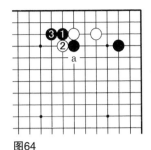

图64

图64（长）

白2断，黑3长也是一个可选项。但是白a打吃是此时的绝对先手，白棋接下来对黑一子有各种借用的后续手段。

如果黑棋接下来更重视上边的发展，黑3长是可以选择的下法。

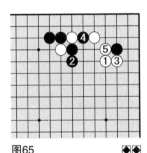

图65 ◆◆

图65（定式）

先把左边的棋子放一放，白1飞压是第一感。黑2长补强，白3挡住。

这样白棋获取了角地，黑棋则在上边获得了厚势。接下来角上黑一子还有余味。

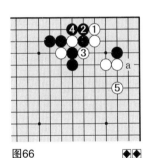

图66 ◆◆

图66（定式）

黑吃白一子时，白也可以1位立。

黑棋不想让白4连回，则黑2挡住。白3先手利，5补强。

但是这样的下法会让黑上边的棋形更加厚实。

黑2如果直接在4位提，白会下在a位。

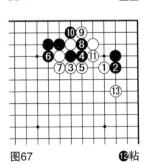

图67 ⑫粘

图67（黑苦战）

白1飞压，黑2爬不好。

白3打吃、5挡住，黑二子虽没有死活之忧，被滚打已成必然。白棋获得先手之后13位夹击，黑陷入苦战，黑2得不偿失。

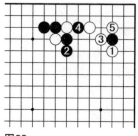

图68

图68（旧型）

此时白1靠是旧定式下法。黑棋如果进行抵抗，白2位打吃好手。

黑2长，白3、5是既定手段，这是旧定式下法，与图65相比，白棋角上味道更好。

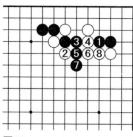

图69

图69（抵抗）

此时如果黑1长进行抵抗，白2打吃，黑3长，接下来白4、6冲出，进行至白8，明显白可战。

但是这里的变化没有那么简单，黑棋有严厉的反击手段。

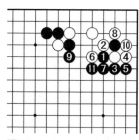

图70

图70（黑厚）

黑棋可以1位扳，这步反击的下法十分严厉。

白2断，黑3、5挡住将角地拱手让出。白6打吃先手，8打吃。此时黑9长是一种选择，即使角上一子被吃，黑11拐是好点，黑棋外围极厚，可以满意。

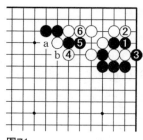

图71

图71（黑可战）

黑也可以1、3吃掉白二子。

白4可以出头，但是黑棋在上边和右边的棋形都很完整，上边还有a位打吃的先手，同时还保留了b位切断的各种利用。

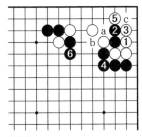

图72

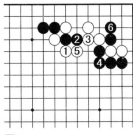

图73

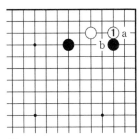

图74

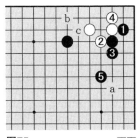

图75

图72（黑有利）

图70的白6如本图白1，想吃掉黑一子。

黑2长先手，接下来黑4补强外围是简明的下法。接下来有黑a、白b、黑c的后续手段，白5补，黑6长。黑棋外势厚实。

图73（黑可战）

同样是图70的白6变化。如果白1打吃。

黑2长与白3交换，黑4粘先手，接下来黑5拐头和黑6进角见合。

白吃掉黑二子，黑6立获取极大角地，可以满意。

④托三三

图74（腾挪）

白1托三三腾挪。这是小目·小飞挂角局面下的常见下法。

黑棋的应对方法有a位扳、b长两种。a重视角地，b是倾向获取右边厚势的下法。

图75（定式）

黑1扳，白2虎，黑3长，白4立就地做活。黑5小飞或者a位拆边告一段落。

接下来在这里如果白棋先落子，会在b位小飞，如果黑先，会考虑在c位尖顶。

143

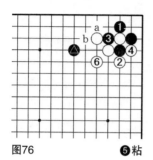

图76　　　　　　❺粘

图76（黑不满）

在一间高夹的局面下，黑1打吃不好。

接下来的下法白2反打，黑3提、5粘。此时黑▲一子处于高位，黑a扳，白可以b长。这不是黑选择▲位夹击想要的局面。

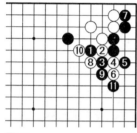

图77

图77（黑有利）

图75的黑5，也可以思考一下本图黑1的下法。但是在落子前一定要想好对方的各种反击手段。

如白2、4冲断，黑5先手打吃后7位爬进角严厉。白8、10出头，黑11吃掉黑二子可以满意。但是——

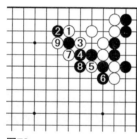

图78

图78（白好）

上图中的白8，有本图白1、3的手段。

黑4挡住，白5、7好手。被白9提掉一子的局面黑棋无法忍受。

本图白好。

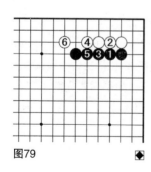

图79　　　　　　◆

图79（黑可战）

黑1长意在右边的厚势。

黑3压，白4长简明。黑5粘棋形厚实，白6跳出获取实地。

如果黑棋的厚势没有较好的发挥空间，本图白棋也可以尝试。

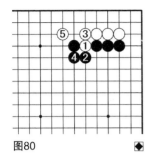

图80

◆

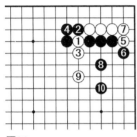

图81

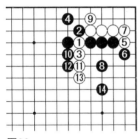

图82

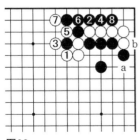

图83

图80（两分）

如果对上图黑棋形成厚势有所不满，可以选择白1挖。这样下的目的是让黑棋出现断点。

黑2打吃，白3粘住后跳出，黑棋形较上图明显薄弱。

但是白1挖的时候，要想到对手反击的手段。

图81（反击）

上图虽然黑棋也可以接受，但是一旦周围棋子配置对战斗有利，黑就可以选择黑2分断反击。

黑4粘，白5、7必须在角上做活。黑8补强对白二子进行攻击，一般来说黑棋可战。

图82（黑好）

白3长，如果想对白角有更大的威胁，黑可以4位虎。接下来白5、7扳粘也暂时没有净活。黑8补强，白9不能脱先。

白做活，黑10、12出头，14跳。黑的棋形较上图更好。

图83（弃子）

上图是白棋苦战。那么是否可以考虑弃掉角上数子呢？

黑2虎吃掉白角。进行至白7，白棋获得先手，接下来还有a位的余味。但是黑棋的实地十分可观。

黑8也可以下在b位。

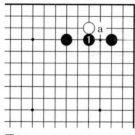

图84

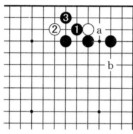

图85

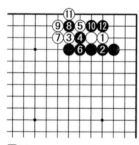

图86

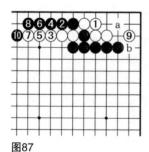

图87

⑤脱先

图84（压）

以往的说法是在一间高夹的情况下，脱先不好。因为黑1压是绝好点。但是随着现在对全局的重视程度不断提高，脱先渐渐成了更多棋手的选择。

一间高夹的局面下，如果对手脱先，黑a不好，黑棋要下首选就是黑1压。

图85（继续脱先）

在黑棋压住以后白棋还是可以简单做活。不过白棋应该不满足于此，所以考虑继续脱先。

黑棋如果还要在这里落子，会选择1位虎。a位也是一种选择。白2刺，黑3补强。黑3也可以补在b位。

图86（稳健）

白棋如果想要做活，可以1位长、3托。

黑4、6是破坏白棋形的要点。白7长，黑8断。

白9吃掉黑一子稳健，进行至黑10黑棋吃掉白二子，局部告一段落。

图87（战斗）

白1如果粘在里边，黑2动出。

黑8如果在a位跳可以吃掉白四子，但这样的话被白8位拐头需要收气吃。

黑8继续爬，白9做活，接下来双方会在中腹展开战斗。

黑b挡，白a是正确的棋形要点。

8. 二间高夹

黑1二间高夹。这手棋在日本昭和时期是非常流行的下法，围绕二间高夹的研究极多。可以说这是承载现在围棋理念的夹击方法。

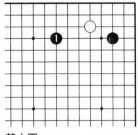

基本图

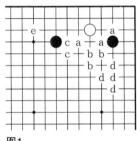

图1

图1（应手）

白棋的应对方法中，a的目的在于获取根据地，b跳出头，c象眼同时对黑角上施加压力，d飞压。e反夹是最新出现的下法。

当然任何下法都要想到黑棋的反击手段。

①托三三

图2（基本形）

小目·小飞挂角的局面，白1托三三的应对很常见。但是现在考虑到黑棋反击之后白棋并没有好的应对方法，所以白1的下法几乎绝迹。

白1托三三希望出现的局面如图。

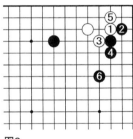

图2

图3（黑好）

黑棋的反击，是上图黑4如本图黑1打吃。这手棋现在可以说是必然的一手。

白6虎，黑7、9连回，棋形完整。白不满。

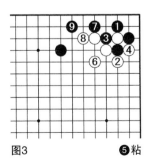

图3　❺粘

147

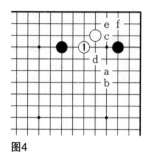

图4

②小尖

图4（坚实）

白1小尖是为了防止上图黑1。

黑棋的应手包括a、b等拆边，c尖顶守角，d飞，e小飞守角，f跳下等。

其中最常见的是a位小飞。

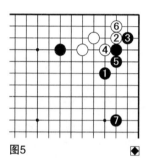

图5

图5（定式）

黑1小飞，白2托三三，进行至黑7。是较流行的下法。

白棋获得了角上的根据地，黑棋在7位拆边，棋形可以满意。

本图防止了黑棋在角上反击的手段。如果黑5在6位打吃，则白5反打，黑棋不利。

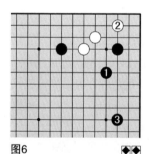

图6

图6（定式）

如果觉得上图的变化让黑棋过于厚实，也可以选择白2直接小飞进角。

这样一来和上图相比黑拆边的棋形相对薄弱。但是相对的白棋也有了更多问题，需要引起注意。

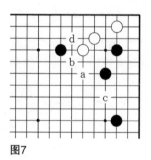

图7

图7（定式以后）

上图白2是木谷实九段首创的下法。

本图接下来围绕a位要点有各种变化。

黑a、白b是先手利。白a跳出，则黑如果不在c位补棋，本身棋形还有缺陷。黑d也是急所。

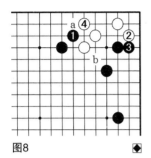

图8　◆

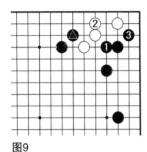

图9

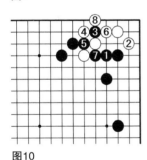

图10

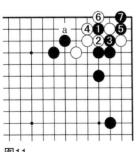

图11

图8（小尖）

黑1小尖，如果白棋不采取措施，眼形会有些问题。同时会与白棋选择小尖、小飞就地做活（图6）的目的相违背，白棋补强必然。

黑1小尖，白2小尖进角，黑3挡住，白4小尖做活。接下来黑a，白b补强，白棋净活。

图9（急所）

黑△小尖，白棋如果脱先，黑1并是急所。白小尖的急所被黑棋占据，白棋苦战。

白2立是此时的棋形要点，黑3小尖，白棋已经无法就地做活，苦战在所难免。

图10（切断）

黑1并，白2如果小尖在角上寻求眼位，则黑3托好手。2和3是见合的两个选点。

白4扳吃掉黑一子，进行至黑7，黑先手将白外围一子切断。

黑3如果下在5位断，白3位立，黑7变成后手。

图11（实地）

上图中黑3也可能如本图黑1。黑5、7获取角上实地。上图和本图的选择权掌握在黑棋手中。

接下来白棋有就地做活的下法，但是这样的做活方法难以接受。可如果放任不管，一旦黑a立，白棋又只能逃跑，难逃被攻击的命运。

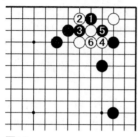

图12

图12（手筋）

图9中黑1并是好手，但直接如本图黑1托不成立。

白2扳，黑3断，白4小尖好手。黑5打吃，白6粘，黑棋的断点无法修复。

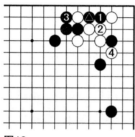

图13

图13（白好）

既然已经选择了托，那么▲绝对不能有再被白棋吃掉的道理。所以黑1、3补棋，白4扳，黑一子被吃。

上图中的白4是棋形急所。所以图9中的黑1是此时的正解。

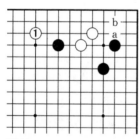

图14

图14（反夹）

白不下在a或b位，而是在1位反夹。右边的白二子有获取根据地的a、b两点，也可以向中腹出头，所以可以考虑反夹先发制人。

黑棋接下来也有反击和稳健应对两种选择。

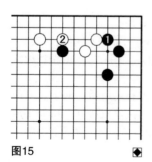

图15

图15（定式）

如果判断立即战斗不好，可以黑1尖顶。这样白棋没有上图中白a、b就地做活的下法，接下来还让黑一子动出白会陷入苦战。

白2托过。本图黑棋获得先手可以先抢占棋盘上的其他大场。

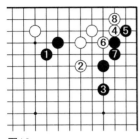

图16

图16（动出）

不想让白棋直接联络，可以黑1小尖。

这样白2跳出之后马上白4托三三获取根据地。

白2跳，黑3跟着跳是稳健的下法，接下来白进角做活。

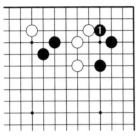

图17

图17（战斗）

上图中的黑3，如本图黑1尖顶。

黑1的目的是夺取白棋根据地，是严厉的下法。这样一来双方都没有活净，形成乱战的局面。

本图是双方都觉得可战，并已经做好战斗准备的局面。

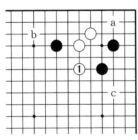

图18

图18（见合）

白既不选择a进角也不在b位反夹，白1跳出是此时第三个选点。

先保证自身稳定，分断黑棋。之后b位、c位夹击两点见合。

黑棋会更重视哪一边呢？

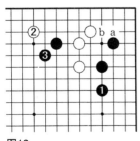

图19

图19（战斗）

黑1跳补，是不想让白棋下到上图c位反夹。那么白2就是白棋的另一个选点。黑3小尖出头，如果接下来白a位托角，就形成图16的局面。

黑1如果在b位尖顶，就还原图17。

不管如何，战斗在所难免。

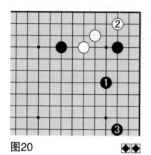

图20

◆◆

图20（大飞）

白棋小尖，黑棋也可以1位大飞应对。与小飞不同的地方在于黑3可以拆得更远一路。对下边发展更有利。

但速度快的不足之处就是棋形薄弱，这一点必须有所准备。

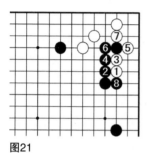

图21

图21（目的）

白棋接下来有1位的后续手段。这个下法几乎在任何时候落子都可以成立，黑棋只能忍受。

黑2压，白3、5渡过。实地损失，黑棋可以获得一定的厚势作为补偿。

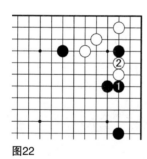

图22

图22（挡）

黑1挡，白2顶。与上图相比黑棋一子受到死活威胁，但获得先手可以快速他投。

大飞可以快速开拆，在下边会有所得，此处的损失是必须付出的代价。

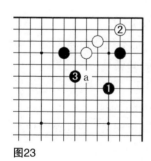

图23

图23（封锁）

白2如果小飞进角，黑不会拆边，而是选择3位封头。如果目的是获取厚势，这是有利的下法。

接下来白棋如果下在a位破坏包围圈，只能让黑棋顺调变得更加厚实，不可选。

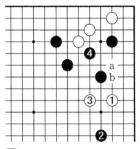

图24

图24（后续）

接上图。如果不想让黑棋在右边形成大模样，可以下在白1。

黑2夹击，白3跳出，黑4补强。接下来进入战斗局面。

白如果下在a位，则黑b挡。这里本来就如图21所示有后续下法，现在落子已经没有意义。

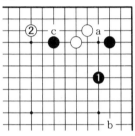

图25

图25（反夹）

与小飞的时候相同，黑1大飞时白2反夹也是有力的下法。

此时黑不能直接下在a位或者b位让白c位联络。要考虑到大飞棋形薄弱这一点，可以通过分断白棋来加强自身。

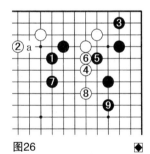

图26

图26（定形）

黑1小尖防止白棋渡过。白2小飞是不想让黑棋a位飞压。

接下来黑3占角破坏白棋的眼位，白4跳出，黑5先手之后9位拆边。

白在上边落子，黑棋在右边形成一定实地。

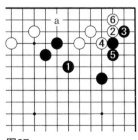

图27

图27（两分）

黑1也可以直接封头，让白棋就地做活。这样一来可以在右边形成模样。

白2、4之后6位确定眼位。接下来还有a位小飞渡过的后续手段，双方可下。

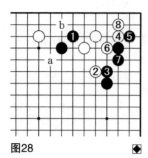

图28

图28（两分）

黑1在三线小尖意在阻渡。黑若a位小尖出头，如上图所示还给了白棋b位小飞联络的可能。

白2、黑3先手交换之后，白4托三三。黑5、7之后白8在角上做活。

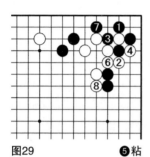

图29　❺粘

图29（反击）

上图黑7也可以考虑如本图黑1反击。

进行至黑7，因为黑有三线小尖的棋子，黑棋可以成功联络。而白6位粘之后，8位压是绝对好形。这也就是上图白2、黑3交换的原因。

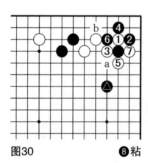

图30　❽粘

图30（白不满）

图28中的白2、黑3如果没有交换，如本图白1、3直接进角，白棋不好。

黑4打吃，白5反打，进行至黑8定型。接下来白棋没有好的手续手段，白a则黑b，△一子毫无损伤。

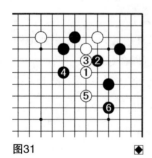

图31

图31（定型）

如果不着急求安定，白1可以直接跳出。

黑2先手刺补强大飞棋形，黑4跳出、6补强右边。

接下来形成双方互攻的局面。

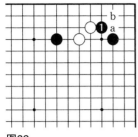

图32

图32（尖顶）

白小尖，黑1尖顶获取角地，同时也防止了白a、b进角做活的手段。

但是黑棋右边的棋形还不完整，接下来必然被白棋攻击。

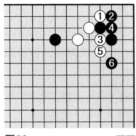

图33

图33（定式）

黑尖顶，白1、3是普通应对。白棋已经放弃对角地的争夺，这样定形并不会觉得可惜。

白5长，黑6跳告一段落。虽然还没有完全活净，白棋形已经基本完整。

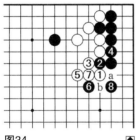

图34

图34（后续下法）

如果想要继续加强自身棋形，白1可以跳。黑2以下应对，白5虎补，黑6先手刺、8跳出。白有所加强。

黑2也可以直接a位爬，白b长。这样下黑棋可以获得先手。

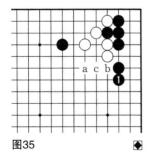

图35

图35（后续下法）

轮到黑棋落子，黑1是棋形好点。这样一来白棋的封锁手段已经失去效用，还可以找到时机对白进行攻击。如果白a位补强，与上图相比，黑棋已经先手得利。

黑1如果下在b位，则白顺调c位扳，是俗手。

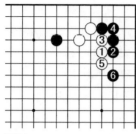

图36

图36（白满足）

黑尖顶，白1是预想的下法。黑如果2位爬正中白棋下怀。白3以下进行至黑6跳出，与图33相比，白棋明显棋形更好。

这个棋形最好不要出现。

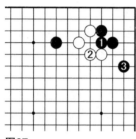

图37

图37（黑好）

黑1是破坏白棋意图的一手。对于白棋来说，在选择上图白1的时候，也要想到对方抵抗时的应对方法。

白2，则黑3小飞出头。虽然黑3处在低位，但白棋形不佳，黑可满意。

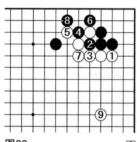

图38

图38（两分）

白1挡住，转型到右边。黑2之后4、6吃掉一子，白7粘好手，黑8联络。

黑棋从角到边获得巨大实地，白9拆边价值也很大，双方可下。

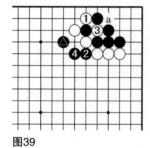

图39

图39（白无理）

黑有❷一子在，上图中白7如本图1位打吃无理。

白3提，即使接下来有a位打劫，白棋也无理争取。白棋外围三子气紧也陷入困境。白1应如上图白7下法。

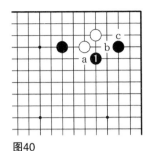

图40

图40（飞）

黑1飞是白棋小尖棋形的急所。这手棋的目的是在攻击白棋的同时顺调寻求右边的发展。

根据双方选择，有可能局面会朝着复杂的方向发展。

白棋的应手有a位出头、b尖顶和c位托角。

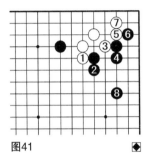

图41　◆

图41（定式）

白1出头，局面会发展的较为平稳。

黑2长，白3尖顶、5虎进角寻求稳定。黑6扳，白7立，黑8拆边告一段落。

白3、5是正确次序，如果走错结果不能满意。

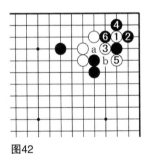

图42

图42（白崩）

如果白直接1位托角、3位虎，则黑4打吃严厉。

白5反打，黑6提，白有a、b两个断点无法同时补强。

次序非常重要。

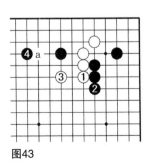

图43

图43（场合下法）

白1放弃进角寻求出头。黑2长，白3跳。

黑4拆边，两边棋形都十分完整。

白3也有a位夹击互攻的下法。

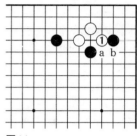

图44

图44（二选一）

白1尖顶，目的是冲击黑棋的棋形弱点同时获取角上根据地。

黑棋的应对方法有a位挡和b位长两种。黑a变化相对较少，b位长相对来说更复杂，变化更多。

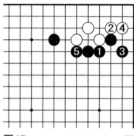

图45

图45（定形）

黑1挡住目的在于右边的厚势。

白2扳获取角地。黑3虎补，白4立补强角地，黑5封头。

黑落后手，但成功地将白棋封锁在角上。

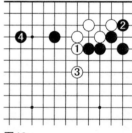

图46

图46（黑可战）

白1出头，不想如上图被黑封头。但是这样一来角上的根据地就没了，下法有些自相矛盾。

黑2虎扳好形，白棋无法就地做活，3位跳出，黑4拆边，可以满意。

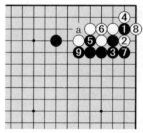

图47

图47（定式）

黑45中的黑3，如本图黑1连扳。白2、4吃掉黑一子，黑棋5、7先手之后黑9封头。同样都是获得外势，本图黑棋的棋形更完整。

黑5、7是正确次序。如果先在黑7位打吃，再5位打吃，则白可以在a位粘。

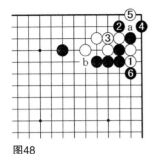

图48

图48（黑好）

上图白4如本图白1，是希望黑直接6位扳，白a位打吃。这样一来黑棋形多了断点，白有利。

但是黑有2位打吃、4虎的好手。白5破眼，黑6扳头，白二子被吃。接下来还有b位好点，黑可以满意。

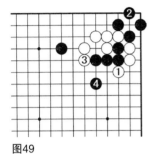

图49

图49（参考图）

白虽然也可能直接白1扳出，但是黑2补活之后，白棋上下两边的棋形都没有活棋，白不好。

白3出头，黑4跳出。白棋不管如何苦战都在所难免。

上图中的白1不成立。

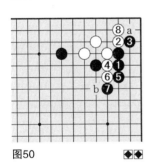

图50

图50（定式）

黑1长，白2虎，黑可以3位扳。接下来白4冲，黑5长是比较简明的应对。

白8立确保眼位，局部告一段落。接下来白a位拐、黑b长等都是好点。

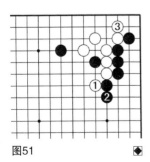

图51

图51（两分）

上图中的黑b长好点，白棋如果不想出现这样的局面，可以如本图白1扳、黑2长交换之后再3位立。

但是一旦白1与黑2交换，断点的压力变小，黑棋可以在右边更快扩展势力。这两手棋是否交换，判断比较微妙。

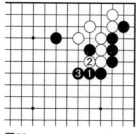

图52

图52（后续）

上图白1扳如果保留，黑1、3的后续好点，右边极厚。

上图白1与黑2的交换是否要保留，要考虑到本图的棋形。

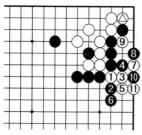

图53

图53（打劫）

接上图。白△拐极大，接下来有白1切断的手段。

如果黑补断点，会在6位小飞。此时也可能脱先。白1断无法把黑棋净吃，进行至白11，局部形成劫争。

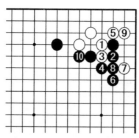

图54

图54（黑厚）

白棋在此处的行棋次序，图50中的白2、4是正解。

如本图白3、5的话，给了黑棋6位虎补的好点。白7先手利，9位获取角地。本图与图45相比，黑棋明显更为厚势，黑有利。

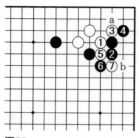

图55

图55（复杂变化）

白3、5次序正确，黑6强硬封头，白7分断必然。此处的变化非常复杂。

接下来黑可以a位角上打吃、b位二线打吃。其中b位变化较多，难度更大。

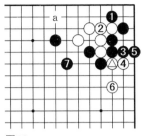

图56

图56（打吃）

白△分断，黑1打吃、3位曲可以就地做活。接下来白4先手、6位跳出。

黑7小飞封住白棋上边数子。白虽然可以a位大飞补活，直接落子仍然感觉有些委屈，还是希望能够找到突破黑棋封锁的手段。

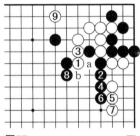

图57　◆

图57（两分）

白1是好手。此时a位打吃是俗手，黑2长之后白棋没有后续手段。

黑2长，白3粘，进行至白9，白棋虽然还是要在二线落子补活，但黑4、6损失了实地，白还保留了b位冲断的手段，双方都可以接受。

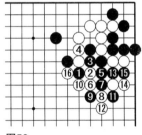

图58

图58（白好）

如果黑1扳，白2反扳是手筋。白2如果在3位打吃，黑5长，白不好。

黑3断吃，接下来的变化是一本道。白16中腹开花，外势极厚，白好。

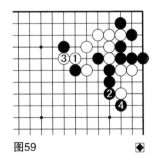

图59　◆

图59（两分）

图57中的白3也可以考虑本图白1虎。黑如果3位挡住，白2拐头好点。

黑2压，白3冲出，形成转换。

黑2、4在右边获得不小的实地，白3冲出棋形舒适，两分。

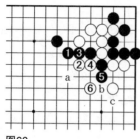

图60

图60（过分）

黑1是过分手。白2之后，3、4两点见合，进行至白6，黑崩溃。

白2如果在4位打吃，黑5位长、白3位冲、黑a位跳，白不好。黑a也可以下在b位压，白c位长，黑2位断。

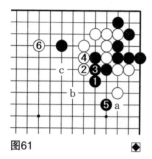

图61　◆

图61（两分）

黑1虎，白2刺先手之后白4粘出头，黑5飞压，白6夹击，双方可下。

白6如果下在a位补强右边，则黑b位小飞，白c位跳。白棋的选择要根据两边棋子配置来决定。

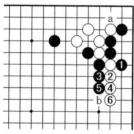

图62

图62（打吃）

黑1打吃、3位压是黑棋此时的第二种选择。白4长，黑5继续压，白6长必然。

接下来黑可以选择a位打吃或者b位继续压。

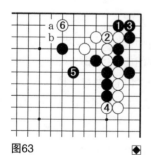

图63　◆

图63（定式）

黑1、3在角上做活是坚实的下法。白4拐，黑5小飞棋形有些薄弱，但封锁的目的已经达成。

白6大飞之后，黑如果a位靠，白b位扳出。黑棋可以吃掉白六子。本图也是两分局面。

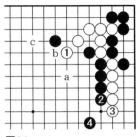

图64

图64（战斗）

白棋如果不能接受被上图黑5封锁，可以如本图白1小尖出头。但是要做好被黑2、4压住右边棋形的准备。

右边交换之后，黑a，白b，黑c跳形成战斗局面。

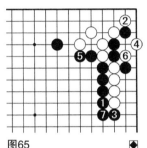

图65

图65（两分）

黑1压的下法做好了弃掉角上的准备。

白2连扳，黑3扳，弃子的态度已经非常鲜明。白4点是此时的手筋，黑棋角上被吃。

黑5、7形成厚势，白棋获得角地。双方可下。

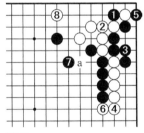

图66

图66（做活）

白连扳，黑1、3角上仍然可以做活。

白4长，黑5吃角上白一子，白6拐头，黑7封头。本图与图63基本相同。

白6也可以下在a位出头。

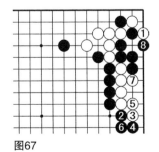

图67

图67（白不好）

上图白4如本图白1打吃操之过急。黑2、4连扳，白不好。

白7、黑8形成劫争。这对于已经获得外势的黑棋来说，打劫压力不大，而白棋关乎死活，负担过重无法接受。

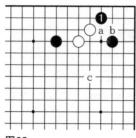

图68

图68（小飞）

黑1在二线小飞守角，目的在于夺取白棋的根据地。与黑a位尖顶想法相同。相比之下最近黑1出现的频率更高。

白的应手包括b位跨断、c位大飞出头等。

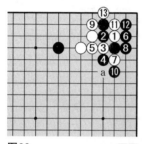

图69 ◆◆

图69（定式）

白1跨断，意在整形。

黑2以下至黑8是正常进行。白9挡住，黑10反击吃掉外围白一子，进行至白13告一段落。

黑10如果在11位提，则白a打吃，黑有被利之感。

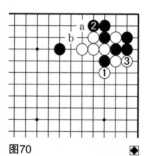

图70 ◆

图70（两分）

上图中白9，也可以考虑如本图白1打吃。黑2拐，白3挡住。可以看出本图中黑白双方的行棋方向出现了变化。

白3如果下在a位，则黑b刺先手，白棋形不好。此时白3也可以选择脱先他投。

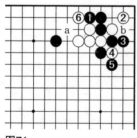

图71

图71（白好）

图69中的黑6，绝对不能下本图黑1。黑1拐的想法过于乐观，希望白6挡住之后再b位打吃，这样可以保留a位刺的后续手段。

问题是白有2位小尖的好手。黑3立，白4断弃子之后白6挡住，角上黑三子被吃。

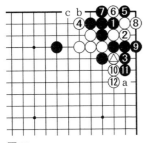

图72

图72（白好）

白△断，黑能考虑到的抵抗方法只有黑1、3。白4虎，黑5至黑9确实可以吃掉白角。

但是，白10、12价值极大，接下来还有a位、b位甚至是c位的先手利，还是白好的局面。

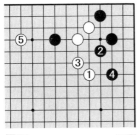

图73

图73（定式）

如果不拘泥与角地，白1大飞的下法很轻灵。白棋有4位跳下和在右边落子两个后续手段，可以根据黑棋的应法做出选择。

黑2小尖补掉了白棋跨断的手段，之后4位小飞出头是常见下法。白5夹击形成互攻局面。

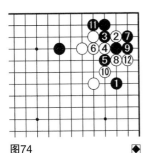

图74

图74（两分）

黑1直接拆二的话，就要做好应对白2跨断的准备。

黑3以下与图70变化相同，白10打吃，黑11拐，白12挡住。

黑1一子还有活动能力，双方可下。

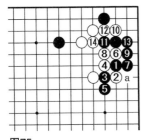

图75

图75（参考图）

黑1跳，白2靠下严厉。黑3如果在a位扳，棋子都在低位不能接受。黑3挖，白4以下至白10进角。

黑角地被破，11、13破坏白棋形完整。双方各有所得，两分。

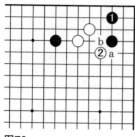

图76

图76（一间跳）

黑1跳下，棋形较小飞更坚实。白棋的下法选择也更充裕。

为了把黑棋压在低位，白2飞压是常见下法。即使不能获取根据地，也可以快速出头。

黑接下来可以a位爬或者b位冲。

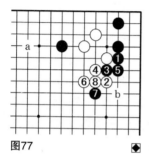

图77

图77（定式）

黑1爬，白2跳轻灵。黑3挖，白4、6整形。

白6虎，黑7刺先手。接下来黑棋要选择是在右边还是上边落子。黑a拆二、b跳出都是好点。

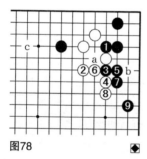

图78

图78（定式）

黑1冲意在破坏白棋棋形的完整。

白a位长，则黑b位小飞。如果白2跳，则黑3夹。实战对局中也出现过白2跳，黑仍然b位小飞出头的实例。

黑9之后，白大概会在c位夹击。

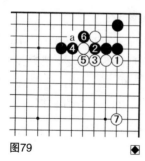

图79

图79（两分）

黑冲，白也可以考虑白1挡。接下来双方的落子方向会因此有所改变。

黑2、4分断，白5粘，黑6断。白棋保留了a位的余味，白7拆边告一段落。

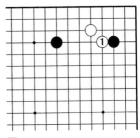

图80

③尖顶

图80（复杂变化）

白1尖顶因为可以简单定形，在很久之前的对局中经常出现。

但是现在已经几乎绝迹。原因在于黑二间高夹的棋子给了后续黑棋反击的可能，白棋并不好应对。

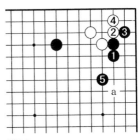

图81

图81（旧定式）

白尖顶，黑1长是最常见的应对方法。接下来白2、4进角，黑5小飞或a位拆二简明定形。

但是现在情况出现了改变，黑不会如白所愿下在1位了。

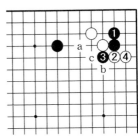

图82

图82（进角）

黑棋的抵抗就是本图黑1进角。白2扳，黑3切断必然。

接下来黑棋有a位飞封、b、c长等下法。不管选择哪一个都是黑可战的局面。

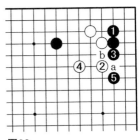

图83

图83（白不好）

如果白棋妥协，黑1进角，白2跳。但是黑3长、白4、黑5出头棋形完整。白4如果下在a位挡住是无理手，黑b位冲断严厉。

本图黑棋获得较大实地的同时还破坏了白棋的根据地，可以满意。

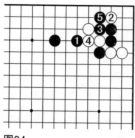

图84

图84（飞封）

黑1飞封是严厉的下法，变化相对较少。本图同样是黑棋有利的变化。

白2托是局部手筋，黑3打吃，白4顺调粘住。

黑接下来3、5吃掉白一子。

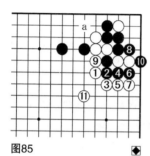

图85　◆

图85（定式）

白1枷是既定下法。进行至白9，通过弃子整形，白11小飞补断。

黑棋角上实地较大，白棋得到外势，双方都有所得。黑棋接下来还有a位渡过的后续手段。

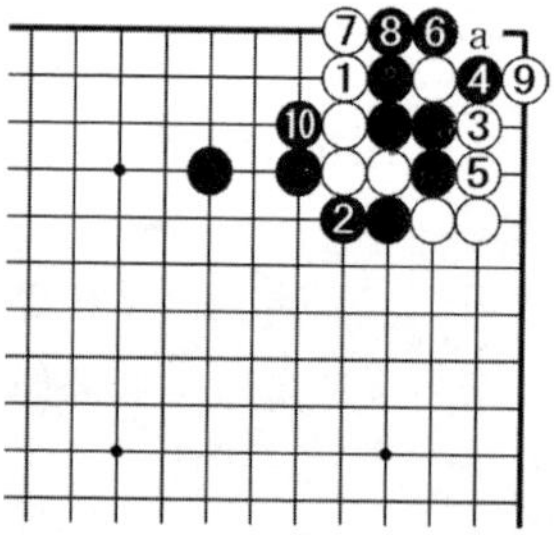

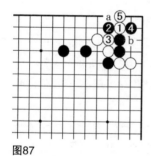

图86

图86（白无理）

上图中白1枷如本图白1挡住无理。白棋无法净吃角上黑棋数子。

黑2挡住，白3之后黑棋无法净活，但是黑10紧气之后形成劫争，而且是黑棋先手劫，白棋崩溃。

图87

图87（参考图）

在这个局部黑棋需要注意的是，在白1托的时候黑不能直接2位扳。

白3断，黑4打吃，白5立是手筋。黑a打吃，白b滚打，对杀黑失败。

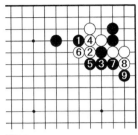

图88

图88（黑好）

黑1飞封，左右两边的白二子都处于危险之中，救哪一边要看白棋的选择。

白2、4动出上边二子，则黑5先手拐之后可以吃掉白右边二子。白8拐，黑9扳，对杀黑胜。

黑棋所获角地极大，可以满意。

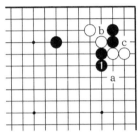

图89

图89（长）

黑1长是积极的下法。接下来变化很多，复杂计算在所难免。

白棋的应对方法有a跳、b团、c拐等。角上的黑二子的死活也要根据后续变化而定。

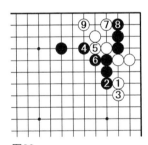

图90

图90（黑好）

白1跳出，最后的结果必然是黑满意。

黑2压、4位飞封。此时黑4绝对不要去想在角上做活。

白5是双方棋形急所。与黑6交换之后，白7、9与角上黑三子形成对杀。

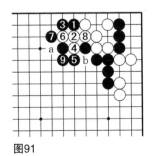

图91

图91（结果是？）

对杀中黑棋一步都不能退让，黑1挡住紧凑。

白2扳，攻击黑棋形弱点的同时力图长气。黑9如果粘在a位，白b提有打劫的可能，棋形味道不好。

接下来——

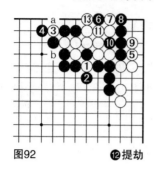

图92　　　　　⓬提劫

图92（黑好）

白1提、3位断交换之后白5紧气。进行至白13，对杀白胜。

但是从结果看仍然是黑好。黑12提劫先手，接下来a位提也是先手，白b断吃瞬间失去作用，黑棋外势厚极。

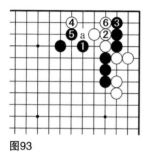

图93

图93（变化）

黑1飞封，白2如果团，黑3立。此时的对杀黑棋有利。

白4如果直接下在6位挡住，黑只要a位紧气即可。所以白4小飞交换之后再6位挡——

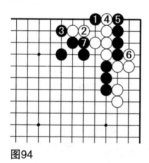

图94

图94（白失利）

黑1点是此时的手筋，白棋已经回天乏术。

白2先手交换，白4、黑5紧气，白6拐，黑7紧气，对杀黑快一气获胜。

如图所示，图90中的白1跳是绝对不可选的恶手。

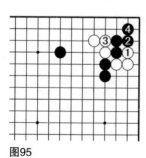

图95

图95（拐）

此时白1位拐如何呢？

黑2挡必然。白3团，黑4是局部好手。黑棋形充满弹性，白棋想把黑四子吃掉难度很大。

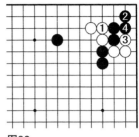

图96

图96（整理）

在对上图进行解说之前，再来看看本图的白1。

面对白1，黑2尖是手筋好手，白3拐，黑4。本图还原了上图的棋形。

那么白棋接下来应该如何应对呢？

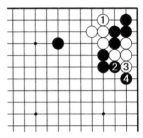

图97

图97（白失利）

白1破眼，目的简单直接。就是要在角上进行对杀。

但是黑2只需要直接拐住紧气即可，对杀白棋不利。"二二路上有妙手"这句格言可以解释黑棋占据优势的原因。

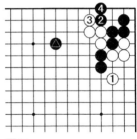

图98

图98（黑攻势）

图95、图96之后，白1跳出必然。黑2、4做活。

黑▲二间高夹的棋子位置绝佳，对白棋试图出头的手段都起到了限制作用。

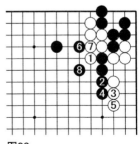

图99

图99（封锁一）

为了出头，白可以先试试1位虎。

黑2、4压先手，白3、5不得不跟着应。接下来黑6刺先手，黑8跳封。

白棋为了做活，只能在上边寻找机会。

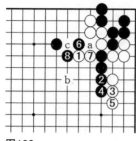

图100

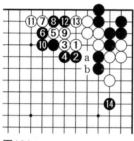

图101

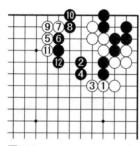

图102

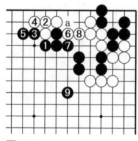

图103

图100（封锁二）

白1小飞，试图出头。

黑还是2、4先手交换，之后黑6是此时的手筋。白7、黑8，接下来黑a断和b封头两点见合。

白1如果下在c位，黑也是8位扳，结果不会有变化。

图101（封锁三）

白1小尖更倾向于寻求就地做活的机会。

黑2压，白5、7连扳。白11如果下在12位虎，则黑11扳。进行至13，黑保留了a位或者b位的先手，黑14夹击。黑好下。

图102（弃子）

出头和就地做活都不是好选择，那么弃子如何呢？实际上弃子对于白棋来说损失也非常巨大。

白1以下目的是弃子。白棋在右边和上边都获得了一定利益，但角上黑棋实地获利更多，仍然是黑好的局面。

图103（做活）

上图如果黑棋不够满意，黑8可以如本图黑1拐头让白棋做活。

白2如果3位长，则黑a位打吃。白2是只此一手。接下来黑3压制白不得不在低位落子，进行至黑9，黑可以满意。

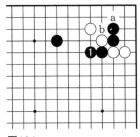

图104

图104（长）

最后来看看黑1长的变化。

接下来白有a托简明应对的下法，也有其他变化。

白b的目的是要吃掉黑二子，黑a立迎战，会瞬间变成复杂局面。

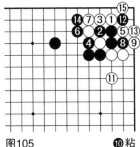

图105　⑩粘

图105（黑可战）

白1托如图所示，是需求简明定形的下法。黑2打吃，白3弃子。黑4提，白5低位渡过。

接下来黑6是一种选择，黑8冲破坏白棋形，进行至黑14，黑可以满意。

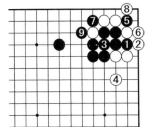

图106

图106（黑厚实）

上图黑6打吃，也可以如本图黑1、3应对。白4跳出头，黑5先手交换之后7位断吃、9吃掉白一子。

本图黑棋虽然棋形厚实，但落了后手。与上图先手得利相比，优劣难分。

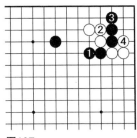

图107

图107（整理）

白2团，目的是吃掉黑二子。

黑3立并不是要在角上做活，而是要长气在外围获得更完整的外势。

接下来的变化一定要考虑到征子的因素。

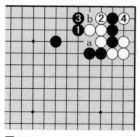

图108

图108（定式）

接下来黑1靠收气，白2挡吃掉黑角上三子。黑3立先手，白4收气告一段落。接下来黑有a、b的先手利。

如果黑棋征子有利，黑3有更严厉的手段。如下图。

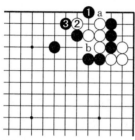

图109

图109（点）

黑1是严厉的下法。虽然白棋还是可以吃掉黑角上三子，但需要花费更大的力气，局势会对黑更为有利。

白2如果直接下在a或者b位应对会直接导致对杀失利。白2扳必然，此时白棋必须要先想办法长气。

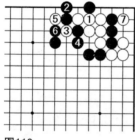

图110

图110（黑好）

白3、5是必然的次序，白7可以吃掉黑角上三子，但这样一来黑棋的外势变得极厚。白棋如果征子不利，就要早做准备。

那么征子是怎么出现的呢？请看下图。

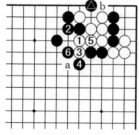

图111

图111（参考图）

上图白1，如本图白1、3试图出头需要考虑征子的情况。

黑4扳必然，黑6如果在a位长，白b，黑棋对杀差一气。⊿没有发挥作用。

所以黑6是此时的最强下法——

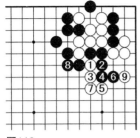

图112

图112（参考图续）

上图中白棋只有三口气，接下来白1切断只此一手。黑4，白5扳之后7位粘。接下来白8位征子是否成立就成了决定命运的因素。

如果黑棋征子不利，必须黑8粘，这样的话黑棋崩溃。

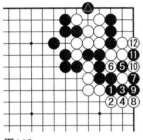

图113

图113（黑失利）

黑1长气，白2、4必然。黑5吃掉白一子，进行至12,形成劫争。这是一手劫，黑棋后手劫。

黑△点是非常严厉的手筋，但前提一定要在上图白8征子不利的情况下才能发挥作用。

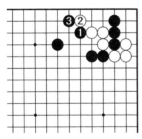

图114

图114（扳）

如果白棋不满意图108的结果，在黑1靠的时候也可以选择白2扳。但是仍然要看征子的情况。

如果黑棋征子有利，黑可以3位连扳。如果黑棋征子不利则会形成双方两分的局面。

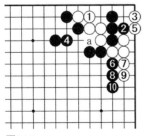

图115

图115（黑厚）

白棋如果征子不利，只能白1粘。黑2挡长气之后4位补断点。白5可以吃掉黑角上四子，但黑6扳极大。

进行至黑10，黑棋后手封锁。虽然如此，因为外围极厚，黑棋还有a位的先手，可以满意。

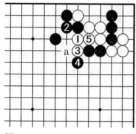

图116

图116（征子）

白1打吃必须在征子有利的情况下才可以选择。白棋的目的是想出头，但最终还是逃不过被封锁的命运。

白5粘，黑a如果成立，则白崩溃。征子的情况如图112所示。

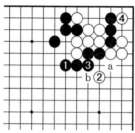

图117

图117（两分）

图112中的征子黑棋不利的话，黑棋会选择本图或下图的变化。

黑1长，白2先手利，接下来白4紧气。接下来黑有a位的后续手段。

如果a位不是严厉，黑3也可能在b位补棋。

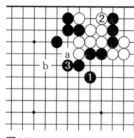

图118

图118（两分）

黑1直接补断点。

白2紧气，黑3长结束。黑棋外势更厚实，但与上图相比落了后手。

白2即使在a位出头，黑也可以b位封锁。

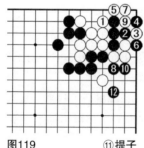

图119　　⑪提子

图119（参考图）

图117中白4如本图白1紧气，则黑2以下的手段会让白很难应对。

黑2挡长气，白3～7紧气，黑8扳好手、10挡先手。黑2以下的手段可能不会马上落子，但对于白棋来说只要有这个味道在就已经落于下风。

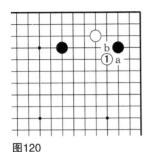

图120

④飞压

图120（腾挪）

白1飞压看起来比较严厉，目的是通过压迫黑角一子来顺调出头。

因此黑棋下一手的选择不多，有a位爬和b位冲断两种。

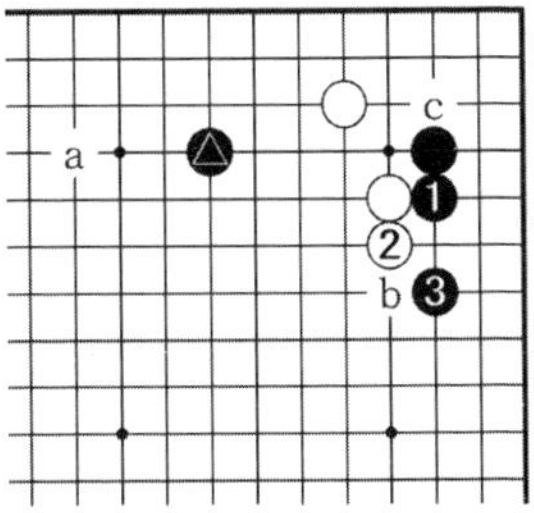

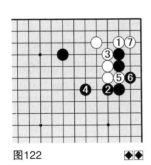

图121

图121（爬）

黑1爬稳健。冲断会波及黑⚫，所以选择了比较温和的下法。

接下来白棋可能会a位夹击、b位压或者c位进角。

最近白c出现的频率相对较高。

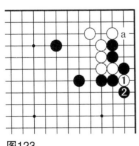

图122 ◆◆

图122（定式）

白1需求角部根据地。黑2，白3连回。黑4出头，进行至白7补强角地（黑2如果反击，变化可以参考P81）。

白7立落后手，目的是不给黑棋任何借用。可以与下图进行比较。

图123

图123（场合下法）

如果一定要获得先手，上图的白7可以如本图白1断，黑2打吃交换之后，黑a扳的手段自动消失。

但是这样一来，黑因为有了2位的棋子，外围变得极厚，优劣难分。

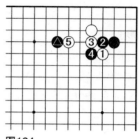

图124

图124（冲断）

白1飞压，黑2、4冲断是此时的强手。但是此时黑△一子的位置是需要考虑的问题。

面对黑棋冲断，白5是既定手段。即使牺牲白1，只要可以成功腾挪就达到目的。

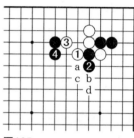

图125

图125（俗手）

上图白5靠，如本图白1打是俗手。黑2长，白3虎，黑4长棋形极好。

接下来被黑a拐头无法忍受，白只能继续a位压出头，黑b，白c，黑d，实地损失极大。

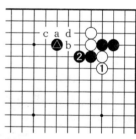

图126

图126（白无理）

黑棋冲断，白1长直面战斗是无理手。

黑2长，与△位置搭配极好。黑△如果在a位，白有b位穿象眼的可能；如果在c位，白有d位拆一的空间。现在黑棋二间高夹没有给白棋后续手段。

接下来——

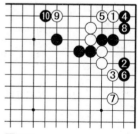

图127

图127（白苦战）

白1小飞进角，黑2小飞与白3交换之后，黑4靠轻松做活。

另一方面白棋没有好的反击手段，白8大飞，黑10靠封头严厉。

上图白1是在周围棋子配置合适的时候才能采取的下法。

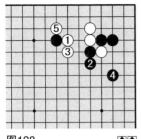

图128

图128（定式）

白1靠，黑2长，白3长，黑4吃掉白一子，白5扳，局部告一段落。

双方在两边各有所得，两分。

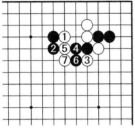

图129

图129（长）

白1靠，黑也可以2位长。接下来白3打吃，5、7顺调出头是手筋。

乍一看黑棋似乎不好下，但冷静分析之后，黑棋可以考虑发展重心向右侧倾斜，将左边黑二子看轻即可。

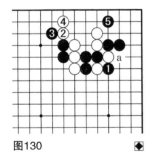

图130

图130（两分）

接下来，黑1断吃厚势。白2、4整形。黑5获取角上巨大实地的同时还防止了白a位的后续手段。

相较图128，黑棋获得了更大的实地，白棋的棋形也更为厚实。

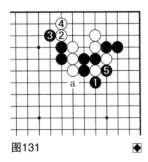

图131

图131（两分）

黑1也可以如图打吃。白2、4整形是要点，黑5提告一段落。

与上图相比，黑棋实地稍差。但是因为黑5提，接下来黑a扳极大，中腹发展更为有利。优劣难分。

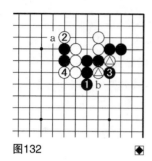

图132

图132（定式）

黑也可以直接堂堂正正的1位出头。白2扳，黑3切断，白4拐头。白4也可以在a位长。

但是黑1与b位、3位打吃相比棋形明显薄弱，白棋有可能变着，如下图。

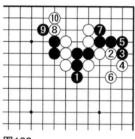

图133

图133（战斗）

黑1长，白可能2位挡反击。黑3、5先手扳粘之后7位补角做活，白8、10再补强自身棋形。接下来黑四子和白右边数子之间的战斗在所难免。

但是白2挡也要考虑到征子情况。

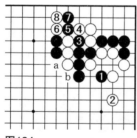

图134

图134（征子）

白棋如果征子不利，上图黑7有本图黑1、3的严厉手段。白6、8紧气，黑只要a或者b位征子有利，白立刻崩溃。

征子如果白棋有利，上图中的黑1还是如图131的黑1更为稳健。

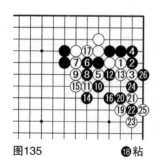

图135　⑱粘

图135（实战例）

征子是白棋有利的情况下，白1直接反击。黑2、4先手扳粘之后，白5打吃。

黑10如果下在11位，则与133图棋形相同。

黑10打吃，白11打吃、13粘是既定手段。进行至黑26是实战进行。

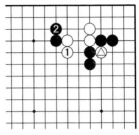

图136

图136（立）

白1长，黑2立，是不想让白下到图128的白5好点，同时想要上边和右边都能够有一定发展。

但是白△还有余味，白棋还有反击的可能。黑2立必须先料想到白棋的后续手段。

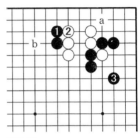

图137

图137（两分）

黑1立，白2挡是稳健下法。接下来黑会3位补强，也可能a位守角。

后续如果白选择b位夹击，则本图是白棋可以接受的变化。但是如果白棋不满意夹击以后的下法，则有让黑棋先手利之感。

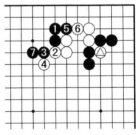

图138

图138（拐）

黑1立，白2拐在实战中出现较多。这样一来白棋不仅出头顺畅，同时还在找时机动出△一子。

黑1立、3位扳是必然的一手。黑3、5是正确次序。

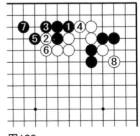

图139

图139（白可战）

上图黑3如本图直接黑1拐，则白2扳好手。黑3至黑7无法反抗，全部在低位落子，黑不好。

进行至黑7，白获得先手之后8位小尖动出。后续下法请参考图142之后的变化图。

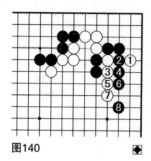

图140

图140（两分）

接图138，白1跳是此时的手筋。黑2、4冲出，白棋顺调对黑中腹二子进行攻击。

黑棋接下来在右边获得实地，白棋吃掉黑二子外势极厚。本图同样需要注意征子情况。

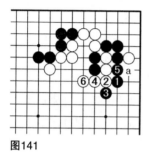

图141

图141（黑满意）

如果征子黑棋有利，上图黑4可以如本图黑1跳。征子关系在于白2或白4是否可以在5位冲、黑a打吃。

如果征子有利，黑3扳棋形舒适，黑可以满意。

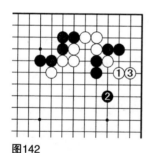

图142

图142（小尖）

图140中白跳，如本图白1小尖也是一个好选择。一边瞄准角上黑二子，同时还可以出头。

黑2飞封，白3立好棋。接下来既可以攻击角上，也可以跳出。

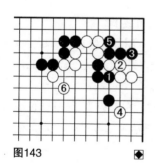

图143

图143（战斗）

接下来黑1打吃，白2粘，黑3立在角上做活，白4出头。

黑5确保角上眼位，白6补断点。接下来黑白双方在中腹的战斗在所难免。进行至本图是白棋可战的局面。

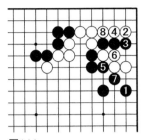

图144

图144（白好）

黑1跳不让白棋出头。

白2好手，黑二子已经无法动弹。黑5、7先手紧气。从结果来看，还是白棋的实地价值更大。

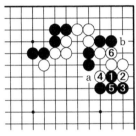

图145

图145（无理）

黑1尖顶如果成立是一手严厉的好棋，但白棋有反击的手段。

白2拐、4打吃先手之后6位团好手。接下来白a、b两点必得其一，黑无法收场。

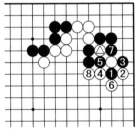

图146

图146（黑不好）

白小尖，黑1、3是相思断手筋。这样下可以将白△一子吃掉。

但是白6先手提之后，黑棋并不能满意。接下来还有一个劫争，角上黑棋甚至还没有安定。

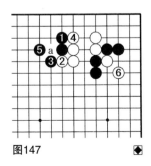

图147 ◆

图147（有力）

纵观以上变化，在黑1立的时候，白2拐应该是最好的应对方法。

黑3扳，白4也可以挡下。接下来a位断和6位小尖两者必得其一。黑5虎，白6小尖，战斗一触即发。

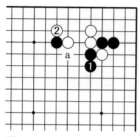

图148

图148（扳）

黑1长，白也可以2位扳。这样下的目的是不让黑走到2位。但是黑有a位的好点，所以是否选择白2要看周围棋子配置而定。

如果一定要在上边有所发展，白2是可以选择的下法。

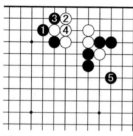

图149

图149（旧型）

黑也可以1位反扳应对，白2虎寻求快速做活。黑3先手之后5位在右边补棋。两分。

黑1、3主要目的是限制白上边发展，可以看轻。

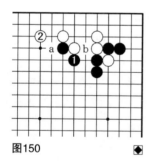

图150

图150（两分）

面对白扳，黑1是此时最自然的应对。白2跳，力图在上边发展的目的达成。

接下来黑有a、b的先手利，可以先保留，根据后面局势发展再做出选择。

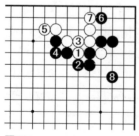

图151

图151（黑好下）

此时白可以1位挖。这样可以不让黑下到3位打吃，但另一方面也侧面加强了黑棋外围的厚势。

黑6、8之后，黑棋稍好。白7如果脱先，黑7是绝好点。

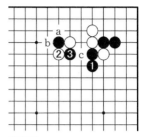

图152

图152（上扳）

黑1长，白2上扳。这是除了白3长、a位下扳之后的第三种选择。

接下来黑棋3位断基本上是此时的必然下法。黑3如果在b位长，白c位虎，棋形过重。

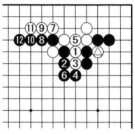

图153

图153（挖吃）

黑棋分断，白1挖吃、3位冲给黑棋制造断点。白5粘，黑6是只此一手。

这样一来黑棋的厚势极大，接下来白棋必须想办法动出白△一子。

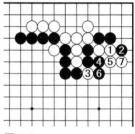

图154

图154（动出）

白1动出。

黑2扳必然，白3、5打吃，7顺调拐下。

白1之后的变化可以说是一本道。

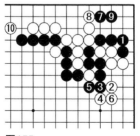

图155

图155（基本两分）

黑1粘，白2跳出。

黑3、5先手补棋之后，7、9角上做活，白10出头告一段落。

黑棋外势较厚，白棋上边和右边都走到，是双方都可以接受的局面。

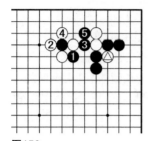

图156

图156（黑好）

黑1断，白2直接打吃，黑3、5吃掉白二子可以满意。因为黑棋吃的不仅是这两个黑子，同时白△也失去了潜在价值。

进行至白4，只要白棋在左边没有极好的发展空间，本图就是黑好。

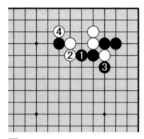

图157　◆◆

图157（定式）

此时黑棋也可以1位长。白2出头，黑3打吃，白4扳，局部告一段落。

黑1长，被白2冲出，看似俗手，但胜在简明，双方可下。

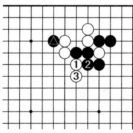

图158

图158（别法）

上图白4，如本图白1扳。

黑2粘住，白3长。可以看出白棋的目的是希望在中腹有所建树。

但是黑△一子还保留着活力，与上图相比各有好坏。

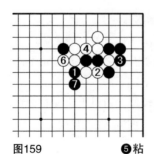

图159　❺粘

图159（两分）

不想让白棋形成模样，在白扳的时候，黑可以1位断。白2、4先手交换之后，6拐头。上边黑一子明显首创，但黑7长也成功阻止了白棋进军中腹的目的。

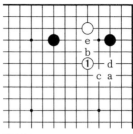

图160

⑤二间跳

图160（常见下法）

白1二间跳。目的是快速出头，找机会对黑夹击的一子发起攻击，是常见的下法。

黑棋的应法有a位拆二、b位靠、c位大飞、d位拆一、e靠等。

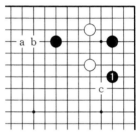

图161

图161（拆二）

黑1拆二重视实地，是稳健的应对方法。

白二间跳出之后，自身棋形暂时安定，接下来会选择在a位或者b位对黑一子进行攻击。

此时也有c位飞压的手段，但大都在攻击过程中使用。

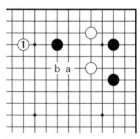

图162

图162（反夹）

白1反夹。黑接下来必然动出一子。白棋夹击方法的选择要考虑上边棋子的配置而定。

黑一子动出的方法有对白二间跳有一定威胁的a位小飞和b位稳健跳出。

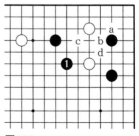

图163

图163（小飞）

黑1小飞冲击白棋形薄味，同时可以加强右边棋形的一手。

接下来白棋补强自身棋形是关键，可以选择的下法有a位托角、b位尖顶、c位小尖、d位小尖等。

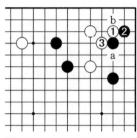

图164

图164（托角）

白1托三三，想要就地生根。同时补强二间跳的棋形。

黑2扳，白3虎，接下来黑棋有a、b两种选择，最近黑a的下法已经很少出现。

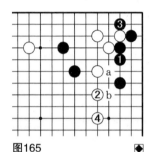

图165 ◆

图165（两分）

黑1长稳健。白棋在角上先手交换之后，2位跳出头，黑3破眼，白4继续跳向中腹。

此时白2可以下在a位先手整形（参考图173），直接3位立做眼也是选择之一。

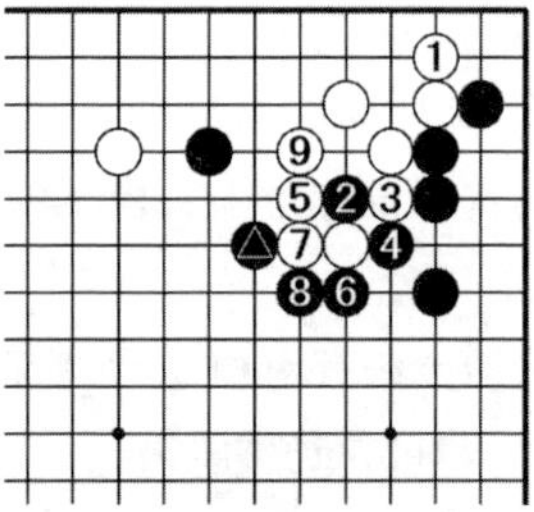

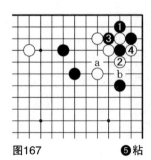

图166

图166（封锁）

如果白1做活，黑2是此时的好手。黑❤位置绝好，黑6、8可以直接把白棋完全封锁在里面。

如果接下来没有冲击黑厚势的后续手段，本图的结果白棋不可选。

图167 ❺粘

图167（打吃）

实战中出现此局面，黑棋的首选一定是黑1打吃。白2反打，黑3提是绝好的棋形。

接下来白有a位补断点、b阻渡两种选择。

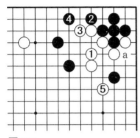

图168

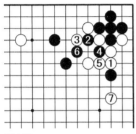

图169

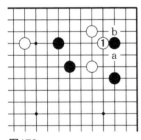

图170

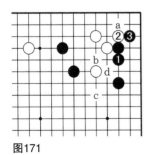

图171

图168（两分）

白1补断点，黑2、4渡过，白5飞压，局部告一段落。黑棋接下来还有a位的后续手段，可以满意。

需要注意的是，如果白棋在右边有发展，同样是可下的局面。

图169（两分）

白1阻渡，黑2断吃，白3，黑4，白5顺调整形。黑6分断，白7拆边。

白二子还有余味，黑棋的实地较大。

图170（尖顶）

白1尖顶，是不想让黑下到图167中黑1的好点。当然白1本身也是补强二间跳的好手。

接下来黑棋的应对方法有a位长、b位进角。如今a位已经很少在实战中出现，实战中黑棋的选择基本都是b位进角。

图171（还原）

黑1、3的棋形还原图164。接下来白a，则黑b，与图166相同。

白棋必须找到防止黑b的手段，根据具体局面可以选择c位跳、d位刺。

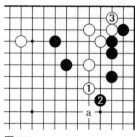

图172

图172（白满足）

白1跳，黑2飞，白3立做活。白不仅出头还确保了眼位，可以满意。

黑2如图165在3位打吃，则白a位继续跳向中腹。

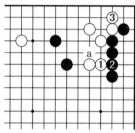

图173

图173（白好）

白1也是在防止黑a的手段。黑2粘，白棋先手补强之后再下3位做活，白棋达到目的，可以满意。

白棋一旦做活，相对的黑棋左边二子就变薄了。

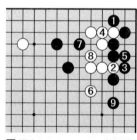

图174 ◆◆

图174（定式）

此时黑1打吃夺取白眼位。

白2冲破坏黑棋形，白4粘虽然是愚型，但因此黑5必须后手补断点无法脱先。

白6跳出，进行至黑9，双方两分。

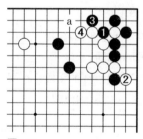

图175

图175（白稍好）

上图黑3如果脱先如本图黑1提，这样下从心情上会感觉很舒畅，但被白2扳分断一子，从局面上还是不能满意。

黑3虎，白4长。接下来黑可以a位联络，但是要落后手。黑棋此时已经基本没有继续攻击白棋的手段了。

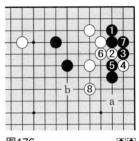

图176　◆◆

图176（定式）

黑1极大，获取实地的同时还破坏了白棋的根据地。

白2、4连扳是整形的手筋。白6先手粘补强之后8位跳出。进行至白8是定式下法。接下来如果黑a、白b攻击黑上边二子。

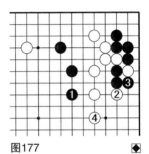

图177　◆

图177（先手利）

接上图。如果黑1跳，白2靠先手利，黑3拐吃，白4跳。黑棋的攻击力度已经减小。

接下来黑三子会想对白反夹一子进行攻击。

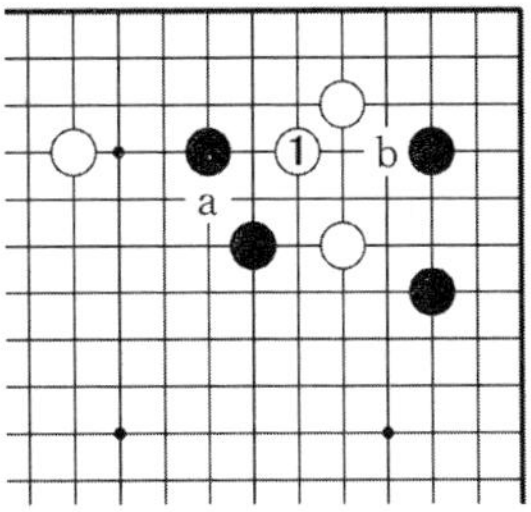

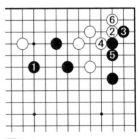

图178

图178（小尖）

白1也可以小尖补强。同时这也是冲击黑小飞棋形的要点。接下来白还有a位跨断的后续手段。而且有了白1，白棋再想托三三，下法也会不同。

黑棋是防止白a位跨断还是b位先发制人呢？

图179（两分）

黑1补强，白2托角。黑3扳，白4虎，此时黑棋不能6位打吃，这也是白棋小尖补强的目的。

黑5长，白6立确保眼位。黑走到1位也可以满意。

图179

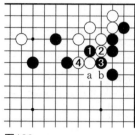

图180

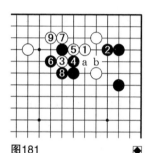

图181

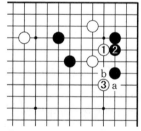

图182

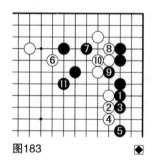

图183

图180（无效）

白小尖的好处还在于，黑1跨断已经失效。白冲，黑3断，白有了4位顶的好手。

黑1也可以下在a位。白3，黑b可以封锁，但因为白棋已经在角上获取眼位，不担心死活问题。同时黑棋外围棋形薄弱，并不能发挥厚势的作用。

图181（定式）

如果征子有利，黑可以下在2位刺。白3通过弃子，进行至白9渡过。

接下来黑有a或者b位分断的手段，也可以先脱先他投保留变化。

图182（小尖）

白1目的也是补强。这手棋是日本二十三世本因坊坂田荣男九段首创。

与黑2交换，白棋稍损。但获得先手之后的白3飞压才是白棋的目的。

黑棋是a位爬还是b位冲断呢？

图183（两分）

黑1爬稳健，是为了确保边上实地的选择。同时也避免进入白棋的步调之中。

白6飞刺攻击，黑7、9先手利，黑11出头。接下来双方进入战斗状态。

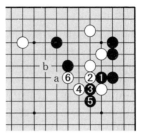

图184

图184（定式）

黑1、3冲断，白棋牺牲一子，进行至白6顺调出头。白一子还有余味可以利用。

接下来黑a扳、b跳都是普通应对。如图所示。

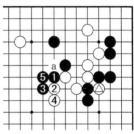

图185

图185（强手）

首先是黑1扳。白2反扳，黑3连扳是此时的手筋。

白4长。白4即使想在a位或者5位切断也要先加强自身棋形。

△一子还有余味。

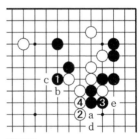

图186

图186（跳封）

黑1扳，白2跳封手筋。黑3拐吃，白4粘补强。接下来根据对手下法决定后续攻击手段。

黑3如果下在a位，白b虎，黑c长，白d扳头。接下来黑e枷，白4粘，白满意。

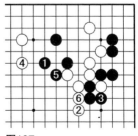

图187

图187（两分）

黑1补强自身，接下来准备对左右两边白棋展开攻击。

此时白2跳封是手筋下法。黑3拐吃，白4跳，黑5虎、白6顺调补断点。

本图和上图中黑白双方的棋形都没有完全净活，未来的局面战斗在所难免。

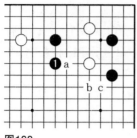

图188

图188（一间跳）

黑1一间跳。相比之下对于白棋的压力没有a位那么大，是比较稳健的下法。但攻击白棋的目的仍然不变。

白棋的应对有b、c等选择，与黑a位小飞的时候基本相同。

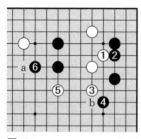

图189

图189（定式）

白1小尖先手补强，白3快速出头。

黑4小飞，白5镇头攻击黑二子。此时也可以考虑白a位跳，黑5跳，白b位压出头。

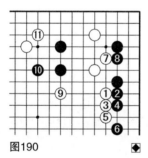

图190

图190（两分）

白1飞压。黑的应对有2位爬或者冲断（如下图）。白棋的目的是加强自己对黑二子进行攻击。

黑2爬，白3、5先手长之后再7位刺、9位镇头。双方接下来会进入互攻的局面。

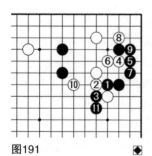

图191

图191（两分）

白飞压，黑棋的最强抵抗是黑1、3冲断。在右边用强，多多少少会影响到黑上边二子。

白4至白8先手整形，接下来白10出头，黑11补强。双方的竞争焦点还是在中腹的攻防。

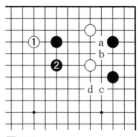

图192

图192（一间夹）

白棋如果一间夹，黑还是2位跳。

接下来白a尖顶或者b位小尖的变化基本上都可以按照之前的讲解进行。接下来就以白c飞压为主要的讲解对象。

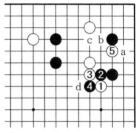

图193

图193（冲断）

白1飞压，黑2、4冲断。为了加强自身棋形，白5靠是手筋。但此时要考虑到黑棋可能选择的各种下法。

黑棋的下法有a位扳、b位长、c位靠、d位长等。除了a位扳以外，其他的下法都是反击手段。

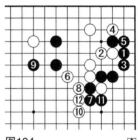

图194

图194（两分）

黑1扳、3连回稳健。虽然黑棋可以这样下，但总有一种被利的感觉。

白棋获得先手以后，6位跳出。白8是本手，黑9出头，白10跳、12粘棋形厚实。

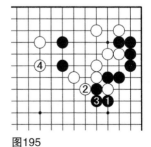

图195

图195（黑不好）

上图黑7，如本图黑1打吃，白2打吃先手，黑不好。

黑3粘，白4位跳占据好点，黑陷入被攻击的状态。

黑1还是要选择上图黑7的下法更好。

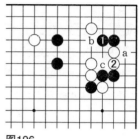

图196

图196（长）

黑不在a位联络，而是黑1长。从棋形来看，黑棋应该更想下在1位。同时黑1本身也是一手好棋。

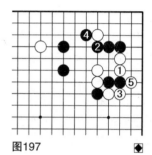

图197

图197（定式）

白1顶，黑2压是此时的首选。白3吃掉黑二子，黑4吃掉白上边一子。白5补强，局部告一段落。

黑棋获得角上实地，白棋吃掉黑二子，双方各有所得。

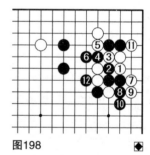

图198

图198（两分）

白1顶，黑也可以考虑2、4冲断。本图的结果与上图相反，最后的结果是白棋获得实地、黑棋取外势。选择权在黑棋手里。

白7至白11，白棋得角地、黑棋12打吃获得极厚的外势。白7也可以如下图。

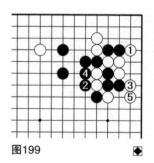

图199

图199（两分）

上图白7，如本图白1扳。黑2吃掉白二子，白3、5出头。上图白棋是先手，本图白落了后手。当然白5也可以选择脱先他投。

虽然有先后手的差别，但是白棋的角上仍然有余味，这一点需要注意。请看后续变化图。

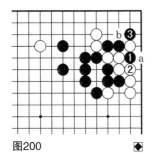

图200

图200（后续手段）

黑1断吃、3位打吃是黑棋的后续手段。白棋接下来要选择是侧重于角还是边上。

面对黑3打吃，白的应手有a位提、b打吃紧气。可以根据具体局面做出选择。

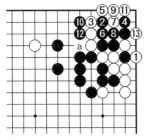

图201

图201（收气吃）

白1提，黑2、4是既定下法。黑棋此时的目的不是在角上做活，而是通过长气让白棋收气吃。

白棋首先不能让黑棋就地做活，白5以下不得已。

黑10、12紧气，接下来a位打吃也是先手。

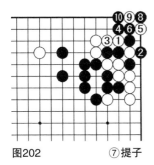

图202　⑦提子

图202（打劫）

上图白1也可以如本图白1打吃。接下来白3打吃，黑可以4位扳。白5点、7提二子，黑有8、10的巧手。

上图和本图的选择权在白棋手中，要警惕黑棋角上的余味。

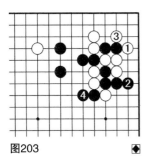

图203

图203（两分）

白1扳意在补强，让黑棋在角上的后续手段全部消失。黑2立先手，黑4吃掉白二子补强。

虽然没了角上的余味，但黑2极大，如果黑棋外围有棋子配置是充分可战的局面。

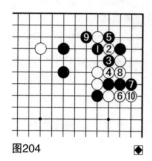

图204

图204（定式）

黑1靠出也是此时黑棋的选择之一。

白2挖寻求行棋步调。黑3打吃、白4反打。这样白可以吃掉黑二子，黑棋获得角上实地，双方可下。

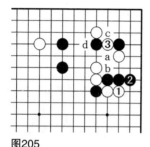

图205

图205（还原）

白选择1位挡。黑2立，白3挖。接下来若黑a、白b，则还原上图局面。

黑2立如果下在c位，白2吃掉黑二子。接下来白还有d位扳的手续手段。黑2立多长一子是正确下法。

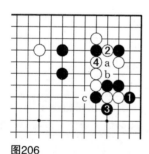

图206

图206（白好）

上图黑2如本图黑1扳，则白2挖，黑3抱吃。黑3如果下在a位，则白b位打吃，黑不好。

但是白4补强以后还有c位打吃出头的好点，黑上边二子变薄。本图黑棋只能在特定局面下才可以采用。

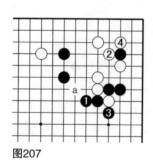

图207

图207（担心）

如果重视右下发展，黑会考虑1位长。但是进行至白4，白棋角地得利甚大。

而且黑棋还要担心接下来白a穿象眼的手段。如果选择本图，需要先想好后续的应对。

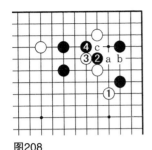

图208

图208（奇袭）

白1飞压，黑选择2、4奇袭。

如果担心出现本图，白1可以先在a位小尖与黑b交换。接下来的变化白棋只要正确应对，仍然是双方可下的局面。

白a打可以说是只此一手，如果下在c位，黑a位长，白立刻陷入苦战。

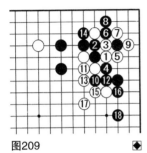

图209

图209（定式）

白1、3冲断，黑4分断。白5拐，黑6断。

接下来白7打吃、9提黑一子好形。白13拐，黑14不能脱先，白15、17整形出头，本图已经成为固定的定式下法。

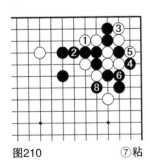

图210　⑦粘

图210（黑厚）

白1打吃、3挡，角上实地变大。

黑4、6先手滚打之后，黑8吃掉白外围二子。

白棋获得角上实地，但是黑棋外围过于厚实。白1、3的下法轻易不可选。

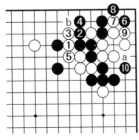

图211

图211（过分）

图209中白13如本图白1、3切断之后5位粘的下法过分。

黑4立之后棋形坚实，黑6跳白角已经无法净活。白7、9，黑10，白陷入苦战。接下来白a则黑b，角上白棋仍然没有做出两只眼位。

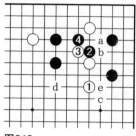

图212

图212（单关跳）

白保留a、b的先手，直接白1跳。黑如果c位应对，白在a或者b位先手交换，d镇头攻击黑二子。

此时黑棋的气合下法就是2、4反击。要注意1位和e的区别。

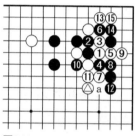

图213

图213（白满意）

白1至白5的变化与△一子在a位的时候相同。但是黑6切断的时候，因为△，所以白可以7位打吃、9立下。

黑10打吃，12长，白13、15获取角地。接下来进程取决于右边黑棋的如何动出。

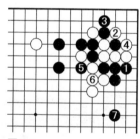

图214

图214（白可战）

上图黑10，如本图黑1~5先手利之后，黑7拆二。

此时白棋右上角的实地与上图相比略小，右边黑棋的棋形同样不如上图。相比之下还是白棋更好下的局面。

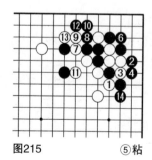

图215　　　　　⑤粘

图215（两分）

从上述变化分析，白1打吃时，黑2、4连回应该是此时较好的应对方法。进行至黑14，与图213、图214不同，黑棋获取了角地，白棋形成了厚势。

本图双方都可以接受。

200

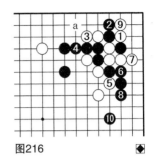

图216

图216（两分）

如果不想让黑棋如上图形成巨大角地，可以如本图白1、黑2交换之后在3位打吃。这样黑6打吃，进行至黑10告一段落。

接下来黑有a位先手，双方都可满意。

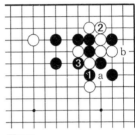

图217

图217（黑厚）

如果不想让白a位打吃，黑1直接挖吃。

白2粘住，黑3提白一子，本图黑棋形厚实。

之后黑保留了b位的官子手段。

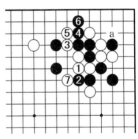

图218

图218（战斗）

黑棋挖吃，白选择1位粘战斗的可能更大。黑2，白3、5先手打吃之后7位扳头。

白3如果在4位打吃、a位补角会让黑棋外围变得太厚，不可取。

接下来——

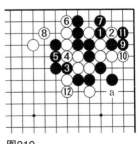

图219

图219（战斗）

黑1断必然。白2、黑3是正确次序。白6、8强手，黑7、9在角上做活。

白10先手、12长。接下来双方将在中腹展开战斗，黑白皆可接受的局面。

后续白有a位靠封头的手段。

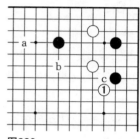

图220

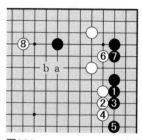

图221 ◆◆

图222 ◆

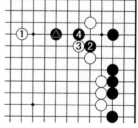

图223

图220（直接飞压）

白棋保留a位夹击和黑b跳出的交换，直接1位飞压。因为黑棋b位没有棋子，黑棋如果还是c位冲断，白棋的压力会小很多。

但是这样一来黑棋也可能获得先手在上边落子，这一点需要提前做好准备。

图221（定式）

黑1、3爬，5跳出头。接下来白6先手交换补强，白8夹击攻击黑一子。黑棋获得实地，白棋获得外势，两分。

白8夹击，黑棋一般都会a位跳，也可以在b位小飞出头。

图222（两分）

如果更重视上边，黑1继续爬，白2长，黑棋获得先手3位在上边拆二。黑1爬是为了减轻被白棋拐头的压力。

但是接下来白a仍然是好点，只是价值被略微减少。

图223（反击）

图221中的白6如果不进行交换而直接白1夹击，黑2、4反击严厉，▲一子位置恰到好处。

具体变化请看后续变化图，如果白棋不能满意还是要如图221中的白6先交换为好。

202

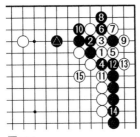

图224

图224（转换）

白1以下的变化如图所示。白7、9局部做活，黑10吃掉白一子，白11～15整形，局部告一段落。

白获得了一定的角部实地，但最初白棋的目的是要攻击黑▲，这样的结果与原本的思路不符。

图225　　　　　　⑦粘

图225（黑好）

上图白9如本图白1打吃的话，黑4、6滚打先手利，白棋不能满意。

不仅是被滚打，接下来黑8、10枷吃中腹白三子，白也很难应对。如果白a冲、黑b、白c，则黑d再次滚打，白形成愚形，实在难以忍受。

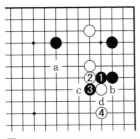

图226

图226（冲断）

白飞压，黑1、3冲断。虽然a位没有棋子配置，黑棋想选择积极的下法也是可以的。

接下来白4跳是好形，等待黑棋出招。白4也可以下在b位挡。

黑棋可以c位长或者d位打吃。

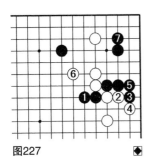

图227

图227（定式）

黑1是战斗姿态。黑棋二子将白棋上下两块分断。

白2挡，黑3、5扳粘补强，黑7角上做活的同时也防止白棋进角获取根据地。接下来准备对白棋进行攻击。

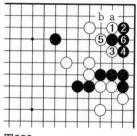

图228

图228（白好）

上图黑7如果脱先，白1托角。黑2扳，白3夹好手，黑4虎，白5打，黑6粘。如此一来黑棋子全部都在低位。

白如果下a位局部已经做活。即使黑下到a位，白b还是弹性十足。上图中的黑7一定不能省。

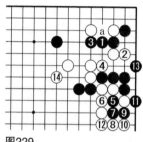

图229

图229（白可战）

上图黑4如本图黑1反击不成立。

白4分断，黑5断吃进行至黑13，黑棋局部勉强做活，白棋外围极厚。

而且白棋还有a位粘的后续手段，黑不好。

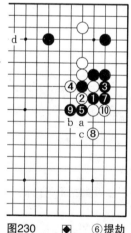

图230 ◆ ⑥提劫

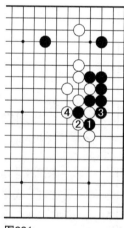

图231

图230（定型）

黑1打吃，白2反打。白8继续跳，黑9长，白10形成战斗局面。白8在9位打吃，黑a、白b、黑c、白d的变化也是一法。

图231（黑不好）

上图黑9如果在1位打吃，则白2再次反打。虽然下法与上图相同，但是这样一来黑棋过于看中实地，白棋外围厚实，可以满意。

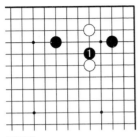

图232

图232（靠）

白二间跳，黑1马上反击。乍一看非常严厉，但一般来说后面的进程还是会向双方各有所得的两分局面发展。

白已经无法保证二子联络。但不用担心，即使被分断也可以获得相应的利益。

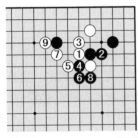

图233　◆◆

图233（定式）

白1扳，黑2连回，白3与黑4见合。白如果下在4位，则黑3位扳断。

接下来白5打吃、7虎出头，黑8吃掉白一子，白9扳住黑上边夹吃一子，双方两分。

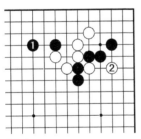

图234

图234（动出）

黑1也可以动出上边一子。根据上下两边棋子的配置，黑1在实战中出现的频率较高。

黑棋救出上边一子，白棋也会马上将下边一子动出。白2是此时的好手，根据对手的下法寻求行棋步调。

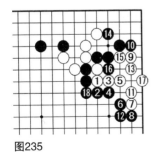

图235

图235（黑好）

白1棋形过重，不好。

白5长，黑6小尖好手，不给白棋顺调整形的机会。白7以下辛苦做活，局势落后。

进行至黑18，白棋明显处于被攻击状态，黑好调。

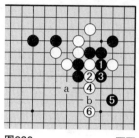

图236

图236（定式）

接图234。黑1、3是普通应对。白4长，黑5小飞，白6跳。上边告一段落，接下来焦点在上边的战斗。

白6如果下在a位棋形坚实，但有过缓的嫌疑。而且给了黑b位的先手利。

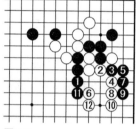

图237

图237（两分）

上图黑3如本图黑1长也是一法。但要做好右边棋形被压迫的思想准备。

白2拐、4打吃先手，6跳出。进行至白12，接下来双方互攻的局面在所难免。

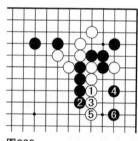

图238

图238（黑可战）

此时白1棋形过重。

黑2长，白3能继续跟着爬。黑4、白5出头，黑6获取边上实地，而白棋形仍然没有完全处理好，是黑可战的局面。

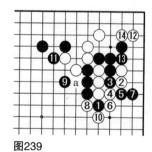

图239

图239（黑过分）

上图黑2如本图黑1扳，看似严厉实际上是过分手。

白2长，黑3、5冲断，白8、10中腹拔花，黑11封头，白12、14在角上轻松做活。白12也可以下在a位冲吃掉黑9一子。

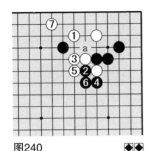

图240

◆◆

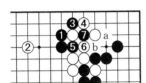

图241

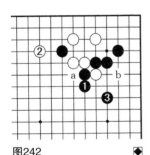

图242

◆

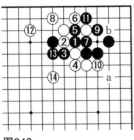

图243

图240（定式）

白不在a位联络，而是下在本图1位跳。

黑还是选择2位断，白3长，黑4打吃。白5先手利，之后7位小飞。

白7也可以考虑脱先，但是需要考虑到黑棋有下图的下法。

图241（挡）

如果白棋脱先他投，黑1挡是好手。白2如果下在3位立，则黑会2位拆边或者a位尖顶。白稍不满。

白2位夹击，黑3、5交换，白6联络形成劫争。接下来要看当时局面的劫材情况，但如果白需要b位补断点明显局部不利。

图242（两分）

图240中的黑4，也可如本图黑1长。这样下的原因显而易见，就是不想让白获得a位的先手利。

白2夹击，黑3补强。如果黑3脱先，白有b位的后续手段。

图243（战斗）

此时黑棋1、3反击的手段也要考虑到。进行至白14，形成围绕黑棋三子攻击的局面，一般来说是白棋可战。

黑9也可以下在a位，接下来双方的进程是白9位长，黑b位挡，白12飞出。

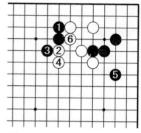

图244

图244（白可战）

黑1挡目的是在上边有所得，但明显有过分之嫌。

白2、4简明。黑5出头，白6补强，棋形可以满意。

黑5如果——

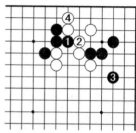

图245

图245（白好下）

黑也可1位冲。这样下是因为无法接受上图被白下到6位的整形好点。

但是这样一来，白4就可以立下。仍然是白棋好下的局面。

主要是黑棋下法目的前后矛盾，才导致了不利的结果。

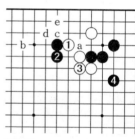

图246

图246（尖顶）

白1尖顶也是一法。黑2长，此时白棋已经不担心a位挤断的手段，可以白3粘补上边断点。

接下来白棋有b位夹击或者白c扳，黑d挡，白e立整形的后续下法可以选择。

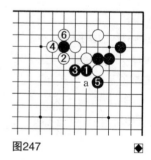

图247

图247（两分）

如果主要目的是发展下边，面对白尖顶，黑1断是正确的方向选择。

白2虎扳，黑3长先手利之后5打吃。局部告一段落。

黑3如果在a位长，白6补本手，也可以选择脱先。

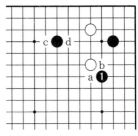

图248

图248（大飞）

黑1大飞的下法也较常见。棋形看似薄弱，但不管白棋如何出招，黑棋都有应对的方法。

白棋主要的下法有a位压、b位冲断、c或者d位碰等。

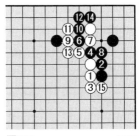

图249

图249（定式）

白1压是堂堂正正的一手。黑2、白3长是要点。接下来黑4扳断，进行至黑15，黑棋获取实地。

黑4、6连扳，白7断吃之后弃掉角上二子。至黑15，形成黑棋获得实地白棋取得外势的局面。

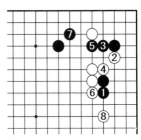

图250

图250（白好）

此时如果黑1长是问题手。白2靠手筋，黑3长，白4分断，黑5、白6压，白8与下图的变化见合。

黑7、白8形成转换，从结果来看明显白棋形更为厚势。

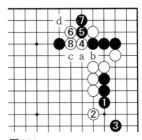

图251

图251（破坏）

上图黑7如本图黑1长，白4扳非常严厉。黑5断，白6、8可以将黑棋彻底分断。

黑5如果在a位扳头，白5位粘。接下来不管黑棋b位粘还是c位长，白都可以d位飞出做活，黑棋陷入苦战已成必然。

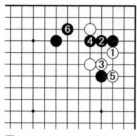

图252

图252（黑好）

白1虽然是手筋，但直接落子有些操之过急。黑2、4，白3、5形成转换。但从棋形来看，明显黑棋更加满意。

本图与图250相比有着云泥之别。

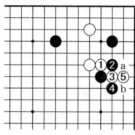

图253

图253（冲断）

白1、3冲断直接对黑棋的薄味下手。白棋必须在落子前考虑到征子的情况。如果征子不利白棋会立刻陷入难以收拾的局面。

黑4打吃，白5立。黑必然会在a或者b位挡。

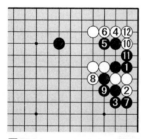

图254

图254（定式）

黑1挡，白2拐目的在于弃子。黑3长，白4进角。黑5长先手，黑接下来可以吃掉白三子，白在角上做活。局部告一段落。

因为黑棋要收气吃，所以实际上白棋上下两块已经成功联络。

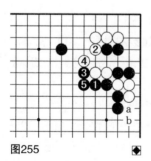

图255

图255（压）

黑1压是强手。有了这手棋，白a位爬，黑可以b位扳住。

白2拐补强。如果白在3位长，则黑a位拐。这样黑1与白3的交换得利。进行至黑5，双方可下。

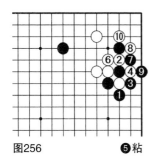

图256   ❺粘

图256（双方可下）

黑1打吃，白可以直接2位打吃分断。这是变化较少的简明下法。

黑3提以后基本是一本道，黑棋形厚实，白获得角上实地。

双方可下。

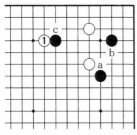

图257

图257（外靠）

白1外靠是非常飘逸的下法。黑棋大飞棋形有些薄弱，白棋想根据后续变化决定是在a还是b位动手。

如果黑直接a位补强过于稳健，白c扳好形。

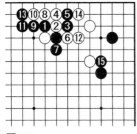

图258

图258（黑可战）

面对白外靠，黑白双方还没有一个下法是被认定是定式的局面。这里还是用实战例来展示。

黑1扳，进行至黑15是黑棋可下的局面。

黑3如果在9位长，则白7位打，黑6位长，白3位长，黑棋陷入苦战。

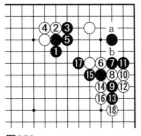

图259

图259（长）

黑1长堂堂正正。白2、4扳粘现在上边补强，之后再找机会腾挪整形。

但是白6、8冲断进行至黑17，黑棋实地获得巨大。

白6可以考虑在a位或者b位落子。

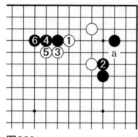

图260

图260（内靠）

白也可以1位内靠。此时白棋的目的是a位的后续手段。识破白棋意图之后黑2选择马上补强。

白3扳，黑4长，白5压，黑6长。白棋形还有些薄弱，是双方可下的局面。

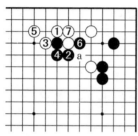

图261

图261（实战例）

白1下扳是实战中出现的下法。

黑2上扳，白3、5加固棋形，在上边继续发展势力。

接下来黑棋形还有a位断点的问题，但暂时不用担心，局部告一段落。基本是双方两分。

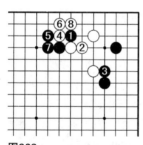

图262

图262（黑稍好）

本图黑选择了黑1与白2交换之后，再3位补强。

白4断，黑5、7先手利。白就地确保了眼位，但最终的二间跳已经失去效力棋形重复。

是黑稍好的局面。

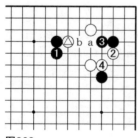

图263

图263（黑过分）

白内靠，黑1不好，白2是早已准备好的手筋，黑3，白4。

白△与黑1的交换加强了自身棋形，接下来黑a压，白可以b位抵抗。

与图252相比高下立现。

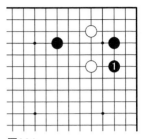

图264

图264（一间跳）

虽然看起来步调缓慢，但黑1非常坚实。而且还瞄着白棋形的薄弱点伺机发起攻击。

白棋接下来可以补强或者脱先他投。脱先的话要考虑黑棋攻击的应对手段。

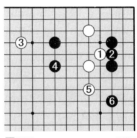

图265 ◆◆

图265（刺）

如果要补强棋形，白1刺是最简单直接的下法。

黑2粘，白先手保证棋形联络。接下来白3夹击，黑4跳，白5跳出头。黑6如果被白下到价值极大。

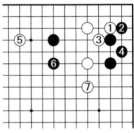

图266

图266（托角）

白1托角，黑2扳，白3虎。这样的交换目的也是补强自身棋形。黑4虎，白5获得先手夹击。

但是黑2是有反击手段的，所以白选择1位托角之前就要做好准备。

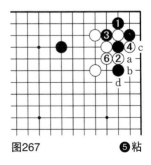

图267　❺粘

图267（白好）

此时如果黑1选择角上打吃，则白2反打。进行至白6，黑棋一子被切断，白可以满意。

黑如果a位打吃，白b位反打、黑c位提、白d打，白棋外围极厚。

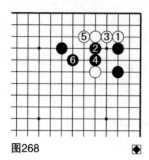

图268

◆

图268（分断）

要贯彻一间跳的目的，白1托角的时候黑2反击是正常选择。接下来白棋已经无法做到全部联络。

白3、5进角，黑棋获得厚势，白棋获得实地。双方两分。

白5也可以保留。

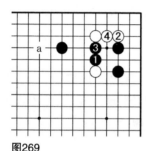

图269

图269（脱先）

黑棋一间跳棋形坚实。如果此时白棋脱先，黑1靠断严厉。白棋被分断已成必然。

如果白棋在a位一带有棋子接应，面对黑1也可能会采取反击的下法。

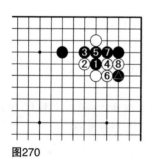

图270

图270（黑好）

黑1靠，白2直接反击并不好。▲位的黑子位置绝佳。

黑5粘，白6也只能粘。即使白8冲断黑▲，黑棋获得了巨大角地已经可以满意。

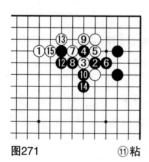

图271

⑪粘

图271（两分）

白棋没有选择马上补强，而是直接1位反夹。

黑可以选择直接跳出，也可以如本图黑2靠断。白3、黑4分断，接下来黑8、10封头。

黑12粘，14长补断点，白15加强联络。双方可下。

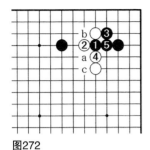

图272

图272（占角）

面对白二间跳，黑也可以选择本图1、3获取角地的下法。接下来白4、黑5交换。黑棋还瞄着白棋的断点。

黑3如果下在4位顶是俗手，白a挡住。黑不管是在b位断还是c位断都不好。

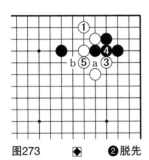

图273 ◆ ❷脱先

图273（场合下法）

上图白4可以如本图白1直接倒虎。这样下的前提是白棋征子有利，黑5位扳出，白a位挤断、黑4位粘、白b可以将黑征吃。

黑如果引征，白3、5联络。白3比在a位棋形更好。

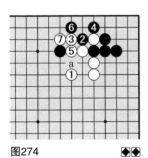

图274 ◆◆

图274（定式）

图272之后，白选择1位或者5位补断点是常见下法。黑2断吃一子，进行至白7告一段落。黑棋获得角地，白棋外势较大，双方皆可满意。

白1如果下在a位结果相同，但相比之下白1位棋形更美观。

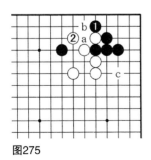

图275

图275（下打）

黑1下打，白2小尖是此时的棋形要点。如果直接a位粘，则黑b爬，白没有好的应对手段。

白2也可以在c位跳，黑a提子形成转换。这是重视右边的下法。

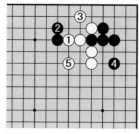

图276

◆◆

图276（定式）

白1顶的目的也是补断点。

黑2立，白3虎。黑4跳补角，白5跳方整形。白棋接下来会伺机攻击黑左边二子。

白如果不下3位，则黑3可以联络，白棋不能满意。

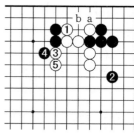

图277

◆

图277（两分）

上图白3如本图白1，在阻渡的同时更倾向于攻击左边黑二子。如果黑a打吃，白b位虎是只此一手。

黑2跳，白3、5扳长整形继续威胁黑上边二子。

白棋形厚实，双方可下。

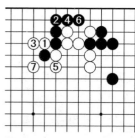

图278

图278（两分）

上图白5如本图白1断，直接对黑二子动手。

黑2立是好手，白3长，黑4拐紧气，进行至白7，黑棋先手联络，双方可下。

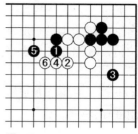

图279

图279（长）

黑1长也是一种选择。白2跳补，黑3拆二。

白4压、6长，发展中腹模样。黑棋上边和右边都有棋子部署，白棋厚实，各有所得。

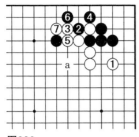

图280

图280（白好）

在重视右边发展的情况下，白可以先将断点放在一边，白1跳封锁黑棋。

黑2打吃白一子是问题手。与图274的结果相比，白明显优势。两图最大的差别是原本白a位补断点的一手改在了1位。

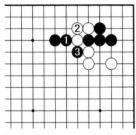

图281

图281（顶）

此时黑1是强手，接下来2位和3位断点必得其一。

如白3位粘、黑2位打吃，白不能接受。白2粘、黑3断。此处变化复杂，结果尚未有定论。

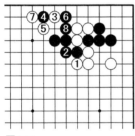

图282

图282（两分）

试举一例。

白1先手交换，白3小飞出头。

接下来黑4靠，白5扳出弃掉三子。黑6分断，白7打吃，黑8粘告一段落。

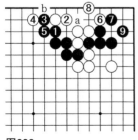

图283

图283（顶）

黑1更严厉，目的是不让白如上图弃子转换。白棋反击必然。

黑3扳，白4夹先手利。白6、8扩大眼位，黑9补活。接下来白可以根据具体局面选择a位做活或者b位渡过。

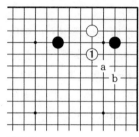

图284

⑥一间跳

图284（坚实）

白1跳是坚实的下法。与二间跳相比棋形厚实，行棋速度会稍显缓慢。

大部分情况下黑会在a或者b位应对。黑a小飞比较积极，b位拆二目的是一手补强。

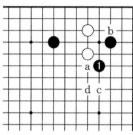

图285

图285（小飞）

面对白一间跳，黑1的出现频率是最高的。同时还在诱使白a位压出头。

白a为对手加强棋形，明显不好。那么是白b获取根据地还是c、d反击呢。

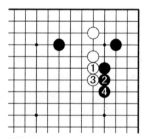

图286

图286（白损）

如上图解说中提到，白1、3亏损。黑2、4在四线获得实地可以满意。

特殊情况下也有白不得不1、3出头的局面出现，但是要记住这是不得已而为之的选择。

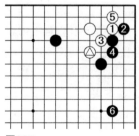

图287

图287（黑稍好）

一间跳的情况下，白1、3的下法出现较少。因为进行至白5，白△的棋子位置不好。

黑6拆边，黑棋形舒展可以满意。

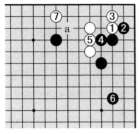

图288

图288（定式）

在黑2扳的时候，白不在4位虎，而是直接3位立。这是定式下法。

黑4长先手，6拆边。

接下来白7获取根据地。白7虽然也可以脱先他投，但是被黑下到a位好点，棋形有被攻击的危险。

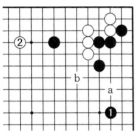

图289

图289（白可战）

黑1最大限度地开拆，棋形薄弱。白有a位打入的后续手段。

白不选择直接打入，因为在b位有先手，白2夹击是有力的下法。黑1稍显过分。

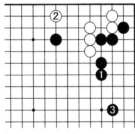

图290

图290（两分）

如果为了在下边有所发展，黑一定想下到3位，那么可以先走黑1。

白2确保根据地之后再黑3拆边。但是图288的结果是黑先手，而本图是黑棋落了后手。这一点一定要考虑在内。

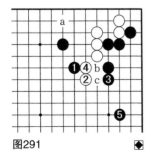

图291

图291（定形）

还有一种方法。黑1小飞，让白2必须跟着出头，然后黑3变成先手，再5位拆边。

不过这样一来白2、4的棋形变得厚实。原本要在a位做活，现在可以省略。两个棋形各有好坏。

白2是此时的棋形好点。如果选择b位压，黑3长，白c长，白亏损。

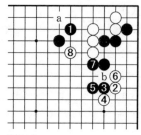

图292

图292（小尖）

如果重视上边发展，黑棋会阻止白棋下到a位。那么黑1就是此时的选择。

白2反夹。黑3、5出头，白6、黑7整形，白8出头。接下来双方形成互攻的局面。

黑5也可以下在b位。

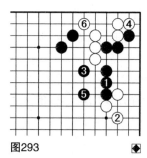

图293

图293（封锁）

上图黑5也可以如本图黑1粘。白2虎补，黑3可以直接将白棋封锁。

白4拐角做活，黑5外围补强。黑棋获得外势，白棋得到角上实地，双方各有所得。

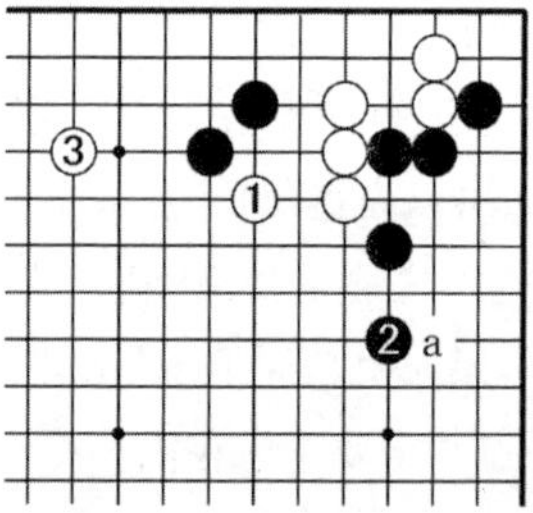

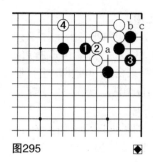

图294

图294（两分）

白不在a位反夹，也可以1位直接出头。接下来白a和3位两者必得其一。

此时黑2位跳是普通应对，不能再让白下到a位。白3夹击在上边展开战斗，两分。

图295

图295（定式）

黑不下在a位，也可以黑1刺。白2粘，黑3虎补是此时的要点。这样白b拐的价值变小。

后续白如果b位拐，黑可以c位扳。所以白4大飞不可省。

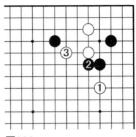

图296

图296（反夹）

白1反夹一方面阻止黑棋在右边顺利形成模样，同时寻求自身出头的步调。

黑2压，白3跳就是白棋的预想图。之后根据具体局面可以将白1看轻，将子力分配到其他地方。

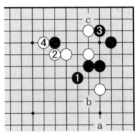

图297

图297（定式）

接下来黑1小尖是正确的应对。防止白下在1位封头。

白2压，黑3尖顶是一种选择。白4扳局部告一段落。接下来黑a位夹击或者b飞压都是好点。

黑3尖顶，白如果c位应对有被利的感觉。

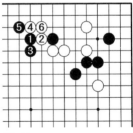

图298

图298（两分）

上图黑3如本图黑1将一子救出。在更重视左边的局面下可以做此考虑。

白2挖，黑可以直接3位长。通过弃子黑棋在左边有了一定的发展。

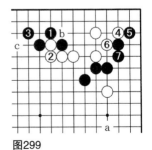

图299

图299（两分）

面对白棋挖，黑1打吃应对。白2粘，黑3虎救出一子。白4、6先手利之后告一段落。接下来白a是好点。

黑3如果在b位粘棋形过重，白4至黑7交换之后c位夹击严厉。

黑5可以——

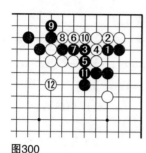

图300

图300（战斗）

黑1长，白2粘，黑3直接分断反击。

白6将黑棋分断，进行至白12跳出头。

黑棋失去了角上的根据地，接下来双方互攻的局面在所难免。

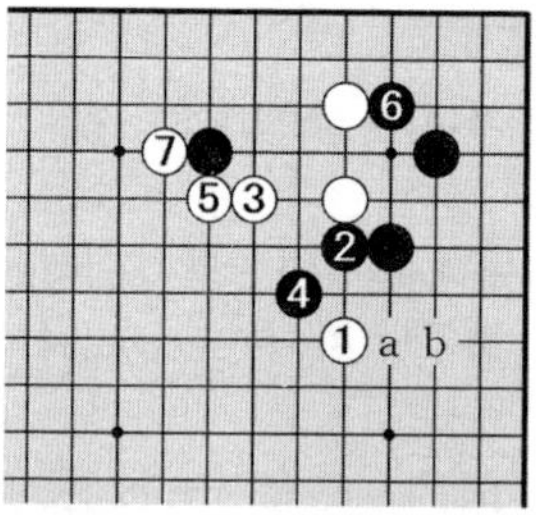

图301（定式）

白1在五线反夹，目的和a位相同，都是要求出头的步调。

黑2以下至白7，进程一样。但是白1高了一路，之后黑b小飞和白b跳对于双方都是好点。

图301 ◆◆

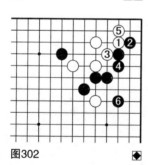

图302（两分）

如果白棋对上图黑6不满，可以先白1交换。

黑2扳，白3虎先手之后再5位立做活。

但此时白要思考的是黑棋有没有反击的可能。

图302 ◆

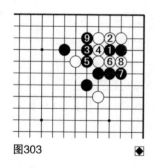

图303（黑厚）

白托角，黑1反击。白2、黑3分断。

进行至黑9，白可以获得角上实地，但黑棋外围更为厚势可以满意。

图303 ◆

222

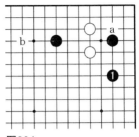

图304

图304（拆二）

黑1拆二，相比攻击白棋更重视自身棋形的加强。

此时出现较多的是白a托角。不仅可以获得根据地，实地也很可观。

比较积极的下法有b位夹击等。

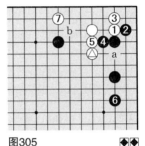

图305 ◆◆

图305（定式）

白1、3进角。黑6拆边告一段落。

白3如果下在4位，则白△一子略显重复。这一点与黑小飞时的情况相同。

白7如果脱先，黑b小尖非常严厉。

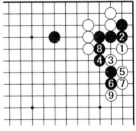

图306

图306（搜根）

上图黑6如果脱先，白棋有1位点的严厉手段。

黑2粘，白3、5出头。接下来黑必须8位联络，如果白7爬，黑下在9位长，则白8冲断，黑角上四子被吃。黑8，白9扳，搜根成功。

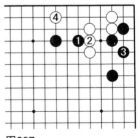

图307

图307（两分）

此时黑棋同样可以在1位刺。白2粘，黑3虎补。和图305一样，白4不能省略。

黑3虎补棋形厚实，黑棋已经没有后顾之忧。

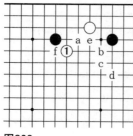

图308

⑦肩冲

图308（腾挪）

白1肩冲目的是通过压迫黑棋来进行腾挪。如果黑a位穿象眼，白b是准备好的手段。

黑的应对有c、d补强、e压、f出头等。

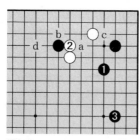

图309 ◆◆

图309（定式）

黑1小飞意在右边的发展，同时还瞄着a位的后续手段。

白2补强，棋形坚实。黑3拆边告一段落。

接下来如果黑先落子可以在b位立或者c位尖顶。白先有d位夹击的好点。

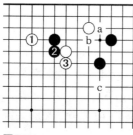

图310

图310（战斗）

白1夹击，黑可以选择2位出头或者下图的转换。

黑2出头，白3长，双方互攻。

如果黑棋避战，有一个旧定式的下法是黑a，白b，黑c。但接下来白2可以直接将黑一子压住，是白棋满意的局面。

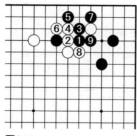

图311

图311（穿象眼）

此时黑1穿象眼是简明的下法。

白2冲，黑3以下加强角上。白棋虽外势有所得，相比之下明显黑棋实地获利更大。

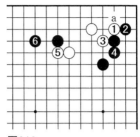

图312

图312（托角）

白1、3托角做活，防止黑棋尖顶的同时缓解了黑棋穿象眼的威胁。此时黑4不能在a位打吃。

黑4连回，白5压，黑6跳。形成互攻局面。

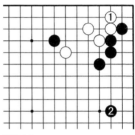

图313

图313（平稳）

上图白5也可以如本图白1立。

这样一来白棋局部已经确保活棋，没有后顾之忧。

黑2拆边告一段落。双方棋形舒展，两分。

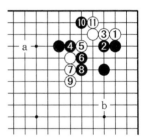

图314

图314（两分）

白1需要考虑到黑2的反击手段。

黑2与白3交换之后，黑4、6分断。白7长，黑8、10先手利，接下来黑会在a或者b位拆边。后续的下法将围绕着攻击白中腹三子展开。

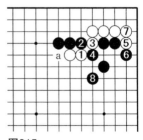

图315

图315（黑有利）

上图中白5如本图白1长，被黑2、4冲断。白棋不如上图。

白5、7扳粘，黑8或者下在a位，白棋形气紧。

在此局面下，白棋还是应该如上图在2位应对为好。

225

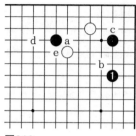

图316

图316（拆二）

黑1拆二冷静。这手棋在黑棋可以小飞应对的局面下都可以选择。

白棋接下来的选点围绕就地做活或者攻击黑一子展开。如白a补强，白b、c交换，d位夹击或者e压等。

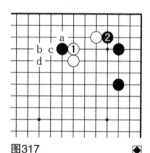

图317

图317（两分）

白1挡棋形厚实。黑2尖顶确保角地的同时还瞄着后续a位的严厉手段。

白如果继续在这里落子会选择b位夹击，这样可以防止黑a立。接下来如果黑c则白d长，是白棋可战的局面。

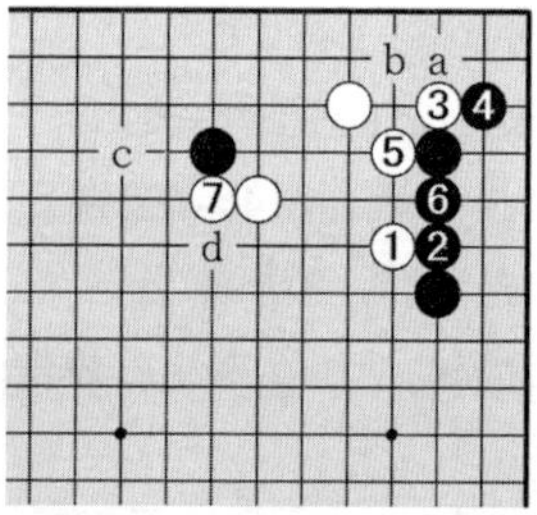

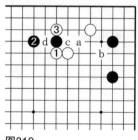

图318

图318（定式）

黑棋拆二棋形坚实，但白1～5的交换很舒适。后续黑a则白b做劫，弹性十足。

白7压制黑一子。白7也可以直接在c位夹击，黑7位出头，白d扳作战。

图319（两分）

白1直接压。黑如果a位穿象眼，白可以b位从容应对。

黑2、白3整形局部告一段落。

白3夹，黑棋如果c位抵抗，则白d挖严厉，黑不利。

图319

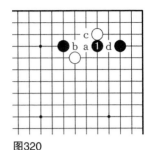

图320

图320（压）

黑1压是破坏白棋形的急所。

白棋的应对有a位扳、b挡、c长、d挖等。

白a～c变化较少，是比较简明的下法。白d挖则可能发展成手数多、变化复杂的局面。

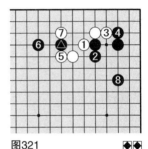

图321

图321（定式）

在以往的理解中白1扳与黑2长交换，是白棋不利的下法。原因是黑2和黑⚫对白棋形造成了很大的威胁。

但是最近的观点认为，白7夹整形之后是双方都可以接受的定式棋形。黑8拆二可以脱先他投。

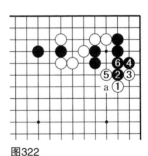

图322

图322（先手利）

上图黑8如果脱先，白1是此时的好手。黑2补强，白3、5可以先手利。获利之后白棋可以选择脱先。

根据不同局面，白也可以2位夹击，黑6顶，白a小尖。

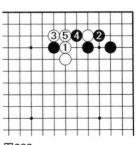

图323

图323（黑可下）

白1挡意在弃掉一子获得上边发展。

但是黑2，白3，黑4之后所获角地巨大。相比之下白棋外势并不明显，黑可以满意。

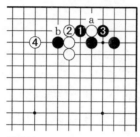

图324

图324（白有利）

此时黑1想直接吃掉白一子有些操之过急。白2挡先手，同时还保留了a位立的后续手段。

白4夹击。与图323相比，白4的位置要明显好于a位，此时的局面白棋有利。

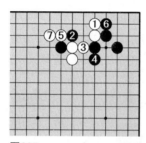

图325

图325（定式）

图323的白3，可以如本图白1立。

接下来黑2扳是好手，白3不得已下出愚形，黑4顺调长出。

黑6挡保留了7位打吃的手段，所以接下来白7是必然的一手。

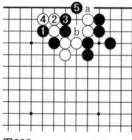

图326

图326（强硬）

上图白7如果脱先，黑1、3的反击非常严厉。白4拐，黑5尖，黑棋成功连回，白a则黑b。

这就是上图中说黑6挡，白7补棋是绝对一手的原因。

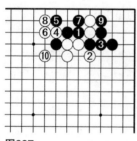

图327

图327（白好）

图325的黑4选择本图黑1可以吃掉白二子，但结果并不理想。

白2～8，通过弃子获取外势，白优势。

此形只要被白2位打吃，黑棋就必然落后。

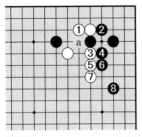

图328

◆◆

图328（定式）

白1长棋形看起来有些沉重，但却是此时的简明下法。要注意的是下图呈现的征子情况。

黑2虎，白3夹是整形手筋。进行至黑8告一段落。如果黑a冲，白会弃掉二子。

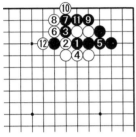

图329

图329（白厚）

如果黑棋马上冲击白棋断点，则白4先手打吃之后弃子。

白12如果征子有利是白好的局面。

黑1、3冲断的下法只能在特定局面下使用。

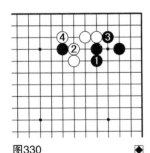

图330

◆

图330（两分）

1位是白棋的整形手筋，那么黑1并抢先要点。

接下来黑棋的冲断非常严厉，白2必须马上连回。黑3虎，白4虎补告一段落。

双方棋形都非常舒适，两分。

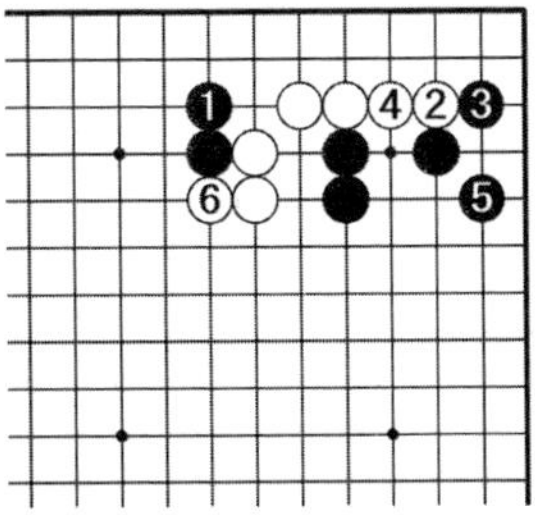

图331（场合下法）

与上图黑3相比，本图黑1显得有点过分。只有在发展重心放在上边的情况下才可以选择。

白2、4先手利，白6拐头是普通应对。

此时黑棋已经失去角上实地，而上边是否有所得还是未知数。

图331

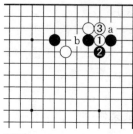

图332

图332（挖粘）

白1挖，黑2打吃，白3粘。接下来根据黑棋的下法，白也可以将三子弃掉。

接下来黑棋可以选择a位挡或者b位长。黑b的下法更为复杂，变化较多。

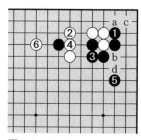

图333

◆◆

图333（定式）

黑1挡简明。白2跳，黑3粘，白4粘。

黑5如果脱先，白a扳极大。因为有b位断的手段，黑不能c位挡。白a扳，黑d虎、白c长可以破坏黑角地。

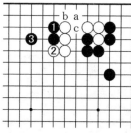

图334

图334（目的）

上图白6虽然也可以考虑脱先他投，但此时黑1挡是非常严厉的一手。

此时白不仅失去根据地，而且黑还有了a位点的后续手段，白b、黑c吃掉白三子。白c则黑b连回，白棋失去眼位整体棋形变薄。

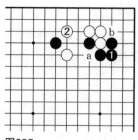

图335

图335（黑缓）

黑1粘缓手。白还是2位跳，黑如果a位粘可以明显感觉到黑1造成的棋形重复。

同时由于黑1导致黑b的价值也变小了很多。

黑棋还是如图333的下法更为合适。

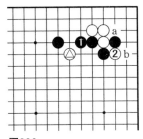

图336

图336（长）

面对白棋挖粘，黑棋选择1位长。白2断是既定下法。

如果白选择a位拐角上做活，则黑b倒虎好手，白△一子位置不佳，白不利。

接下来黑棋有两条路可选：是弃子还是保护角上一子。

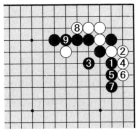

图337　◆◆

图337（定式）

黑1打吃，目的是通过弃子获得外势。

黑3虎补，白4拐、6爬，进行至白8，白获得先手。黑棋将白棋外围一子分断外围极厚。双方两分。

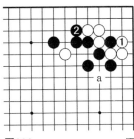

图338　◆

图338（两分）

白棋如果不想让黑外围太厚，可以选择白1内拐。这样一来还有a位刺的后续手段。

黑2也考虑脱先，但补一手棋形更加完整。

本图也是白棋获得实地，黑棋取外势的两分局面。

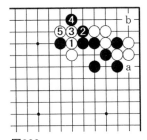

图339

图339（冲）

上图黑2如果脱先，则白有1、3的后续手段。进行至白5，此时已经不能外围是黑棋的厚势了。

但是因为有了黑2、4，接下来如果黑a挡之后会有b的后续手段。各位读者可以参考具体局面考虑下法。

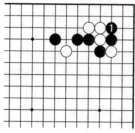

图340

图340（挡）

黑1是此时的最强抵抗。目的是要吃掉白三子获得角地。

白棋接下来的想法是弃掉三子，在右边和上边形成巨大厚势。

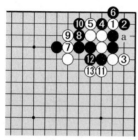

图341　◆◆

图341（定式）

白1扳，黑2挡交换，白3立变成先手。黑4打吃，此时白a位也是先手，但此时选择要慎重。这里的变化在后续变化图中会有展示。

白5打吃先手，黑6提，白7、9冲断，进行至白13告一段落。

白13是本手。

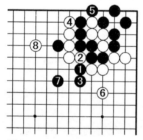

图342

图342（后续）

黑1扳出、白2断形成战斗局面。黑3长、白4打吃先手，白6跳、8跳补，后续围绕着对黑三子的攻击展开。

在本图的局面黑棋不利的情况下，黑也可以直接在4位拐。如果保留变化，白4是此时的好点。

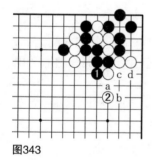

图343

图343（脱先）

图341中的白13也可以考虑脱先。

黑1拐出头，白2跳好形。接下来黑a、白b轻灵应对。

黑1如果下在2位夹，则白b托断腾挪。

232

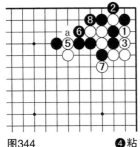

图344 ❹粘

图344（黑好）

如之前提到的，黑断吃，白1、3是恶手。

这样一来白下不到8位，黑6拐吃之后白a就变成了后手。如果白7下在a位，则黑下7位是绝好点。

白7打吃，黑可以8位提。此时的局面是黑好，可以与图341进行对比。

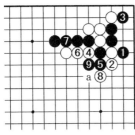

图345

图345（征子）

面对白扳，黑棋如果征子有利，黑1是最强抵抗。

白2长，黑3扳。接下来白4切断，白8打吃，黑9可以逃出，白崩溃。

白一定要事先确定a位的征子是否有利。

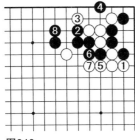

图346

图346（黑稍好）

如果征子不利，白1是稳妥的应对方法。黑2拐吃掉白四子。白3扳，黑4点是手筋。此时黑如下图也可以吃掉白子。

白5打吃先手利，接下来白7封头，黑8补强。相比之下黑棋的实地所得更多。

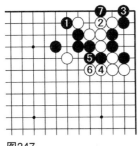

图347

图347（黑稍好）

此时也可以黑1扳。白2粘，黑3立，对杀黑胜。

白4打吃、6挡获取外势。黑角上实地较大，稍好。

233

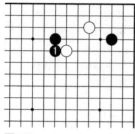

图348

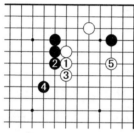

图349

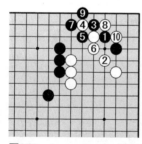

图350 ◆◆

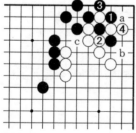

图351

图348（压）

面对白棋肩冲，黑1压是常见的下法，目的是重视上边的发展。

如果选择发展上边，黑棋需要注意的是在这个过程中对黑角上一子的影响。在后续的下法中一定要先做好准备。

图349（夹击）

白1长，黑2继续扩张，白3长，黑4小飞在上边形成模样。

白5夹对黑角上一子施加压力。右边已经有所得，那么黑棋接下来要怎么应对呢？——

图350（定式）

黑1尖顶。白2虎，黑3、白4连扳。黑5切断形成转换。

白8、10之后获取角地，局部告一段落。看起来白棋角地更大，但黑还留有下图的后续手段。

图351（官子手段）

黑1是官子好手。白2提，黑3打吃。根据劫材情况，黑也可能在4位打吃。黑4打吃，白如果粘劫，白a粘，接下来黑3渡过和b扩大眼位两者见合。

但黑1和白2交换之后，黑c位的先手利也随之消失。选择的时机很重要。

234

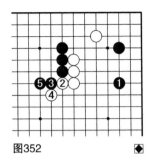

图352

图352（两分）

图349中的黑4小飞，如本图黑1拆二是为了避免角上一子被攻击。

但是白2拐好点，这样一来上边的外势发展会受到限制。

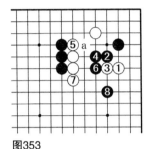

图353

图353（黑好）

白棋若不能接受上图，会直接白1夹击。这手棋看似严厉，实际结果白棋并不能满意。

黑2小尖好手，后续瞄着5位拐和a位的后续手段。白5补棋是必然的一手，黑8夹击好点，黑优势。

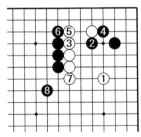

图354

图354（黑可战）

同样的，即使白1选择宽松的夹击方法，还是黑棋满意的结果。

黑2、4角上做活，白5立，黑6挡，白7出头，黑8小飞。这样黑棋上边的棋形也很舒展。

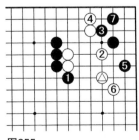

图355

图355（黑可战）

黑1扳头是积极的应对方法。△夹击比较温和，所以黑角一子暂时没有危险。

白2跳封，黑3尖顶，白4立，黑5小飞之后6位飞出黑7位补角见合。只要角上可以做活，能够下到黑1扳就是黑好的局面。

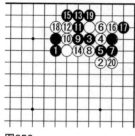

图356

图356（白厚）

黑压交换之后，白2大斜，这手棋有陷阱的意味。

黑3压正面迎击战斗，有些操之过急。接下来白棋弃掉四子在外围获得厚势，此时是白稍好的局面。

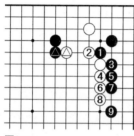

图357

图357（黑可战）

面对白大斜，黑1尖顶之后进行至黑9是正确应对。

进行至黑9的局面有时是黑棋不好。但在本图中，黑▲与白△的交换明显白棋亏损。此时是黑可战。

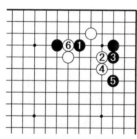

图358

图358（穿象眼）

白肩冲，黑直接穿象眼是冲动的恶手。

白2飞压是早准备好的应对。黑3爬，白4长之后6位冲，黑已经没有好的下法。

黑棋必须要事先想到白2、4的手段。

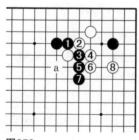

图359

图359（冲断）

黑1、3冲断。一般来说这是不成立的手段。

白2挡、4打吃出头，6、8封住黑角一子。虽然还有各种余味，但角上基本上已经是白棋地盘。

而另一方面黑棋的外势还需要a位补一手才算完整，此时是白棋满意的局面。

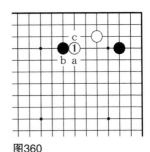

图360

⑧靠

图360（腾挪）

白1靠与a位肩冲的思路相同。都是通过腾挪整形对黑角上一子发动攻击。

黑棋的应对有b位长、a位扳、c下扳3种。

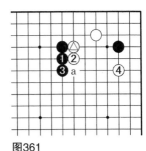

图361

图361（长）

黑1长，白2贴，黑3长之后白4夹击。

本图和白在2位肩冲，黑1长之后白不在a位长，而是下在△位的棋形相同。部分情况下被黑棋下到3位长白棋不利。

白4——

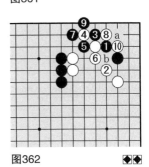

图362

图362（定式）

黑1以下与图350下法相同。黑棋在上边形成厚势，白获得角上实地。

接下来黑有a位的后续手段，所以白找到合适时机在b位提价值极大。是双方可以接受的局面。

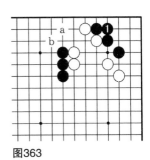

图363

图363（两分）

上图黑5如本图黑1是重视角地的下法。

但是与上图相比，由于黑棋没有吃掉白一子，左边的棋形变薄。

接下来白下a位是本手，如果周围棋子有配置也可以在b位跳出头。

237

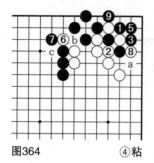

图364　　　　④粘

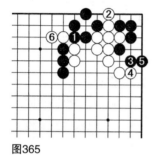

图365

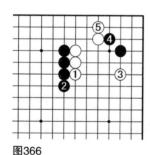

图366

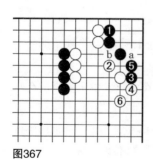

图367

图364（后续手段）

图362之后，黑还保留了黑1的后续变化。白4粘，黑5粘，接下来黑a扩大眼位和9渡过两者必得其一。

白6扳是先手利，黑7必须忍耐。接下来白有b位粘之后c位断发起战斗的手段。

图365（黑无理）

上图黑7不能直接在1位断。白2立先手，接下来4位长先手利之后白6长。上边的黑棋已经无法净活，黑崩。

黑1必须如上图黑7忍耐。

图366（立）

白1、3，黑4尖顶活角，白5立。白棋这样下是不想形成图362的局面。

但是白1与黑2的交换黑棋已经有所得，所以角上只要保证活棋即可。

接下来——

图367（两分）

黑1挡确保眼位，白2小尖，黑3、5做活。

白2如果在5位小尖，黑a位挡，白2小尖，黑b位粘。角上形成金柜角的棋形，白棋外围棋形薄弱，对黑棋无法构成威胁。

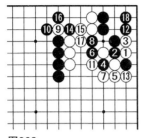

图368

图368（抵抗）

黑托，白1、3抵抗不够冷静。

白7打吃，黑8好手。如果下在11位粘，被白下到8位难以忍受。

进行至黑18，黑角上净活，外围黑16提掉一子非常厚实，黑好。

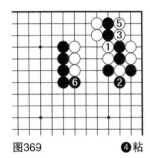

图369　❹粘

图369（继续反抗）

上图白5如本图白1继续反抗，黑2提白一子。如果黑3粘，则白2长。

此时黑2提，白3、5虽然可以获取角地，但黑4、6外围厚实，黑满意。

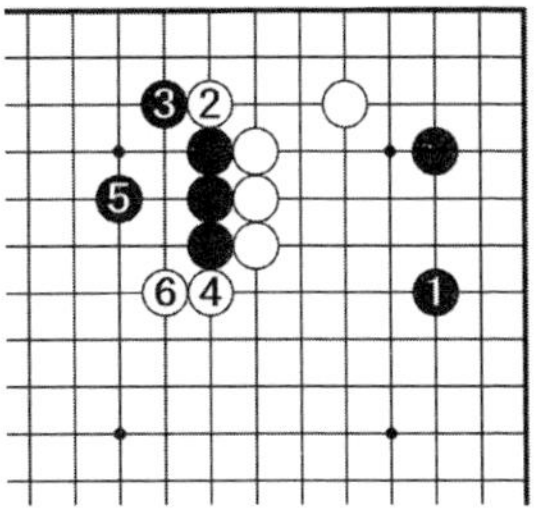

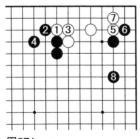

图370

图370（拆二）

黑1拆二是在右边相对重要的局面下选择的下法。白2、黑3交换之后白4扳到三子头心情舒畅。

对于黑棋而言，如果黑1价值极大，本图也可以接受。

图371（白稍不满）

白1扳、3粘意在获取根据地。黑4虎，白5、7进角做活。

进行至黑8，黑棋上边、右边棋形都已经完整，可以满意。本图白棋的选择只能在特点场合下使用。

图371

239

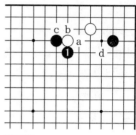

图372

图372（上扳）

白靠，黑1上扳。这是黑棋此时非常严厉的反击手段。

接下来白可以a位长、b立、c连扳，不论哪种下法黑棋都有应对的手段。需要注意的是白d飞压。

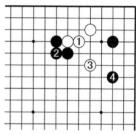

图373

图373（黑优）

白1长，黑2粘，白3飞出，黑4拆二。黑可以满意。

本图可以这样分析：黑二间高夹，白3跳出、黑拆二，白棋为了补自身断选择了靠，黑扳之后棋形变厚。这样的交换明显是黑棋有利。

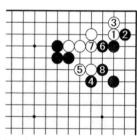

图374

图374（黑稍好）

接下来白1、3寻求根据地。黑4至黑8整形。

图372和373中白棋的下法可以在特殊局面下选择。

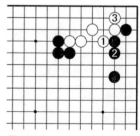

图375

图375（黑有利）

上图白3也可如本图白1虎。

黑2长，白3立确保眼位。这样一来黑棋的棋形也得到了加强。

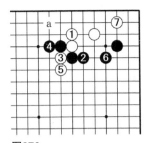

图376

图376（立）

白1立，接下来有a位小飞和7位进角两个确保眼位的后续手段。

黑2长封头，白3断，黑4长，白5长，战斗局面在所难免。

黑6小尖先手，局面的主导权在黑棋的手中。

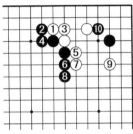

图377

图377（扳）

与上图相同，白1扳的主要目的也是确保眼位。黑是直接2位连扳还是如下图封锁呢？

黑2扳，白3粘先手，白5、7出头，9位夹击。黑10角上做活，上边棋形厚实。

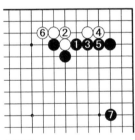

图378

图378（黑厚）

黑1打吃、3位压住目的明确，为了右边厚实。

白4长、6长获取实地，黑7拆边告一段落。

这是典型的一方实地、一方外势的局面。

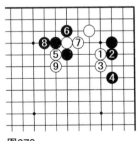

图379

图379（白稍厚）

面对黑扳，白1飞压。通过右边交换，白5可以切断。

黑2、4之后，白5断。黑6、8整形，白9吃掉黑一子。白稍好。

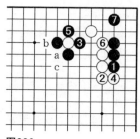

图380

图380（黑满意）

黑1先手爬之后，3位打吃。白4拐，黑5先手提之后7位跳在角上做活，黑满意。

如果白2直接在a位断，则黑还是如上图下法，黑5打吃，白3位长、黑b，白c，接下来黑可以下到2位扳，还是黑好的局面。

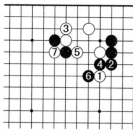

图381

图381（白腾挪）

白1跳轻灵。

黑2长，白3立，黑4冲，白5扳，黑6扳，白7断吃成功腾挪。

进行至白3，也有省略黑4以下进程的实战案例。

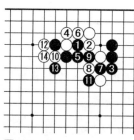

图382

图382（两分）

面对白棋跳，黑1打吃好手。白2连回，黑3长，白4立，黑5粘之后6位和7位两者必得其一。

白6粘，黑7冲。接下来的进程白在上边有所得，双方可下。

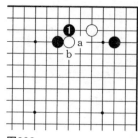

图383

图383（还原）

黑1下扳，白在a位退或者b位长都会还原黑棋一间低夹的定式。

黑1也要考虑到本身的断点。

详细下法请参考62页以下一间低夹的变化图。

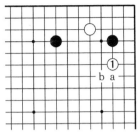

图384

⑨一间反夹

图384（转身）

白1反夹是根据右边的棋子配置做出的选择。与此同时还有为被夹击的棋子寻求行棋步调的目的。

与白a、b比较温和的反夹相比，白1的倾向更明显。

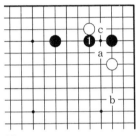

图385

图385（压）

黑的应手有1位压或者a位小尖。

黑1压，如果白单纯重视右边而在b位拆二，黑c虎补好形。大部分情况下白棋会选择动出一子。

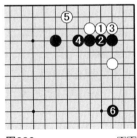

图386

图386（定式）

白棋想要做活并不难，白1长就可以。黑2粘，白3进角即可活棋。

黑4长，接下来瞄着6位夹击的好点。白5飞，则黑6夹击。

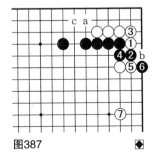

图387

图387（定式）

上图白5可以如本图1、3扳粘。黑4粘，白5夹先手利。

黑6阻渡，这样以后黑a跳就是后手。如果黑6在b位立，白会在c位飞出。

白5如果直接在7位拆，则黑a先手利。

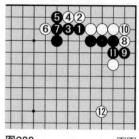

图388

图388（定式）

黑1扳、3位长好手。白4爬，黑5虎，棋形厚实。

白6刺先手利，8、10扳粘先手。

白12价值很大，防止黑棋形成模样。

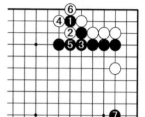

图389

图389（两分）

如果黑棋一定要获得先手，可以黑1连扳。

白2、4吃掉黑一子，黑5打吃先手利在7位夹击。

本图与上图各有利弊，可以根据具体局势来进行选择。

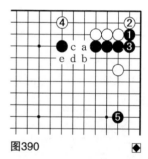

图390

图390（扳粘）

黑1、3扳粘是重视实地的下法，这样白棋的扳粘就不复存在了。

白4大飞黑5夹击。但是接下来白有a位扳出至白e的下法，本图的选择要看棋子配置而定。

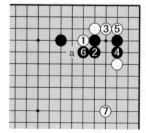

图391

图391（定式）

白1扳也可以。黑2长，白3长、5进角。

黑6拐要点，白7的落子位置要根据下边棋形而定。

征子有利的情况下白有a位扳出的手续手段。

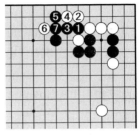

图392 ◆◆

图392（后续手段）

接上图，即使与征子无关，黑1也是价值极大的一手。黑棋形瞬间变得非常厚实。

不仅将上边棋形补强，让白棋没有破空的可能；同时在白角上还留有下图的后续手段。黑1可以说是本手下法。

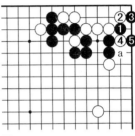

图393

图393（劫）

黑棋瞄着的是黑1、3连扳。白4断吃，黑5打吃形成劫争，威胁到了角上白棋的死活。

白4与黑a先进行交换可以避免打劫，但是交换本手损失太大，白不能接受。

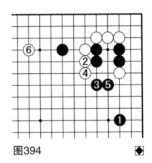

图394 ◆

图394（两分）

如果黑一定要在右边抢占落子先机，图391中的黑6会选择本图黑1夹击。

但是白2、4出头极大，接下来白6夹击可以扩张上边的势力。

本图是重视右边发展的特殊下法。

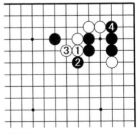

图395

图395（场合下法）

白1不直接进角做活，而是选择出头防止被黑棋封头。这是场合下法。

黑2扳，白只能愚形出头。虽然出头的目的已经达成，但被黑4占到角地，白棋失去根据地。本图大部分情况下都是黑有利的结果。

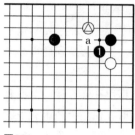

图396

图396（小尖）

黑在a位压，会给白△顺调做活的可能。黑选择1位小尖就是不让白棋有借力的机会。

黑棋一边对白反夹一子施加压力，同时可以对△发起攻击。

白棋可以想办法在右边有所得。

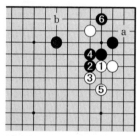

图397 ◆◆

图397（定式）

白1是自然的应对。黑2扳，白3扳、黑4粘，白5虎。白在右边形成模样。

白棋接下来有a位的好点，黑6小飞封住角地。白棋还有b位大飞的手续手段，双方两分。

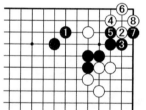

图398

图398（余味）

黑如果无法接受上图白b的后续手段，可以选择本图黑1小尖。但也并不能完全将白一子净吃。

白有2位点的好手。黑如果直接下在5位，则白3位爬回实地所得极大。黑3阻渡，白4小尖、黑5，白6、8形成劫活。

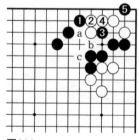

图399

图399（场合下法）

上图中黑5，如本图黑1小尖，白2挡住，黑3、白4交换之后黑5点，局部白棋净死。

但是白a、b都是先手，白棋可以出头。此处黑棋形并未完整，是否能够动手尚未可知。

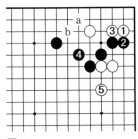

图400

图400（黑稍好）

图397中黑4、6获取角地之前，白1先发制人占据角地。想法可以理解，但稍显过分。

黑4虎补好形。白右边还需要补棋，接下来黑有a、b位的先手利，白棋形过薄。

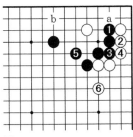

图401

图401（黑不好）

此时黑1挡住是问题手，被白2连回不能接受。

黑棋上边的实地还有白a位扳粘的先手利，b位破空等手段，实际所得较少。同时白右边棋形已经补强，本图黑不好。

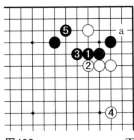

图402

图402（定型）

图397中的黑2也可以直接1位长。

白2压、4拆三棋形舒展。黑下到5位小尖之后白a位手段已经不成立，也可以满意。

本图白拆边好形、黑获得角上实地，双方可下。

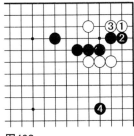

图403

图403（白过分）

上图白4拆边极大。虽然本图白1获取角地价值也非常可观，但黑4抢到先手夹击，白陷入被动。

白1、3过分，被黑4夹击导致局面落后。

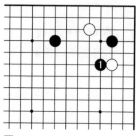

图404

图404（靠）

黑1靠腾挪。通过靠压白一子进行整形攻击上边白子。相比之下，黑1靠比小尖的压力更强。

但是根据具体棋局情况，白棋也可能选择在右边扩张势力。

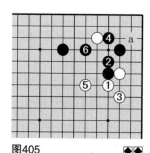

图405 ◆◆

图405（定式）

白1扳，黑2退，白3虎是普通应对。黑4尖顶，白5跳好形。黑6封住白一子。

黑4如果直接在6位封锁，则白a好点。白5如果选择动出上边一子棋形过重，不好。

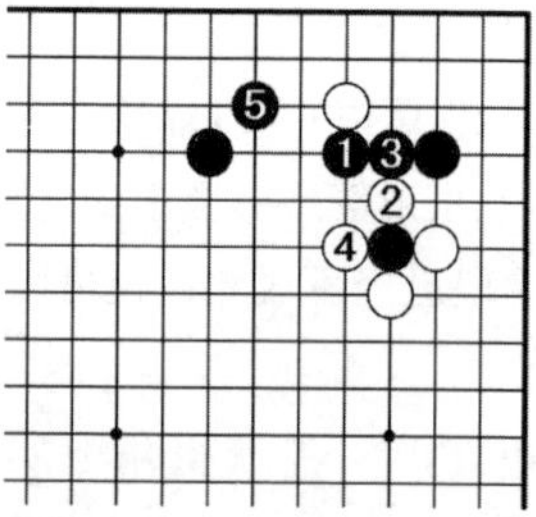

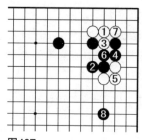

图406 ◆

图406（两分）

黑也可以1位压。迫使白棋做出要角上还是右边的选择。

白2、4提子简明。黑5获得角上实地，白提子厚实，双方可下。

图407

图407（黑可战）

白1是黑希望的下法。黑2长，白两边都要兼顾难免焦头烂额。

进行至白7，白角上做活，但被黑8先手在右边夹击。

白5如果直接下在7位，则黑5断吃。仍然是黑好的局面。

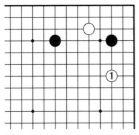

图408

⑩二间反夹

图408（重视右边）

白1二间反夹更重视右边发展，是看重与右下角棋子配置的下法。

但是后续也要根据黑棋的下法而定，最终被夹击的一子也可能会有所行动。

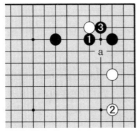

图409 ◆◆

图409（定式）

黑棋的应法1位压、a小尖出现较多。黑1压，白2拆边，黑3虎好形。

本图在大部分情况下都是黑有利，但如果白棋在右下一带有棋子配置，也是可以选择的一种下法。

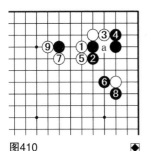

图410 ◆

图410（定式）

如果要动出被夹击一子，白可以下1位扳和后面会讲到的a位挖。黑2长，白3先手长之后白5出头。

进行至白9告一段落，黑白双方各吃掉对方一子，形成两分局面。

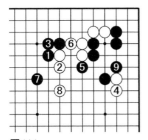

图411

图411（战斗）

如果对上图不满，黑棋可以变着。如本图黑1扳反击。

但是黑也要做好白4动出的准备。

黑5扳急所，白6交换之后8位跳出，黑9扳补强，后续双方形成互攻局面。

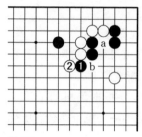

图412

图412（白可战）

图410中的黑6如果可以在1位扳二子头心情会非常舒适，但此时白可以2位扳反击，黑战斗不利。

接下来白有可以冲击黑棋a、b的断点，黑很难兼顾。

白2之后——

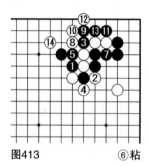

图413　　　　　　⑥粘

图413（白好）

黑如果一鼓作气直接黑1断，则白2断吃应对。

黑3切断至黑7，可以吃掉白二子。但是白在中腹提子之后白8至白14还可以分断黑外围三子，黑明显不利。

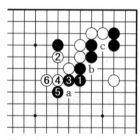

图414

图414（白有利）

黑不能切断，只能1位长忍耐。白2虎好形。

黑3拐，白4、6整形。而黑棋还有a、b的断点和c位的冲，棋形薄弱，本图仍是白好。

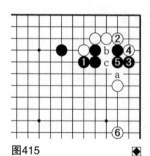

图415　　　　　　◆

图415（两分）

白长，黑选择放弃角地，黑1拐头占据棋形要点厚实。白棋在角上先手做活之后6位拆边。本图双方可下。

黑3也可以在a位靠。但要在白b位冲，黑c位挡，白4位打，黑3形成劫争有利的情况下才能选择a位的下法。

250

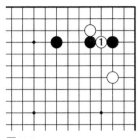

图416

图416（挖）

想要动出白挂角一子，白1位挖也是一法。目的是造成黑棋形的断点，并以此寻找战机。

但是白1成立有一个前提条件，要注意下图中的征子情况。

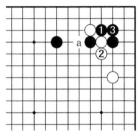

图417

图417（征子）

面对白挖，黑有上打和下打分断两个选择。

黑1下打、3位粘的下法与征子有关。白a如果成立，则黑棋失败。如果白a无法吃掉黑一子，黑明显占优。

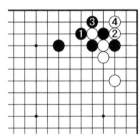

图418

图418（白可战）

如果此时发现征子不利，黑只能在1位打吃。这是不得已的下法。

白如果3位立，黑2粘好手。白2断吃，黑3提，白4立获得巨大角地可以满意。

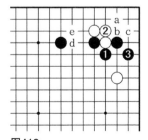

图419

图419（定型）

黑棋征子不利，只能在1位外打、3位虎定形。

黑3虎是局部好手，接下来不仅可以在a位跳，白如果b位拐，黑也可以c位虎扳应对。

白可以d位靠或者e位跳。

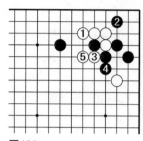

图420

图420（黑稍好）

白1长厚实但棋形显得有些重。

黑2跳好形，在获取角地的同时还可以攻击上下两边的白棋。

白3打吃，黑4长应对。白5确保眼位但尚未完全活净。

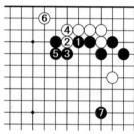

图421

图421（两分）

如果想要获取外势，黑1封头是好手。

白2挖粘，进行至白6将上边白数子做活，黑棋在7位夹击实现既定目的。

黑棋自身棋形还有断点，在后续双方的攻防战中需要引起注意。

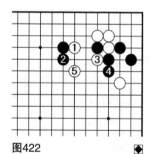

图422

图422（两分）

白1靠是腾挪手筋，接下来白3断吃。

黑2长，白3吃掉黑一子。但是白1与黑2的交换，黑棋已经有所得，所以本图双方都可接受。

白5跳出头，接下来是战斗局面。

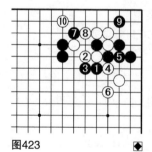

图423

图423（两分）

如果不能接受白棋如上图出头，可以选择黑1、3。但是白4打吃可以先手将黑分断。

黑9获取角地、白10做活，两分局面。接下来的焦点是双方外围棋子的发展方向。

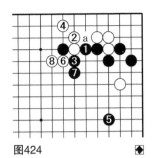

图424

图424（两分）

黑1顶也是一种选择。接下来白2立强手，如果白下在a位，则最后的结果与图421相同。

黑3封头，白4小尖是棋形好手。接下来白6与右边拆边见合。如果黑选择5位夹击，白6断，双方各获得一方发展，局面两分。

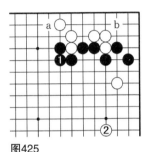

图425

图425（两分）

上图黑5也可以如本图黑1粘。白2也是大场，双方各有所得。

接下来黑棋a位靠封头和b位获取角地两者必得其一。在左边有棋子位置的情况下，黑a靠更为严厉。

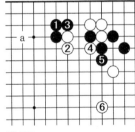

图426

图426（两分）

白靠，黑选择1位立。白2长，黑3拐。本图的目的意在发展上边势力。

白4与黑5先手交换之后，白可以6拆边或者a位夹击。至于具体选择哪里落子则要看具体局面而定。

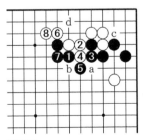

图427

图427（断点）

黑1扳虽然也是选点之一，但有俗手之嫌。白2以下整形，给黑棋外围留下了a和b两处断点。黑1最好是在特殊场合下使用。

白8长给黑留下了c位先手。如果不能接受，白也可以在d位补强。

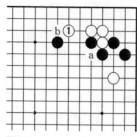

图428

图428（跳）

白1同样是手筋。与白靠腾挪的思路一样，都是瞄着a位断吃的后续手段。

白1跳黑可以b位挡应对。但一般来说若下在b位最终的结果黑棋并不能满意。

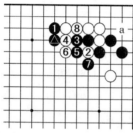

图429

图429（白稍好）

黑1挡，白2切断。黑3长，白4、6顺调出头是常见手筋。

结果黑▲和黑1二子贴着白棋，不仅气紧，棋子本身也失去了弹性。而白棋接下来还有a位跳补活的后续手段，白好。

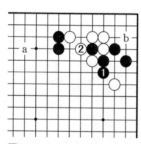

图430

图430（白稍好）

如果不愿意被白棋顺调出头，黑可以直接1位长弃子。但白2可以直接提掉黑一子，棋形漂亮可以满意。

白棋形已经完整，黑棋则上下两边棋子都尚未安定。由此可见上图黑1并不是好选择。

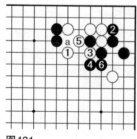

图431

图431（白稍好）

白1也可以直接跳出头。黑如果3位粘则白a连回。

黑2挡，白3吃点黑一子。本图等于在上图的基础上黑4与白1交换之后再2位获取角地。仍然是白可战的局面。

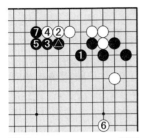

图432

图432（定式）

白跳，黑1虎补与黑▲高低搭配，是棋形好点。

白2、4爬获得先手之后白6在下边拆边。

黑7拐是此时好点，如果棋盘上有更大的选点也可以脱先。本图双方两分。

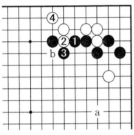

图433

图433（还原）

黑1长，白2冲目的是给黑棋制造断点。

黑3挡，白4小尖，棋形还原图424。

接下来黑会选择在a位夹击或者b位粘。

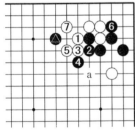

图434

图434（黑好）

白1打吃不好。黑2粘之后，▲位一子恰到好处。

白3出头，黑4扳强手，白5只能愚形出头，黑6补角，白7虎补，接下来黑a虎补是黑好下的局面。

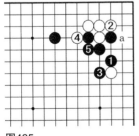

图435

图435（场合下法）

黑也可以1位虎。白如果3位长，黑2获取角地。

白2抢占三三是此时要点，可以看出黑1是重视右边发展的下法。

白4也可以下在a位打吃。

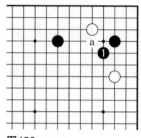

图436

图436（小尖）

面对白反夹，黑1小尖是分断白棋的下法。

黑a压，给了白一子顺调腾挪的可能。此时的黑1就是不想白棋有这样的机会。黑1是比黑a位更强硬的应对。

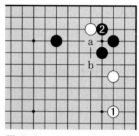

图437 ◆◆

图437（定式）

白1拆二，黑2尖顶获取角地。接下来白一子如果想要逃出，黑棋必然发起攻势。

白a是黑棋静待的下法。所以此时白b出现得较多。

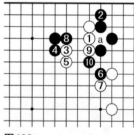

图438

图438（白苦战）

接上图，白1出动。黑2是防止白a位挤的冷静下法，同时继续对白保持攻势。

白3肩冲出头，黑4～8都是棋形的急所，白9冲，黑10虎，白陷入苦战。

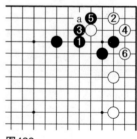

图439

图439（黑缓）

图437中黑2下在本图黑1，白有2位小飞以下的后续手段。

虽然白也许不会马上选择2位小飞在角上做活，但不管何时只要白棋动手就基本可以确保净活。白4小尖之后6位渡过和a位扩大眼位两者见合。

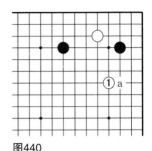

图440

图441

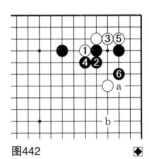

图442 ◆

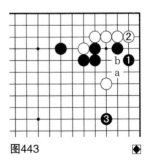

图443 ◆

⑪二间高反夹

图440（高位）

本图中白选择了1位高位反夹。乍一看是比较轻灵的下法，但黑棋如果摆出战斗态度，白棋也有正面应对的可能。

白1和a位虽只有一路之差，其后续的变化可是大相径庭。有些变化图的结果差别极大。

图441（压）

黑棋的应对基本上是黑1压和a位小尖两种。

黑1之后，黑b是好形。黑1压，白可以直接在c位拆二，但大部分情况下被黑占到b位白不能接受。接下来白直接动出一子的选择更为常见。

图442（两分）

白1扳。黑2，白3长，接下来进角和中腹出头两者见合。

黑4拐是重视中腹的选择，白5进角做活，后续黑棋会对白外围一子发起攻击。

黑6跳，白如在a位挡棋形过重，黑会b位夹击。

图443（两分）

上图的黑6也可以本图黑1小尖。

2位是棋形急所，不能给黑占据。白2立只此一手。

黑3夹攻击白一子，形成战斗局面。

白2立之前也可以先在a位刺、黑b先手交换。

257

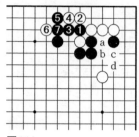

图444

图444（两分）

白获取角地，黑暂时不在下边落子，而是黑1吃掉白一子整形。这是重视上边的下法。白2、4，黑5挡告一段落。

后续如果白a冲，黑b，白c，黑d，黑会选择弃掉一子。

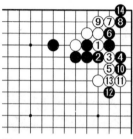

图445

图445（白无理）

被黑拐封头之后，白1、3冲断无理。

白在角上三三位置还没有棋子，黑4打吃先手之后6位占据眼位要点做活。只要黑棋在角上净活，白棋上下两块孤棋无法兼顾必然陷入苦战。

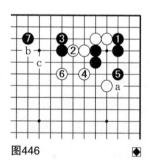

图446

图446（两分）

此时黑1意在获取角地。白2顶顺调出头。

白4跳，黑5补强，白6跳整形。

黑7如下在a位，则白b夹击，黑c出头，形成战斗局面。

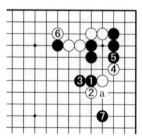

图447

图447（其他）

上图的黑3也可以选择黑1、3靠压出头。接下来不管白选择在哪一边落子，黑都必得其一。

白4先手利之后，白6补强上边，黑7攻击右边白三子。

白4如果直接在6位扳，黑会在a位断。

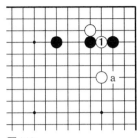

图448

图448（挖）

面对黑压出头，与白在a位反夹的局面相同，白也可以1位挖。

但与白a位低位相比，后续黑棋的下法会有很大不同，这一点一定要引起注意。

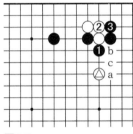

图449

图449（挡）

黑1打吃、3位挡。在白a位夹击时，黑3不成立；白△的时候，黑3成为可选的下法。

黑3挡，白如果b位断，则黑c打吃。当然此时黑棋有上下两处断点，白棋可以找到合适的应对手段。

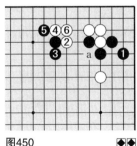

图450

图450（定式）

上图的黑3挡的变化先放在一边。此时黑1倒虎的下法不用顾虑对手的夹击位置，不管白棋在二间高位还是地位都可以选择。

白2是腾挪手筋。黑3长，白4、6扳粘做活。如果白是在低位夹击，白4会选择a位切断——

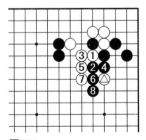

图451

图451（黑好）

白如果是在△位高夹，情况就有了不同。黑2打吃、4位粘。△一子被严重撞伤。

而且为了出头，白不得不继续5、7压出，△已经等于是一颗废子。所以在白△位高夹的时候，白1的切断几乎不会出现。

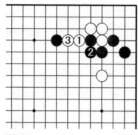

图452

图452（打吃）

二间高位反夹的情况下，白1打吃是普通应对。黑2粘，白3顶分断黑左右两边。

站在黑棋角地，此时最重要的是不让白棋轻松出头。

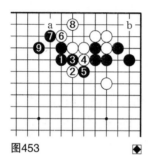

图453

图453（两分）

黑1长不让白棋出头。白2跳，黑3冲断的同时也让自身棋形出现断点。

白6、8之后有了a和b两个后续好点，确保棋形眼位。黑9补强，接下来中腹成为双方的战斗焦点。

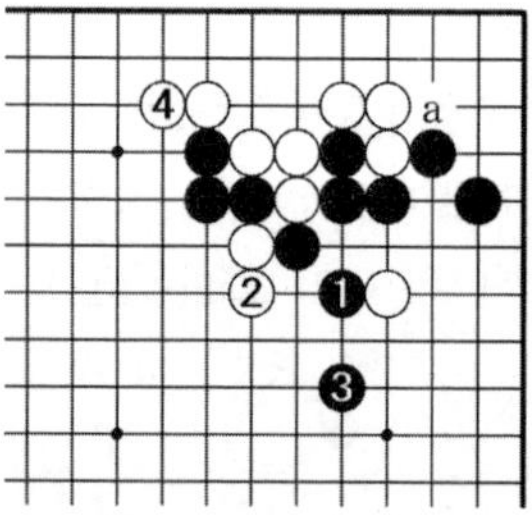

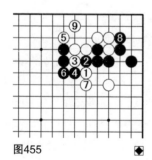

图454

图454（场合下法）

此时黑1虎看轻左边黑三子，重视右边发展。这是特定场合的下法。

接下来黑三子还有活动余地，a位挡实地价值极大。

图455

图455（两分）

白1跳，与图453方向相反。

黑还是会2位冲断，白5扳，黑6粘本手。

白7长，黑8挡先手补角。后续双方将在中腹展开战斗。

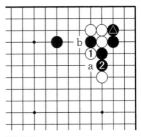

图456

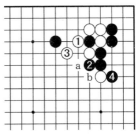

图457

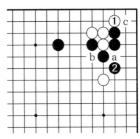

图458

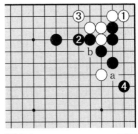

图459 ◆◆

图456（切断）

回到黑▲的局面。白应该如何腾挪为好呢？

黑棋的断点很明显，但如果直接动手并不可行。

白1打吃，黑2顶是好形。若白a位挡，黑b长分断，白不利。

图457（旧型）

白1提，黑2拐，白3补强，黑4扳。

这是在以往对局中常见的下法。如今更多被认为是黑棋有利的局面，已经很少在实战中出现。

白3如果在a位虎，则黑b顺调拐出。白更不能接受。

图458（扳）

白1扳，接下来瞄着a、b两个断点。

此时黑棋也可以在c位扳用强（具体可以参考图465以下的变化图），更多的情况下会选择黑2虎补。白在角上做活，黑攻击外围白一子。

图459（定式）

白1长做活，黑2长先手利，黑4夹击。

黑4的作用不仅是防止白走到a位的棋形好点，同时还有补b位断点的意味。

本图白棋获得实地、黑棋取得外势，双方可下。

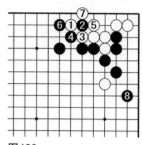

图460

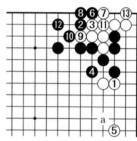

图461

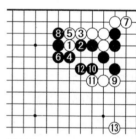

图462

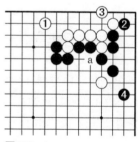

图463

图460（俗手）

上图白3小尖是好形，如本图白1是俗手。

白1小飞，黑2靠是手筋。进行至白6，黑棋先手将白棋包围，成功整形。

如果选择上图白棋小尖，黑棋无法实现先手封锁。

图461（黑有利）

此时白1挡有过分之嫌。黑2跳先手、6位扳进行至白13做活，白角上棋形局促。

如果白5在9位冲吃掉黑一子，则黑获得先手以后a位夹击严厉。可以理解为白1与黑4的交换，白不好。

图462（两分）

图459中的白1，也可以如本图白1靠进行腾挪。黑2顶、4打吃、6粘住封头。

此时白棋有两种选择。

第一种是白7进角，黑8挡住补强外围。

接下来白9～13扩张右边。

图463（两分）

上图的黑8是好点，本图白1飞出，不让黑在左边获得外势。

黑2扳角先手、黑4小飞补强告一段落。黑棋形厚实，后续的a位断点不足为惧。

本图与上图的结果都是两分。

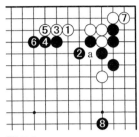

图464

图464（两分）

白1跳。

白棋接下来瞄着a位断点，所以黑2虎补。

白7长进角不仅补活而且实地价值极大。

黑8夹击，局势两分。

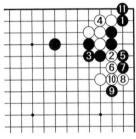

图465

图465（挡）

此时面对黑1挡，白2断是必然的一手。本图黑棋在大部分情况下很可能落于下风，具体情况还要根据实战周围棋子配置而定。

黑3粘，白4粘，黑5进行至黑11角部做活。后续的焦点要看白棋如何进行腾挪。

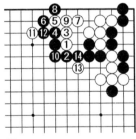

图466

图466（白稍好）

白1靠是腾挪手筋。黑2扳，白3立。接下来5、7扳粘确保眼位，黑10粘补断点比如。白11、13是先手权利。

黑外围的厚势如何利用是本图成功与否的关键。

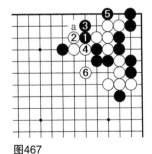

图467

图467（白稍厚）

黑1扳可以吃掉白五子。

黑5紧气，白6封头。根据情况白也可能要a位的先手利。

相比之下白棋的厚势更为诱人。

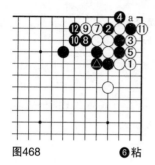

图468　　❻粘

图468（黑好）

黑▲粘，白1立被黑2打吃，结果不能如愿。

白3以下至白7紧气，黑8、10形成对杀。黑12拐、白a扑可以做劫，但此时是黑先提劫，白不利。

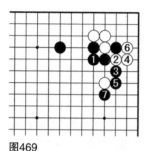

图469

图469（白稍好）

黑1粘简明，但稍缓。

白2至白6，白棋先手获得角地。

黑7扳虽然外围厚实，但与白实地所得相比还是不能满意。

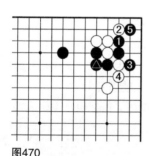

图470

图470（还原）

黑1挡，白2扳，黑3先手打吃再5位扳，与图465局面相同。

但如之前所说，后续的下法可以看出黑很难获得非常满意的结果。黑1以下的下法与▲的思路有相互矛盾之嫌。

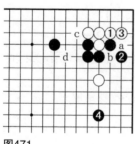

图471

图471（两分）

白1拐是温和的下法。黑2倒虎，白3立补强。白如果想获得先手可以a位打吃，黑b粘，白c长，黑d小尖。两种下法各有好坏。

但是图469中的2位断是此时的好点，所以本图白1最好是在特殊局面下才选择的下法。

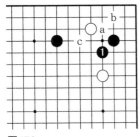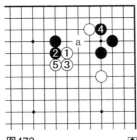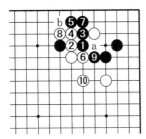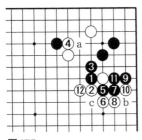

图472（小尖）

黑1小尖将白分成两块。和白棋二间反夹的时候一样，黑选择1位就是不给对手腾挪的机会。

黑1之后，可以a位尖顶守角。如果白b位小飞进角，黑c位小飞封锁。

图472

图473（两分）

白如果想要动出上边一子，白1肩冲轻灵。此时白棋不用担心a位穿象眼。

黑2、白3交换之后，黑4尖顶获取角地。

接下来白5拐头，双方在中腹展开争夺。

图473 ◆

图474（白满意）

黑直接在1位穿象眼，白2冲好手。黑3，白4分断。

进行至黑9，黑棋虽然吃掉白一子，相应的黑外围一子也基本上失去了活力。相比之下明显白棋的外势更大。

黑7如果下在a位，则白b扳先手，再8位粘。

图474

图475（两分）

黑1靠，瞄着a位穿象眼。所以白2、黑3交换之后，白4补强。

黑5以下进行至黑12，双方可下。

黑5也可以在12位扳；黑9在10位立，白b挡，黑c断吃会形成战斗局面。

图475

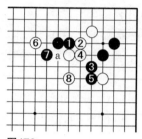

图476

图476（两分）

黑1的目的是不让白棋形成上图白4的好形。白2挡，黑3尖，白4补断点、黑5压出分断。黑5也可以在a位拐。

以下举一例说明其他变化，局面两分。

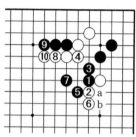

图477

图477（战斗）

上图黑3可以如本图黑1靠。白2、黑3交换后，白4补断点。

黑5如果在a位切断，白b打吃弃子，会形成与图475相似的棋形。本图双方形成战斗局面。

双方可下。

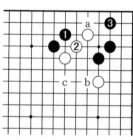

图478

图478（两分）

既然直接分断不成立，黑1小尖也是此时有趣的选择。

白2联络。黑3跳补角，同时还有a位托过的后续手段。此时黑3也可以直接在b位靠出。

白c跳补强是本手。

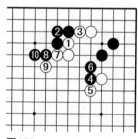

图479

图479（黑有利）

此时白选择1、3补强，黑4、6靠出之后，白仍然有断点。

白7拐头与黑8、10交换之后，棋形还有问题。本图明显黑好。

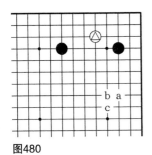

图480

⑫宽夹

图480（搭配）

夹击的方法白棋还有很多选择，如a、b、c等。这些下法的共同点看轻白△一子，更重视右边模样未来的发展。

反夹的选点要根据右边棋子搭配而定。

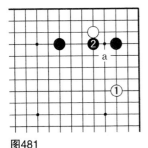

图481

图481（压）

虽然主要目的在右边发展，如果后续可以在角上落子，白a飞压是好点。

一般情况下黑棋无法忍受被白封头，所以黑2压出是本手。如果在实战中出现了更重要的选点，也有黑棋脱先他投让白棋下在a点的棋谱。

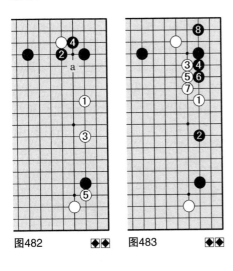

图482　◆◆　　图483　◆◆

图482（定形）

白1三间反夹。这手棋的目的在于后续白a飞压和3位拆二见合。

黑4虎好形，但白也可以下到5位尖顶的好点。如何选择可以根据具体局面来判断。

图483（定形）

如果不能忍受上图白棋拆二，白1夹击，黑可以2位进行反击。

白3飞压，黑4以下在角上做活。与上图相比好坏难辨，要根据具体局面进行分析。

267

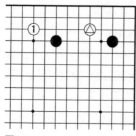

图484

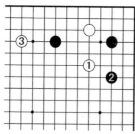

图485

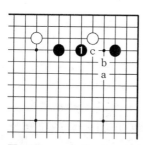

图486

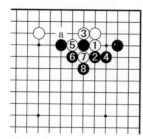

图487

⑬上边反夹

图484（新下法）

本图白选择在上边反夹。白1是近年来出现较多的下法。

这手棋的目的当然是要在左上有所发展，根据具体情况也可看轻△一子。

图485（定形）

面对黑棋夹击，白1、黑2交换之后再3位反夹也是常见形。白3夹击的位置可以做出调整，但是白1与黑2的交换是必然。

白1与黑2是虚实的交换。如果省略，则可以将白一子看轻。

图486（肩冲）

白在上边反夹，黑棋比较常见的应对方法是黑1肩冲。除此之外还可以选择黑a小飞和b位小尖。

虽然可以看轻白挂角一子，但被黑下到1位和c位棋形过于舒适。所以黑1肩冲，一般情况下白棋会直接动出。

图487（动出）

白1出头。黑2扳，白3拐考验黑棋如何应对。

黑4位长或者5位粘比较常见。如果7位粘，白可以直接a位渡过。

黑4长，白5打吃，黑6反打，8打吃。接下来——

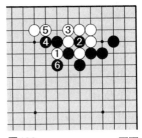

图488

◆◆

图488（定式）

白1切断，黑2提，白3粘。

黑4长先手，白5渡过，如果黑棋征子有利，则黑6吃掉白一子。

本图白棋获得实地，但都处于低位；黑棋落了后手，外势极厚，是双方都可以接受的局面。

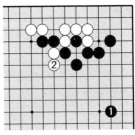

图489

◆◆

图489（两分）

如果上图黑6征子不利，或者征子有利，但右边更重要的局面下，黑1拆边是好选择。

但是黑棋不得不忍受白2长。白2是绝好点，与上图相比好坏难辨。

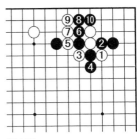

图490

图490（黑好）

面对黑扳头，白1位扳反击过分。

黑2断、白3断吃之后5、7分断。虽然可以将黑一子分断，但角地损失太大，而且白3与黑4的交换极损，白亏。

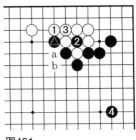

图491

图491（黑稍好）

图488中的白1如果直接如本图白1连回，则黑▲一子价值已经变轻。

黑2先手交换、4位拆边好形。

将本图与图489进行对比就可以看出优劣。接下来如果白a断吃，黑b位打吃弃子。

269

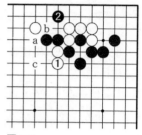

图492

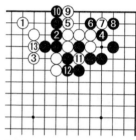

图493

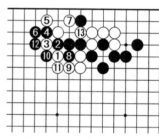

图494

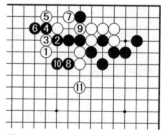

图495

图492（复杂局面）

本图白棋选择1位长反击。黑2阻渡，战斗一触即发。本图左上的棋子配置是后续发展的关键。

黑2也可以在a位压，白b，黑c跳出。但与图488相比，白抢占到1位，黑有不满。

图493（劫争）

白1小尖，目标是2位冲断。黑2粘，白3跳封形成对杀。

进行至白13，形成黑先提劫的局面。从打劫角度是白棋不利，如果左上有较好的棋子配置，白棋也可以将本图纳入可选范围。

图494（具体局面）

白1跳封。黑2、4冲断寻求行棋步调。

黑4断，白5、7之后有了渡过的可能。

接下来白棋联络，黑棋外围还没有安定。本图要根据具体局面做出选择。

图495（白稍好）

白1也可以小飞封头。

黑2、4冲断交换之后，黑8出头。白5、7交换之后9位冲联络。进行至此双方进程与上图次序相同，相比之下白棋本图稍好。

不过黑8有其他选择。

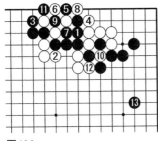

图496

图496（黑好）

此时黑棋可以1位粘。白2紧气，接下来黑有3位拐和下图的应对可以选择。

黑3拐，白4以下形成劫争。白可以10、12转换，本图黑稍好。

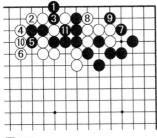

图497

图497（白可战）

上图中黑3如本图黑1点，对杀黑胜。

但是白4、6在外围获得巨大厚势，在左上有棋子搭配的情况下是白棋好下的局面。

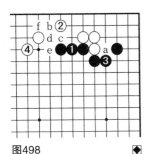

图498 ◆

图498（两分）

黑1粘也是选点之一。黑3是为了防止白扳断。如果白直接3位扳，黑直接a位断即可。

进行至白4告一段落，白4小尖是本手，如果脱先，黑b靠断严厉，后续变化白c，黑d，白e，黑f，白陷入苦战。

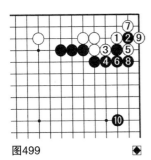

图499 ◆

图499（两分）

白1托角意在就地做活。黑2扳是必要的行棋步调，后续弃子可以让外势变得更加完整。

白3之后吃掉黑一子。黑8打吃先手、10拆边。双方可下。

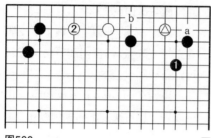

图500

图500（小飞应对）

黑1小飞应对，白若后续目标看轻△一子，此时可能选择脱先。在本图的局面下，白2拆二就是这样的思路。接下来白△有a位托角、b小飞等后续手段，黑棋无法一手净吃。

◆

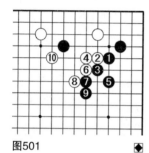

图501

图501（白好）

黑1小尖相对少见，因为白2、4可以顺调出头。

进行至白10，白可满意。

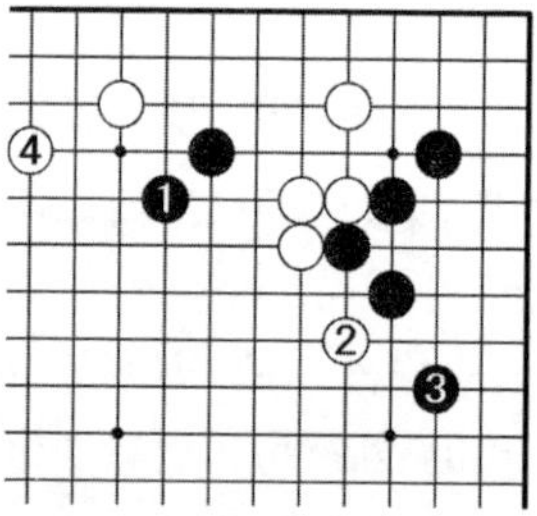

◆

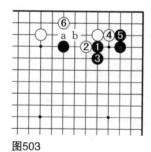

图502

图502（白可战）

上图黑7，也可以考虑如本图黑1小尖出头。但是白2抢占好点心情舒适。

黑3小飞应对，白4补强上边之后准备攻击黑二子，本图是白可战的局面。

图503（压长）

黑1、3压长。

接下来白a托过，黑b扳无理。白6小飞渡过。

白6棋形坚实，但棋子位置偏低，白稍显不满。

图503

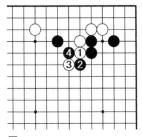

图504

图504（出头）

本图在三三位置少了一个黑子

不能接受上图的低位联络，白会选择1位出头。

此时黑棋如果征子有利，黑2扳是绝好点。白3扳，黑4切断。

双方的棋形都危机重重，战斗一触即发。

接下来——

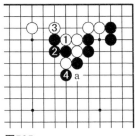

图505

图505（两分）

白1打吃、3位渡过。黑4征吃告一段落。

本图双方都可以接受。

如果黑棋征子不利，黑4只能a位长的话不能满意。

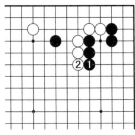

图506

图506（白充分）

上图中的黑棋征子不利，此时黑棋选择1位长，白2压好形。

黑如果只能1位长，就说明图503的压长是问题手。

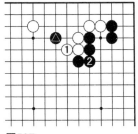

图507

图507（白棋形重）

黑扳，白如果只能1位忍耐是不能接受的愚形。

黑2粘住补强即可。接下来白棋的应对都要受到黑▲一子的牵制，黑满意。

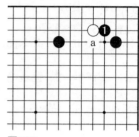

图508

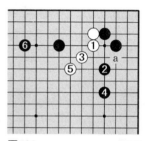

图509 ◆◆

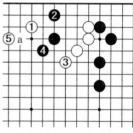

图510

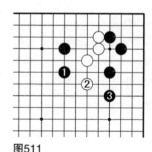

图511

⑭脱先

图508（攻击）

黑棋夹击，白棋脱先他投。此时黑棋的下法有1位尖顶和a位压两种。

考虑到白棋后续会动出一子，黑1尖顶目的就是搜根，继续对白保持攻击。a位压更倾向于获取厚势。

图509（定式）

黑棋尖顶，白1长出头，黑2小飞继续保持攻势。这是黑棋常见的攻击手段。

白3小尖是好形。黑4跳补，防止白a位跨断。白5继续出头维持安定。

白如果脱先，后续的变化大致如本图。

图510（战斗）

上图白5也可以如本图白1反夹。这样可以阻止黑棋在上边拆边，接下来黑2分断，白3小尖出头。

这样下的问题是有些用力过猛，白两边棋形都略显薄弱。

黑2也可以直接4位小尖出头，白2小飞联络，黑a飞压。

图511（积极）

图509中的黑4，如本图黑1跳、白2跳交换之后再3位跳补，更积极。

图509以下的变化，白只要选择1位出头，就要面对黑棋的攻击。不过这里本身就是白棋已经脱先过一手，黑棋处于局部优势是必然结果。

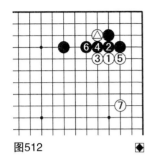

图512

图512（两分）

白1飞压。与4位出头相比步调更轻灵。这是弃掉△一子的下法。

黑2是急所，防止白棋下到此处整形。后续白弃△一子，白7拆三。本图双方可下。

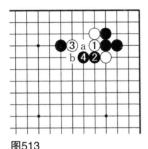

图513

图513（白无理）

既然已经选择轻灵腾挪，白1若还要强行联络无理。

黑2切断，战斗必然黑棋有利。

接下来如白3腾挪，黑4长，后续黑a、b两点见合。

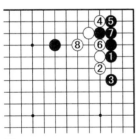

图514

图514（白稍好）

白棋飞压，黑1爬有缓手之嫌。白2长之后4、6先手整形。

黑7粘，白8虎补棋形厚实，已经看不出是脱先过一手的局面。白棋可以满意。

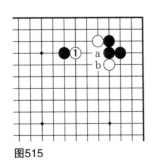

图515

图515（别法）

此时白1腾挪也是一种选择。黑棋如果跟着应对，白就有可能走到a位。

所以接下来黑会下在a或者b位分断，白棋后续会选择上扳或下扳。

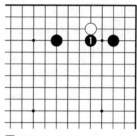

图516

图516（压）

黑棋尖顶是为了攻击白一子，那么本图黑1压就是要获取外围厚势。

所以接下来白棋如果想要做活非常简单，需要担心的是黑棋厚势的未来发展。

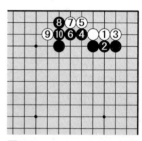

图517 ◆◆

图517（定式）

白1、3可以进角做活。黑4、6在外围筑起厚势。

本图白棋获得先手，黑棋外势较厚。

黑2也可以下在3位挡角。白2冲，后续下法与图519以下相同。

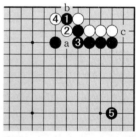

图518 ◆◆

图518（定式）

上图是黑棋后手。如果想要先手定形，比如抢占黑5拆边好点，黑可以1位连扳。白2、4必然，之后黑5。

黑棋是否先将黑a、白b交换是个纠结的问题。因为此时还有c位的先手利，是否需要保留要根据场合而定。

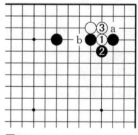

图519

图519（征子关系）

白1挖。黑2打吃，白3粘。这样黑棋生出两处断点，白棋更容易腾挪。

但是在选择白1之前一定要注意征子情况。否则黑3位打，白2位长，黑a，白b打的征子如果白棋不利，白崩。

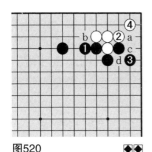

图520

图520（定式）

接下来黑1长封头，白2、4进角做活。这是简明下法，双方两分。

白4小尖是此时的棋形好点。如果在a位立，则黑b有先手意味。如果白c位打吃，与黑b粘交换加强黑棋外围厚势有恶手之嫌。白4是此时的唯一好点。

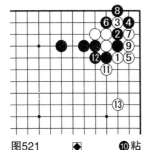

图521　◆　　⑩粘

图521（两分）

白1断是严厉的反击手段。黑2进角，白3扳。扳的目的是弃掉三子，在右边获取利益。

黑棋最初的目的是在右边获取厚势，本图进行至白13，是白棋获取了右边的未来发展。考虑到这一点，本图也是双方两分的局面。

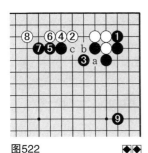

图522　　◆◆

图522（定式）

黑1挡，白2跳是白棋反夹情况下的手段。黑3如果在4位挡，白a打吃，黑b长，白c冲，白好。

黑3虎补，白4至白8获取边空，黑9拆边好形。这里黑子力比白多了二子，是需要注意的要点。

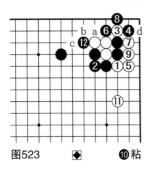

图523　◆　　⑩粘

图523（转身）

白1断与图521想法相同，都是要将发展重心转移到右边。

白3扳、5立，进行至白11告一段落。

白11如果a位拐，黑12，白b，黑c长，白d扳会形成劫争，但初棋无劫，白不利。

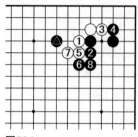

图524

图524（黑好）

此时白选择1、3直接反击有过分之嫌。白棋在此处少一颗棋子，战斗落于下风。而且黑△位置绝佳，限制白棋发展。

白5出头，黑6扳严厉。白7忍耐，黑8粘棋形厚实，黑好。

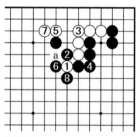

图525

图525（黑满意）

上图白7如果本图白1反击，黑2断必然。

白3、5努力做活，黑6打吃防止白a位的手段，白7出头不得已。

黑8提子中腹开花全局厚实，优势明显。

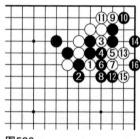

图526

图526（白无理）

上图白3直接如本图白1打吃无理。

黑2长，后续都是必然应对。白9、11扳粘，黑12对杀生出。后续白13立，黑14，白15扳，黑16手筋，黑快一气。

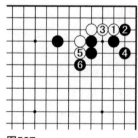

图527

图527（黑可战）

白1进角，黑2扳。虽然角地被白占据一半，但黑4位虎棋形厚势，也不用担心上图哪些复杂变化。

白5长，黑6扳头，与图524、图525结果大同小异。

9. 三间高夹

一间夹至三间夹，分为高夹和低夹共六种夹击方法。三间高夹是其中最温和的一种。

同时与三间低夹的下法有很多相同之处，可以参考相关变化。

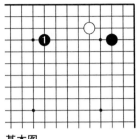

基本图

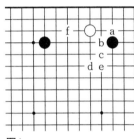

图1

图1（应手）

选择三间高夹主要是配合左上棋子的未来发展。

白的应手有a ~ f 6种。除此之外还有在右边反夹等下法，这与二间高夹的情况类似，可以进行参考。

①托三三

图2（定式）

白1、3目的是在角上做活。黑4长，白5做活。后续白a、b见合，目的已经达成。

此时黑6也可以c位拆二。

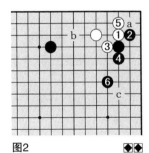

图2 ◆◆

图3（定式）

本图在之前的讲解中已经提及。上图黑4如本图黑1打吃反击。白2反打，黑3、5活角。

接下来黑a、b刺破坏白棋眼位，寻找攻击白棋的机会。

图3 ◆◆ ❺粘

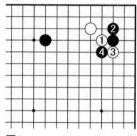

图4

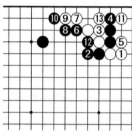

图5

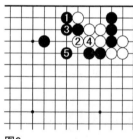

图6

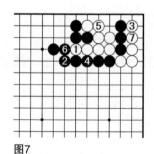

图7

②尖顶

图4（长）

白1尖顶，是因为不想出现图3中黑1的局面。黑2如果下在3位，则白2位虎扳，与图2棋形相同。

白1尖顶的情况下，黑2进角、4断反击是比较常见的应对方法。

图5（两分）

黑棋此时的目的是弃掉角上二子。白3紧气，黑4立长气是为了获取外围更坚实的厚势。

白7扳，黑8长。之后形成白棋获得实地，黑棋取得外势的局面，双方两分。需要注意的是此时黑棋还有其他强手。

图6（连扳）

此时如果黑棋征子有利，黑1连扳严厉。即使白棋战斗力强劲也难免陷入苦战。

白2、4试图出头，黑5强硬封锁。后续白棋即使可以吃掉角上黑三子，黑棋形成极厚外势的结果已经无法避免。

图7（黑有利）

接上图。白1冲，黑2退。

白3在角上紧气吃掉黑三子，接下来黑4、6先手紧气，黑外围极厚。对于白棋而言，这是无可奈何的局面。

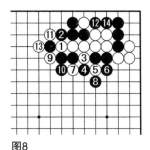

图8

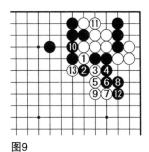

图9

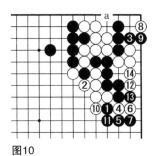

图10

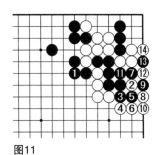

图11

图8（黑好）

上图的白3，如本图白1挤，黑2紧气强手，白棋没有后续手段。

白3冲，黑4挡，后续白棋吃掉黑外围一子逃出，但黑14先手打吃将白变成巨大的愚型。同时右边三子已经陷入危险中。白失败。

图9（征子）

如果白棋征子有利，图7中的白1可以如本图反击。白1、3严厉。

黑12拐，白13征子有利吃掉黑一子。看起来黑棋如果后续吃掉白角上三子仍然是可下的局面，但问题并没有那么简单。

图10（白好）

黑1、3试图吃掉白角上三子，但白4断是长气的好手，黑5、7应对。进行至白14，即使黑有a位长气手段，此时也是白有利的缓一气劫。

黑棋如果征子不利，图6连扳就是过分手，要避免。

图11（黑崩溃）

黑棋不想被征吃而选择1位粘。黑1过分，会导致严重后果。

白2紧气、6挡住是既定手段。进行至白12、14形成劫争，白棋万劫不应，黑失败。

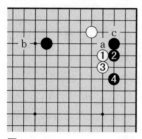

图12

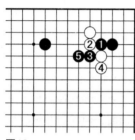

图13

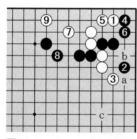

图14

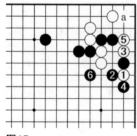

图15

③飞压

图12（定形）

白1飞压是在三间高夹的情况下的常见下法。

白1飞压，黑有2位爬和a位冲断两种应对手段。黑4跳出之后，白可以b位反夹或者c位托角。请参考具体类型。

图13（冲断）

黑1、3冲断反击。不论是哪种夹击情况下，冲断都是可选择的下法。但不同的夹击局面，会有一些微妙的差别。

本图既不是非常紧凑的夹击也不是过于宽松的棋形，反击是可选的下法。

图14（定式）

白1小飞进角，后续白7、9与6位进角见合。

黑2小飞，进行至黑6做活。后续白a，黑b。

进行至白9，接下来黑大概率会在c位夹攻击白三子。

图15（黑稍好）

上图白3如本图白1靠、3位夹是严厉的手段。

如果黑下在3位应对，白2，黑a，则如上图棋形基本相同。

黑2可以反击，白3、5获取角地，黑6封锁外势极厚。本图黑可下。

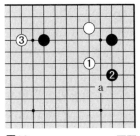

图16 ◆◆

④二间跳

图16（定式）

白1跳，黑2跳，白3反夹。本图的思路是先出头再反击。

白3也可以在a位飞压。顺调将自身棋形补强的同时需求攻击的步调。

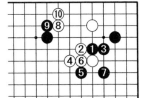

图17 ◆

图17（两分）

黑1、3冲击白棋形弱点，白4虎是在三家高夹的情况下可以选择的下法。

黑5刺先手利、7跳补强右边。白8、10获取根据地，双方两分。

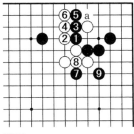

图18

图18（两分）

此时黑也可以1位扳。

白2反扳，黑3、5吃掉白一子，白4、6顺势将黑棋两边分断。后续白还保留了a位的破空手段。

黑7刺先手利，9跳出。双方可下。

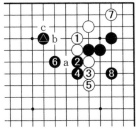

图19

图19（战斗）

白1连回，黑2断，白3长，黑4压、6位跳形成互攻的局面。因为与黑▲一子搭配不佳，黑4不能直接在a位长。

如果不想战斗，白3可以在b位靠腾挪整形。接下来黑3位打，白a，黑4位粘，白c，双方各自安定。

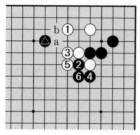

图20　◆◆

图20（定式）

与二间高夹的情况相同，白1跳也是白棋整形的好手。白3长、黑4，白5打吃先手告一段落。

黑▲与二间高夹各有好处。黑▲距离白棋偏远是优点，相应的黑b对白棋的压力就小了很多。

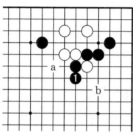

图21

图21（长）

上图黑4可以选择本图黑1长。

接下来黑棋瞄着a位封头好点。白如果a位出头，则黑b吃掉一子，棋子效率较高。

要注意的是黑1长的下法要注意征子情况。

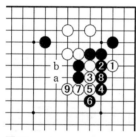

图22

图22（黑稍好）

黑棋要担心的是白1直接动出。黑2冲，白3，在征子有利的情况下黑4跳是好手。白5以下一本道，进行至白9告一段落。

黑棋形舒展，后续还有黑a、b的先手利。

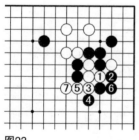

图23

图23（白稍好）

如果白棋征子有利，则上图白5可以1位冲。后续白5、7吃掉黑二子。

如果征子不利，黑2是只此一手。与上图相比黑棋多了断点，白稍好。

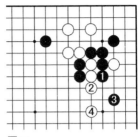

图24

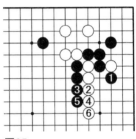

图25

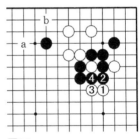

图26

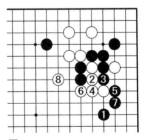

图27

图24（白满意）

黑棋征子不利，也可以直接黑1打吃、3位飞出。

不过白2、4棋形舒展，是白棋满意的局面。

黑棋要图21位长的下法，一定要提前确定征子情况。

图25（白可战）

上图黑1如本图黑1扳，白2长，黑3选择战斗。

接下来黑3，白4，黑5，白6，每次交换白棋都走在黑棋前面，战斗处于不利局面。白棋可战。

图26（别法）

在黑棋征子有利的情况下，白棋会不满图22的局面。那么可以考虑白1弃子。

黑2吃掉白一子，白3先手利。接下来白可以在a位反夹或者b位小飞确保眼位。在更重视左边发展的情况下可以选择本图的下法。

图27（两分）

上图黑2，也可以下在黑1反夹。白2逃出一子，黑3打吃、5扳、7连回。

白6、8吃掉黑二子。与图24相比仍然是双方都可接受的局面。

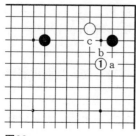

图28

⑤大斜

图28（步调）

和目外定式相同，白可以下在1位大斜。这是寻求行棋步调的下法。

黑棋的应手有a位托、b位尖顶、c位压等。a和b倾向于避战，c位压是正面反击的态度。

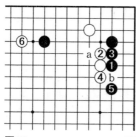

图29 ◆

图29（定型）

黑1托避免战斗，想在右边出头。白2、4，黑5达成目的。

白棋先手整形之后，6位夹击是必然的选择。

黑1也可以下在3位，白a小尖，黑5跳出。

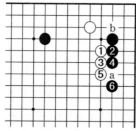

图30

图30（同形）

如果白1飞压，黑2、4之后黑6跳出，棋形与上图相同。

一般来说黑4会直接在a位跳出，没必要多爬一下。但是如果黑4直接在a位跳出，白可能会b托角。选择黑4继续爬，也有避免白进角的想法。

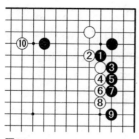

图31

图31（白稍好）

黑1小尖、3位扳简明出头，但有俗手之嫌。本图黑棋的思路与图29相同，但相比之下白棋形更为厚实。

白获得先手10位夹击，本图白可满意。

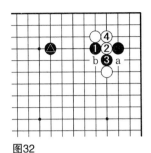

图32

图32（压）

黑1压，白2挖抵抗。这手棋是面对大斜时的常见反击手段，目的是让黑棋生出两处断点，让黑棋做出选择。▲有子，黑棋在a位粘的可能较大。如果下在b位，被白a位断有缓手之嫌。

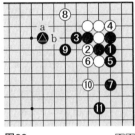

图33

图33（定式）

黑1粘。白2断吃、4位拐进角必然。黑5拐加强自身的同时继续保持对白棋的攻击。黑5还有别的下法可以选择，请看图36以下的变化图。▲是在a位三间低夹的情况下，白8小飞，黑会在b位小尖。▲在三间高夹，黑会9位小尖或如下图联络。

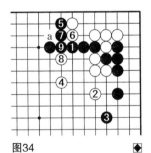

图34

图34（两分）

黑1的目的是下到黑5位好点。白2、4出头，黑5靠。接下来黑棋还保留有下图的后续手段。

如果不能接受下图的变化，白2可以先在7位小尖与黑9粘交换。之后白2，黑3，白4，黑a拐棋形厚实。

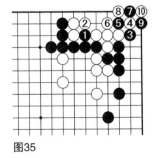

图35

图35（二手劫）

黑1冲先手交换，黑3、5是此时的手筋。白6打吃，黑7反打，进行至白10，形成二手劫。

如果不想在局部留下这个定时炸弹，上图白棋需要先加强角上。但是被黑下到4位发展中腹又心有不甘。白棋面临两难选择。

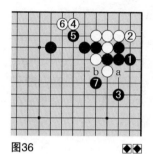

图36

◆◆

图36（定式）

黑不在a位拐，而是如本图黑1立。接下来黑3出头、黑2扳见合。关系到角上死活，白2是必然的选择。

白4小飞，黑5、7封锁。后续白还有留有b位出头的余味。

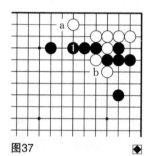

图37

◆

图37（两分）

上图黑5也可以如本图黑1联络。这是与图34相同的手筋，接下来还有a位的手续手段。

白可以b位粘联络。但现在的局面下黑棋上下两边都没有死活问题，白b要选择时机落子。

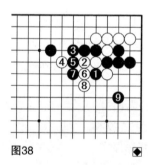

图38

◆

图38（定式）

黑棋在出头之前先在1位打吃。意在将白棋外围走重。此时白2必须逃跑。

白棋如果选择最强下法应战，后续的局面会变得非常复杂。

白4寻求步调，黑5、7先手出头，黑9拆边。

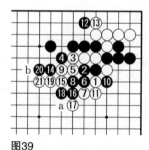

图39

图39（对抗）

上图白4，如本图白1打吃是手筋。以下黑4打吃、6出头，白7、9依然是手筋下法，是此处白棋最强应对。

但是白棋还是稍有过分之感。

接下来黑可以选择a位拐或者b位长。

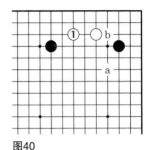

图40

⑥一间跳

图40（安定）

白1一间跳是应对三间高夹的手段。后续左右两边小飞见合，这是重视自身安定的下法。

对手棋子都处在低位，黑棋想要发起攻击也无处下手。接下来黑大多会下在a位小飞或者b位尖顶。

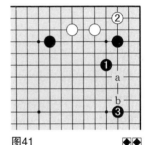

图41

图41（定式）

黑1小飞是坚实的下法，更为重视右边的发展。

白2小飞进角获取眼形，黑3拆边告一段落。

黑1也可以下在a拆二，白2小飞以后可以脱先他投。但这样一来白有b位逼住的后续手段。

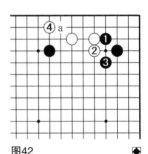

图42

图42（两分）

黑1尖顶意在获得角地。白2长，黑3小尖是好形。白4不能脱先，否则黑a小飞白陷入被攻击的状态。

白4小飞扩大眼位，棋形坚实。

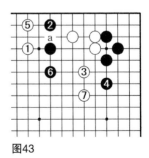

图43

图43（别法）

上图白4也可以选择白1夹击，这是比较积极的下法。黑2阻渡，白3小飞出头，黑4跳，白5跳，接下来双方互攻。

如果黑棋觉得战斗不利，黑2可以直接在4位跳补强，白a托过。

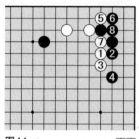

图44

图44（定式）

黑尖顶，白1飞压是有力的下法。如果不想下成图41被黑压迫的局面，可以选择本图。

黑2爬，白3长，接下来白5、7先手利，黑棋获得实地。

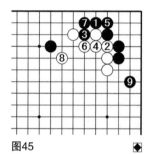

图45

图45（两分）

黑棋也可以选择本图黑1扳反击。

白2挤给黑棋制造断点，考验黑棋如何应对。黑5粘，白6打吃先手，8小飞补强。

黑9小飞告一段落，双方可下。

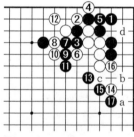

图46

图46（难解）

黑1虎，白2打吃反击。此时若白3位打吃，黑2位粘，黑棋形完整。

白2打吃将棋局引向复杂局面。以下是其中一种下法，接下来白可以下a或者b、c，因为白2断吃之后d位也是先手。

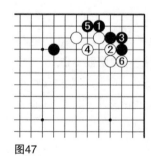

图47

图47（白稍好）

白棋飞压，黑1如果直接扳，白2挤严厉。

黑3粘，白4虎之后5位和6位见合。

黑5长，白占到6位拐可以满意。

10. 压和其他

面对小飞挂角，黑可以1位压。相比之下，黑1更重视加强自身棋形。接下来白a扳，黑可能会b位长、c位虎或者d位断。

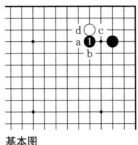

基本图

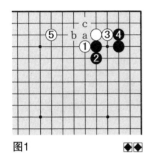

图1　◆◆

图1（定式）

黑2长，和黑压常常连在一起说成"压长"。白3进角是要点，黑4挡角，白5拆边告一段落。

接下来黑可以a位断试应手，考验白棋是在b位还是c位打吃应对。

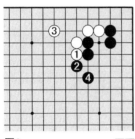

图2　◆◆

图2（定式）

白1压，黑2扳之后白3再拆边。黑4虎补。

本图和上图都是定式。压长的下法也会加强对手棋形，本图白棋可以获得先手并无不满。

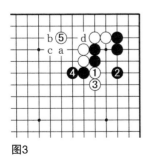

图3

图3（战斗）

黑扳，白1切断，黑2跳好形。白3长，黑4长，双方形成战斗态势。

后续黑有a位靠的手筋，白如果下在b位或者c位，黑d位断可以吃掉白二子。

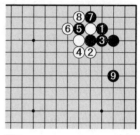

图4

图4（定式）

白扳，黑1虎。白2打吃先手，黑3粘获得角地。

白4粘，黑5吃掉白一子。白8打吃是此时要点，接下来黑9拆边告一段落。

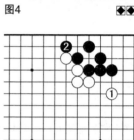

图5

图5（场合下法）

上图白8也可以下在本图白1飞封。

这是重视右边的下法，可以根据具体局面做出选择。

黑占到2虎的好点，双方两分。

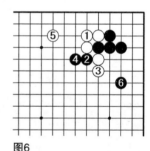

图6

图6（黑可战）

白1棋形坚实，但被黑2分断，棋形略重。

白3长，黑4长迎战。本图明显是黑棋占优。

如果黑棋想要避战，黑2可以直接在6位拆边。

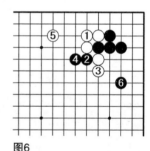

图7

图7（两分）

白1是重视上边的下法。黑2切断白棋一子，白5打吃先手加强上边发展，还有a位进角的后续手段。

黑棋吃掉白一子，棋形厚实。两分。

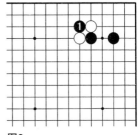

图8

图8（断）

此时也可以黑1断。

黑1的下法单独出现的情况比较少见。因为黑1后续需要弃子，这也给了白棋获取安定的眼位。黑棋要选择本图，前提是不介意白棋形因此获得强化。

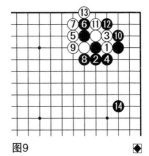

图9

图9（定型）

白1、3长气做好准备工作，黑4拐必然。白5将黑一子吃掉。

这是黑棋的既定变化。黑6继续弃子，之后黑8、10、12都是先手利。白棋获得先手，双方都可接受。

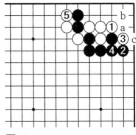

图10

图10（两分）

上图白7也可以考虑本图白1进角。

黑2虎是稳健的应对方法。白3打吃先手、5挡住吃掉黑二子。两分。

接下来黑a断吃价值极大。

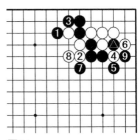

图11

图11（战斗）

如果不满上图黑2的结果，本图黑1选择反击。白2出头、4吃掉黑一子。黑7先手扳，9打吃形成打劫棋形。

如果黑棋先手在▲位提劫，白棋角上无法净活。后续的战斗发展会非常复杂。

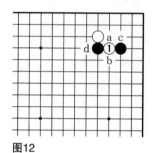

图12

图12（挖）

白1挖是以腾挪为目的的下法。

前提是白棋必须征子有利。黑a切断，白b长，黑c粘，如果白d征子不利，则棋形崩溃。

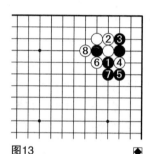

图13 ◆

图13（两分）

征子白棋有利的情况下，黑会选择1位外打。白2粘，黑3获取角地。

白4断通过弃子6、8吃掉黑外围一子，局部告一段落，双方可下。

黑棋在获得实地的同时，先手之利也非常诱人。

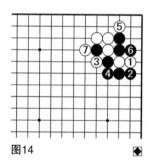

图14 ◆

图14（定型）

上图白6也可以如本图白1长多弃一子。黑2挡，白3打吃、5扳都是先手。

本图白棋获得了5位扳的先手，但黑棋形更加厚实。与上图相比优劣难辨。

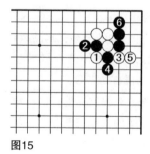

图15

图15（理由）

白如果直接1位断吃，黑2长严厉。白没有好的后续手段。

白3、5切断，黑6立是冷静的好手。接下来白上边三子和右边二子已经无法两全。

图13中的白4是必然的一手。

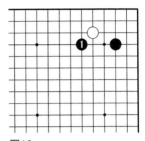

图16

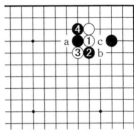

图17

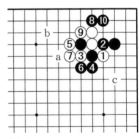

图18

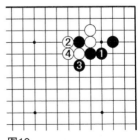

图19

图16（肩冲）

黑1肩冲是较为特殊的手段。在没有周围配置的情况下很少出现。

选择黑1肩冲，要做好将小目一子弃掉的准备。这是黑棋想要在外围获取厚势情况下的场合下法。

图17（冲）

此时白1冲强硬。黑2扳，白3断。接下来白a、b两点见合。黑4挡是最强抵抗。

白1如果下在b位软弱。黑c冲断，可以从下图的结果看出白棋不利。

图18（黑好）

白1扳，3、5吃掉一子并不能满意。

黑6先手打吃之后，黑8是手筋。进行至黑10，黑棋实地领先，棋形厚实。白9如果下在10位扳，则黑9打吃，对杀白不利。

白7如果在9位提，虽然可以消除黑8的好手，但后续黑a飞压，白b，黑c，仍然是黑好的局面。

图19（白好）

此时如果黑1连回，白2打吃。本图的变化白棋可以满意。

白2吃掉一子棋形厚实，黑棋只下到了3位先手，棋形尚未完整。

图17是必然的进程。

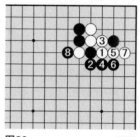

图20

◆◆

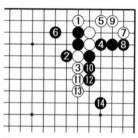

图21

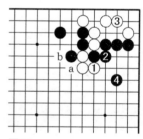

图22

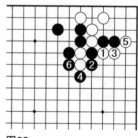

图23

图20（定式）

接图17，白1、3出头。黑4、6先手利，黑8征吃。

本图白棋获得实地，黑棋获得实地。大部分情况下白棋的实地价值更大，而在黑棋外势能够有所发挥的情况下，可以选择肩冲的下法。

图21（黑可战）

白1扳是为了防止上图黑8的征吃。黑2打吃，白3长。

但是黑4将白上下两块分断，明显处于上风。

白棋在角上做活。进行至黑14，黑棋接下来以攻击白外围四子为目标，局势黑好。

图22（大同小异）

上图白9可以先手1位打吃之后再3位做活。

但是先手打吃之后，黑4可以直接飞出。

接下来白a位拐，黑b长。本图仍然是黑有利。

图23（黑好）

再将思路拉回到前面。图21中的白7选择本图白1切断如何。黑2、白3长，后续白5和黑4见合。

黑4打吃，白5扳必然。黑6提掉白中腹二子。

虽然落了后手，但黑外势极厚，黑好。

第二章

一间高挂

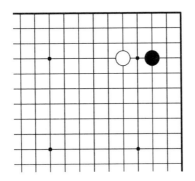

　　一间高挂的严厉程度仅次于小飞挂角。两种挂角方法相差一路，相比之下一间高挂的下法更为轻灵。一间高挂出现的时间并不长，是现代围棋常用的开局下法，至今仍然会频繁地出现新手新形。比如"托退定式"、二间高夹的"妖刀定式"等。进入21世纪，关于一间高夹的研究又有了巨大的进展。

1. 小飞

白棋一间高挂，黑1小飞应对。棋子走在高位，在重视右边发展的同时给白棋施加压力。

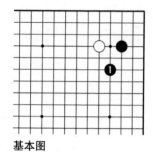

基本图

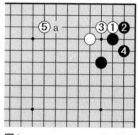

图1　◆◆

图1（定式）

黑棋小飞，白1托是必然的一手。三三不仅关系到实地，也是白棋获得根据地的要点。

黑4虎一手补净。黑棋至此棋形已经完整，后续可以脱先他投。

白5也可以在a位拆边。

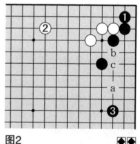

图2　◆◆

图2（定式）

黑1进角更重视角地。接下来黑3拆边是连贯手段。

如果省略黑3，后续白有a或者b位等严厉下法。白2可以先在a位打入，黑c立交换之后再2位回拆。各有优劣。

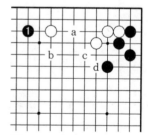

图3

图3（定式之后）

定式告一段落。根据左上棋子配置情况，黑1在大部分局面下都是价值极大的一手棋。

接下来黑有a位打入的后续手段。为了阻止黑棋打入，白会选择b位跳或者c位小尖补强。白d位压有帮助黑棋加强之嫌。

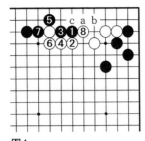

图4

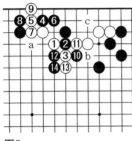

图5

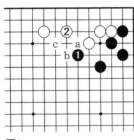

图6

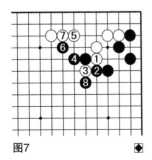

图7

图4（定型）

此时白棋如果脱先他投，黑可以直接1位打入。

白2压，黑3以下渡过是必然的结果。

后续黑a扳，白b挡，黑c粘可以继续威胁白棋眼位。

图5（白无理）

白1小尖意在不让黑棋顺利渡过，这手棋过于勉强，是无理手。

黑2以下，黑8与白9交换，黑10扳出进行至黑14，黑a与b（包括c位）两点见合。白9如果10位补，黑可以在9位渡过。

图6（其他下法）

除了图3之外，黑还有1位飞压的后续手段。在右边有模样发展的情况下，是很有力的下法。

白2如在a位冲，黑b位长、白c位尖。这样黑在b位多了一子，各有优劣。

图7（定型）

黑飞压，白1、3冲断。进行至黑8白一子被吃，本图也是可以选择的变化之一。

首先可以看出，白棋是为了获得先手而选择了弃子。而黑棋虽然落了后手，但外围极为厚实，双方可下。

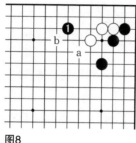

图8

图8（夹击）

此时黑棋放弃守角，而是黑1直接夹击。

黑1的目的首先是不让白棋拆边，接下来还有a位封锁的后续手段。

黑1也可以在b位夹击。

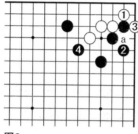

图9

图9（根据地）

白1扳意在就地做活。黑2、白3交换之后黑4封头。

黑2可以在4位直接封头，后续白a位打，黑2打吃先手。

黑2在a位粘，让白棋出头也是可选的变化之一。

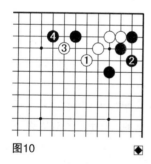

图10

图10（两分）

白1小尖出头，防止被黑封锁。黑2虎补，白3飞压。

这样黑棋达到了不让白棋拆边的目的。白棋后续可以对黑二子展开攻击。

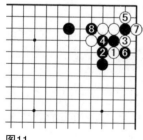

图11

图11（两分）

白1夹反击，此时黑有2位和6位两种选择。

黑2比较简明，白3、5吃掉一子。黑8切断白外围一子，是黑棋获得厚势，白棋获得实地的局面。

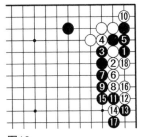

图12

图12（两分）

黑1虎扳。白2长，黑3分断。黑7压。黑9，白10扳可以吃掉黑四子。进行至黑17，黑棋获得巨大的厚势。

本图是在白棋征子有利情况下可以选择的下法，否则黑棋有非常严厉的反击手段。

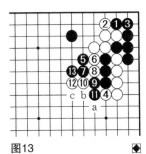

图13

图13（征子关系）

如本图所示。黑9可以如本图1、3做活。

白4拐，黑5封头，白6冲出。但是黑13是此时的强手，白a扳，黑b长，白c拐，白棋若征子不利，则全盘崩溃。

若征子有利，白可以出头，可战。

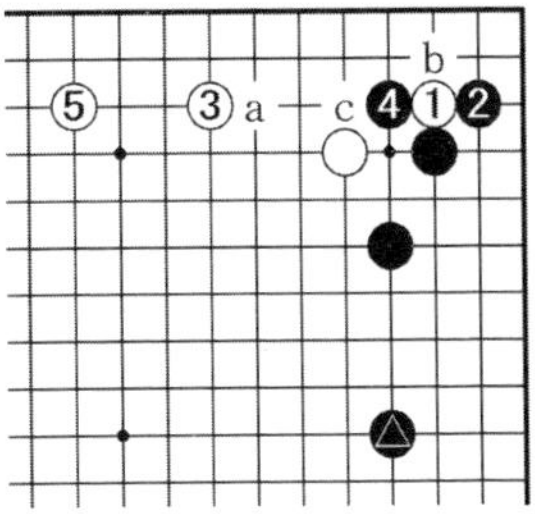

图14（定式）

如果黑棋在▲位已经有棋子搭配，白1托先手交换之后，3位拆边是最新形。白3若下在4位，会担心黑在a位夹击。

黑4打吃，白5拆二告一段落。

接下来白c价值极大，因为有b位立的后续手段。

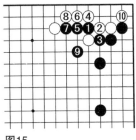

图14

图15（白可下）

上图黑4如本图黑1托过分。反过来说如果黑1成立，就是白不好的局面。

黑1托，白2顶、4位打吃。接下来进行至白10，白可以满意。

图15

2. 一间跳

黑1跳是比较坚实的下法。

与a位小飞相比，攻击力减弱，但自身棋形更加安全。

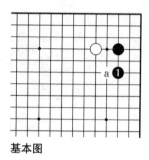

基本图

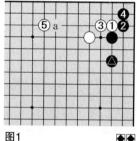

图1

图1（定式）

黑跳，白1、3也是常规的应对，进行至白5告一段落。白5可以在a位大飞拆边。

黑▲处在低位，右边暂时不是全局发展的关键。

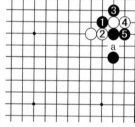

图2

图2（强手）

白托三三，黑1扳是只有一间跳情况下可以选择的下法。

白2断，黑3打吃，白4立。白4在a位打吃的变化在图7中展示。

黑5挡——

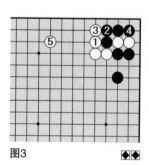

图3

图3（定式）

白1打吃、3挡是简明的下法。虽然被吃掉了二子，但黑棋在此处也花了不少子数，白棋可以接受。

黑4爬，白5拆边，双方两分。

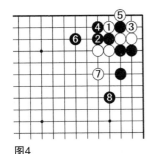

图4

图4（场合下法）

白1、3在角上活棋，双方互相分断。

一般来说本图白棋不利，但在特殊局面下也会形成互攻的情况。

白1、3是场合下法。

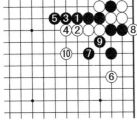

图5

图5（别法）

上图黑4也可以如本图黑1长。

白2、4压先手，白6夹击，黑7跳出之后。此时白棋形薄弱，处于被动。

白8不能省略，是必然的一手。

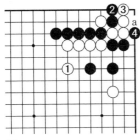

图6

图6（白死）

上图白8如果脱先，黑2立好手。白3打吃、黑4扳，白不能在a位打吃，白棋净死。

为了防止黑2、4的手段，上图白8只此一手。

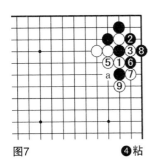

图7 　　　❹粘

图7（黑稍好）

此时白1选择挖断结果也并不能满意。

黑4粘，白5粘。白棋征子有利可以白9吃掉黑一子，但黑棋不仅获得巨大角地，还可以先手脱先他投。白棋还需要在a位提才能彻底保证棋形安定。

3. 下托

一间高挂，黑1下托。这是在白棋小飞挂角时不会见到的手段。

选择了下托，除非极特殊的情况，角地已经是黑棋的囊中之物。

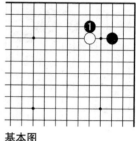

基本图

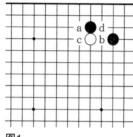

图1

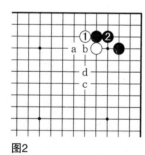

图2

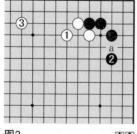

图3　◆◆

图1（白应手）

此时白棋的应手大致是a位或者b位扳两种。c位长的下法很少见。

白b顶有可能会形成雪崩型。白c位长，则黑可能的选点有a位爬、b位顶和d会退。接下来先研究一下白a扳的下法。

图2（白扳）

白1扳，黑2长。如此一来黑棋在角上已经获得了10目左右的实地。

接下来黑在a位或者b位补断点是常见下法。除此之外，c位大飞、d位小飞是轻灵的应对。白也可以选择脱先他投。

①虎补
图3（定式）

白1虎补，黑2拆一，白3超大飞拆边告一段落。

黑2是为了防止白a位靠。虽然也有脱先的可能，但黑2拆是大部分情况下的唯一选择。

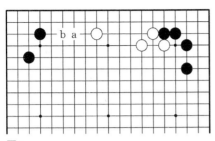

图4

图4（定式之后）

现在的棋子配置情况下，黑a拆二或者白b拆二是此时最重要的大场。这不仅仅是实地之争。

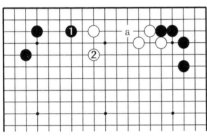

图5

图5（逼）

定式之后，黑大多会马上1位逼住。之后黑有a位打入的严厉手段。为了补强自身棋形，白2跳是本手。

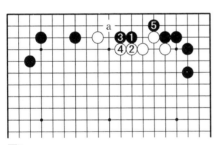

图6

图6（黑大好）

白如果脱先，黑1打入。

白2压，进行至黑5，白不好。

除了黑1之外，黑还有a位或者3位可以选择。

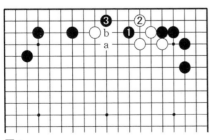

图7

图7（反击）

黑1打入，白2小尖阻渡是正确应对。

后续黑棋的下法有3、a、b 3种。先来讲解黑3小飞。

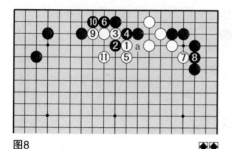

图8

图8（定式）

此时白1是最好的应对。黑2靠手筋，进行至白11告一段落。

白7是为了防止黑a位的冲断。

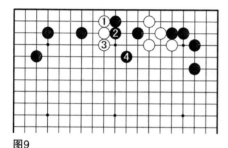

图9

图9（战斗）

上图白1如本图白1挡，则黑2出头形成战斗局面。

但是一般来说白棋被分成左右两块，陷入苦战应该是必然结果。

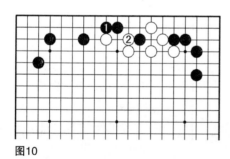

图10

图10（白好）

图8中的黑2如本图黑1不好。被白走到2位棋形厚实。

本图白可以省掉图5中的白2，获得一个先手。黑不能满意。

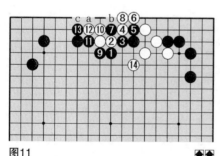

图11

图11（定式）

黑1肩冲。白2、4渡过，进行至黑13，黑棋获得外势告一段落。后续黑a，白b，黑c先手利。白14本手。

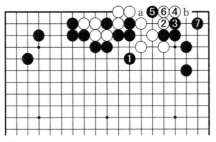

图12

图12（攻击）

上图白14如果脱先，黑1跳非常严厉。白2、4，黑5点、7位补角。后续保留了a位先手破眼的手段。白6如果下在a位，则黑可以b位打吃。

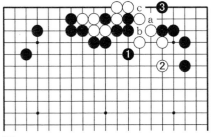

图13

图13（目标打劫）

黑1跳，白2如果直接出头，黑3一路跳是手筋。在夺取白眼形的同时，还保留了黑a，白b，黑c的打劫手段。白必须补棋。

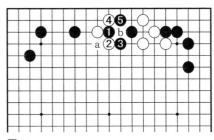

图14

图14（劫争）

黑1靠，白2扳形成劫争。白2如果a位长，则黑2长分断。黑5如果b位粘，白5渡过。

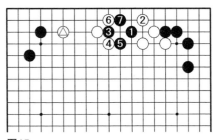

图15

图15（白拆二）

做劫的手段在白△有子的局面下较为常见。

有了白△，黑棋图8和图11的手段就不成立。

307

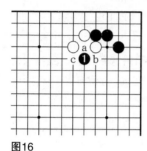

图16

图16（刺）

白虎，黑1刺。目的是让白a位粘棋形变重，但同时也会损失其他的变化。有好有坏。

白棋的应手有直接a位粘、b贴出或者c位等。

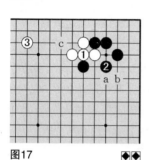

图17

图17（定式）

白1粘，黑2小尖或者a、b出头。白3拆边告一段落。

黑2或者a位是重视右边发展的下法，右边价值更大的局面下可以选择本图。

白1粘，黑c的下法已经自然消失。

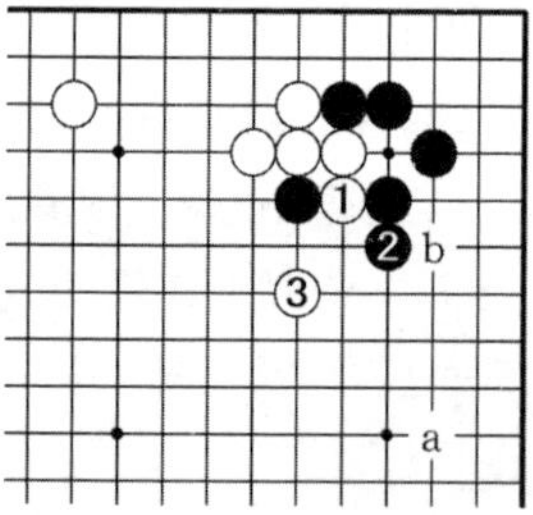

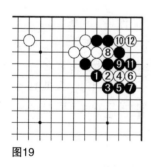

图18

图18（定式之后）

如果白棋更为重视上边发展，定式之后找到机会可以白1冲。黑2长，白3小飞扩张模样。

若更为在意右边，白可以a位分投，后续有b位点的好手。

图19

图19（转换）

此时黑可以1位挡。

白2切断必然，进行至白12，白吃掉黑角上二子，黑吃掉白外围三子形成转换。白棋获得实地，黑棋得到外势。

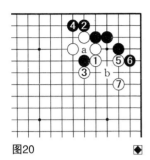

图20

图20（两分）

选择白1挡的前提是黑a断，白3打吃征子有利。白1挡，黑若3位长，白a粘，黑棋形重。黑2扳必然。

白5、7整形。此时白棋也可以脱先他投，但给黑留了b位好点。

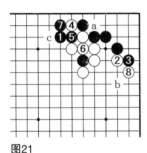

图21

图21（黑薄）

上图黑4如本图黑1飞出，棋形略显薄弱。

白2靠、4扳交换之后，黑7打吃，白8连扳好手。黑7如果在a位粘，则白b跳整形，上边保留了c位鼻顶的手筋。

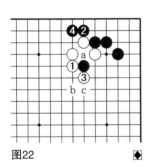

图22

图22（定式）

白1从外面出头。黑如果3位长，则白a位粘。黑棋有被利之嫌。此时黑2扳只此一手，白3扳，黑4长告一段落。

白3也可以下在b、c位或者4位挡住。

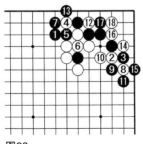

图23

图23（白可战）

黑1略显薄弱。白2靠、4扳是组合拳。

白8连扳，黑9、11吃掉白一子，白可以破掉黑角空。本图转换白棋可以满意。

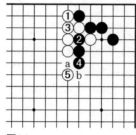

图24

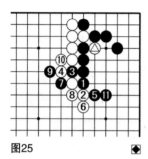

图25 ◆

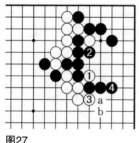

图26

图24（扳）

此时想要在外围有所发展，白1是本手。黑2断吃、4长可以吃掉白一子，这也是白棋既定的方法。

白5跳是好手，此时如果a位压，黑b长。白棋脱先他投，黑a拐好点。

图25（定式）

接下来黑1冲，白2扳强手。黑3、5继续扩张右边势力，白6继续最大限度地发展中腹。因为△有子，黑棋形气紧。

进行至黑11，黑棋实地所得巨大，白棋在外围的厚势也非常可观，双方两分。

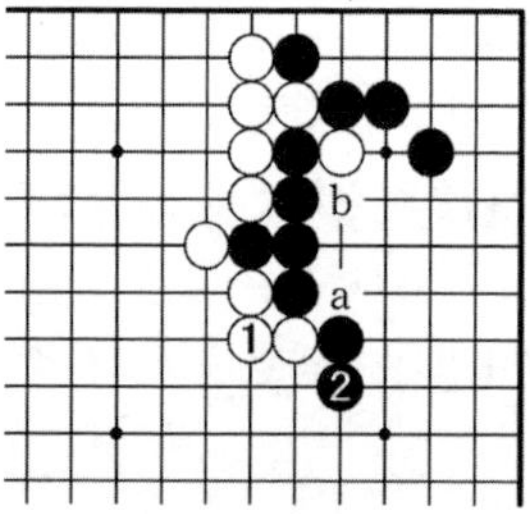

图26（黑稍好）

上图白6，如本图白1粘棋形厚实。但被黑2长，略有不满。

虽然白有a位断点（黑可以b位打吃），但此处已经不太会对黑棋造成威胁。白1还是如上图的下法更为积极。

图27（定式之后）

接图25，白直接1位断、3拐是有力的下法。

黑4是冷静好手。此时如果a位拐，因为白1的存在，白b扳头是绝好点。

图27

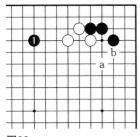

图28

图28（夹击）

黑1选择在左边夹击。一方面不让白拆边，同时也兼顾左上的发展。本图的下法可以在左上方有棋子配置的情况下使用。

白棋如果a位小飞是平稳的下法，b位靠会挑起战斗。

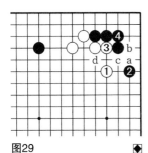

图29 ◆

图29（定式）

白1小飞。黑2、白3先手利之后转战其他战场。黑棋角上安定，边上有棋子搭配；白棋棋形厚实。双方都可以接受。

黑2如果脱先，白a小飞，黑b挡，白c贴，黑3位团，白d位拐好形。

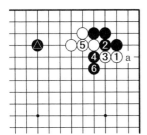

图30

图30（靠）

白1比上图白1小飞要更加严厉。黑2团、黑4断吃形成战斗局面，后续白棋不落下风。

黑棋如果想要避开战斗，黑6可以在a位扳粘。但这样一来白棋外围厚实，黑▲一子位置不佳。黑6是此时的首选。

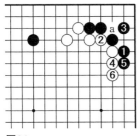

图31

图31（白稍好）

白靠，黑1扳不好。白2挤先手将黑全部压制在低位，白外围厚实。

黑3如在4位打吃，白a吃掉黑角上二子极大。上图黑2团只此一手。

311

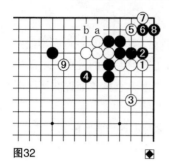

图32

图32（定形）

接图30，白1立先手交换之后3位拆二。黑4跳，白5、7，黑8补活。后续白保留有a位、b位的先手。

白9出头。后续没有固定下法，下图举例说明。

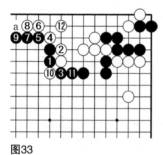

图33

图33（两分）

黑1，白2如果下在3位，黑2拐绝好点。

黑3扳，白4、6连扳。白10断先手，12做活。

白10也可以继续在a位爬。

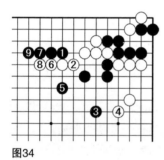

图34

图34（互攻）

黑棋若不喜欢上图被白2直接做活，可以黑1先动手破坏白眼形。

白2连回，虽然暂时失去了眼位，但黑棋两边棋形都略显薄弱，白6压出头之后并不担心自身安危。以下双方会在中腹展开攻防战。

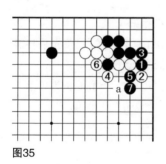

图35

图35（一法）

图30的黑6选择本图黑1扳意在求稳。白4打吃，黑5、7告一段落。黑棋获得实地，白棋形厚实。

白4如果下在a位，则黑4位长形成战斗局面。

312

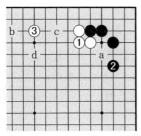

图36　◆|◆

②粘

图36（定式）

白1粘是定式。

黑2或者a位补，白3拆三告一段落。

本图黑b逼住也是好点，为了防止黑c位打入，白d跳补强。

白3也可以高位拆边。

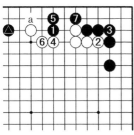

图37

图37（打入）

黑●逼住，白如果脱先，黑1可以打入破空。

白2挤是好时机，白4压，黑5立是需要记住的手筋。接下来黑7与黑a渡过见合。

白棋就此失去根据地。

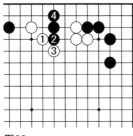

图38

图38（白无理）

白1小尖，黑2冲，白3挡，黑4好手。接下来左右两边渡过见合。

而白棋因为两边都有断点，不能满意。此时想要吃掉黑打入一子是无理的下法。

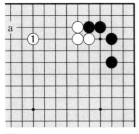

图39　◆|◆

图39（定式）

白1也可以高拆。相比之下高拆更重视外围的厚势。

黑a位逼住之后，后续也有打入的手段。这和白棋在低位拆三的情况相同。此时黑棋也有直接打入的下法可供选择。

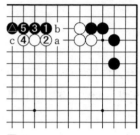

图40

图40（点）

黑▲处已经有子的情况下，黑1点要比在a位打入更有特点。

白2压，黑3、5连回，后续a位扳是较为严厉的后续手段。白b扳补强是本手。

黑5也可以选择c位。

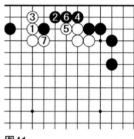

图41

图41（渡过）

白1挡，黑2尖是既定下法。这样3位虎扳和4位渡过见合。白3立，黑4连回。

白5、7保持联络，棋形已经失去根据地。

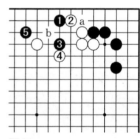

图42

图42（点）

白棋高拆三的局面下，黑1侵分是可以直接动手的下法。后续黑a渡过和5位出头见合。

白2阻渡，黑3跳、5出头。白2如果下在b位，则黑a渡过。

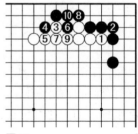

图43

图43（转换）

黑棋侵分，白3可以直接封头获得外势。在此之前白1挤先手利。

黑4扳，6、8渡过，白9打吃告一段落。

黑棋获得实地，白棋先手获得巨大厚势，两分。

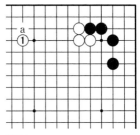

图44

图44（趣向）

白在1位或者a位拆边是兼顾左上的下法。拆四必然会有打入，但选择这样的下法必然会对此有所准备。

黑棋也可能马上打入，更多的情况是先放在一边静待合适时机。

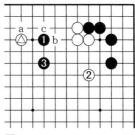

图45

图45（打入）

黑1（△在a位的情况，黑会选择b或者c位打入）打入马上挑起战斗。白2跳，黑3跳，双方在中腹形成互攻局面。

接下来没有双方认可的定形下法，要根据全局棋子配置而定。

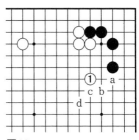

图46

图46（势力扩大）

黑棋如果脱先他投，白1跳是好点。接下来黑棋打入难度加大，白还有了a位靠的后续手段。

黑棋如果b位飞出，白c或d位继续扩张上边势力。

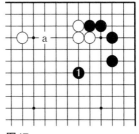

图47

图47（其他下法）

站在黑棋角度，如果不想打入，黑1大飞也是可选下法。

黑1在扩张右边发展的同时，还瞄着a位打入。有了黑1之后再a位打入，要比直接图45打入要更加严厉。

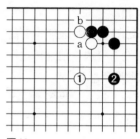

图48

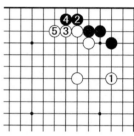

图49

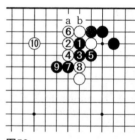

图50

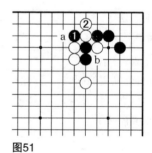

图51

③大飞

图48（轻灵）

白1大飞是轻灵的手段，更为重视中腹发展。白a位有断点，在1位大飞之前已经准备好了应对手段。

黑棋如果在局部继续落子，会选择黑2拆二或者b位扳。也可以脱先他投。

图49（定式之后）

此时黑棋没有按照上图黑2的下法，而是选择了脱先他投。在右边有棋子配置的情况下，白1是好点。

黑2扳、4爬之后脱先。白棋外围形成厚势，黑棋在此处少了一个棋子，局部不利是正常情况。

图50（定式之后）

黑1断也是选点之一。但白2、4之后黑只能吃掉白一子。白6粘，黑7扳断战斗。白6可以下在a位。

进行至白6，黑失去了b位扳的好点，帮助白棋加强的棋形。

图51（不成立）

上图黑5拐吃是不得已的一手。如果贸然选择本图黑1会遭致严重后果。白2立，后续白a打吃和b位征吃见合。黑崩溃。

在此局面下，白棋只需要思考上图的战斗下法即可。

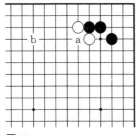

图52

④脱先

图52（看轻）

此时白棋的另一种选择是脱先。至此白棋已经防止了黑棋直接守角。

黑先有a位断、b位夹击等整体攻击的手段可供选择。

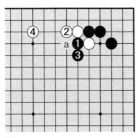

图53　◆◆

图53（定式）

黑1断，白2长、4拆二告一段落。要注意的是，白2长的前提条件是图56所示的征子有利。如果征子不利，白棋不能满意。

白2如果再度脱先，黑2位打吃或者a位长，棋形极厚。

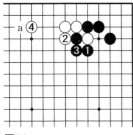

图54

图54（黑稍差）

上图黑3，如本图黑1打吃不好。被白2打吃先手利。

白4拆二，棋形较上图厚实很多。此时白4还可以在a位拆三。

本图黑不好。

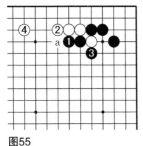

图55

图55（白不好）

征子对黑有利的情况下，黑1压是好手。

白2长，黑3抱吃。与图53相比，黑棋明显棋形更为有利。

白2如果在a位扳，后续变化有征子有关。

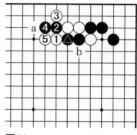

图56

图56（征子关系）

此时白1扳头，黑2断。白3打吃之后5位压，后续白a和b位征吃见合。

此时的征子如果是白棋有利，则黑⚫就不成立。

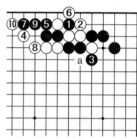

图57

图57（变化）

接上图。黑1断吃交换之后再3位抱吃，是为了阻止白a位征子的手段。但结果并不如人意。

后续白4小飞好手。黑5打吃、白6提。黑已经无法从白棋的包围圈中逃出。

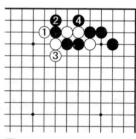

图58

图58（黑稍好）

图56的征子如果白棋不利，此时白1打吃、3长是一种对策。

但是黑4吃掉白二子之后实地巨大，是黑棋好的局面。

在白棋征子不利的情况下，图53的白2不是好选择。

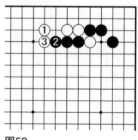

图59

图59（其他下法）

白棋征子不利，黑压的时候可以考虑白1跳。

黑2长是绝好点，黑棋可以满意。

白3如果对白棋左边发展能够起到帮助作用，本图也是可选择的变化之一。

4. 托立

黑1托，白2扳，黑3立。这种下法在古代棋谱中偶有出现，在现代围棋中几乎绝迹。

黑棋子处在低位，会被对手利用。

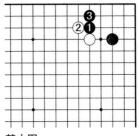

基本图

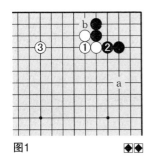

图1　◆◆

图1（定式）

白1粘厚实。黑2顶，白3拆边告一段落。

后续黑a、b见合。如果白a位附近落子，黑b拐；白b挡住黑a位拆边。白3之后黑也可以马上在a位一带拆边。

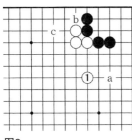

图2

图2（别法）

黑顶，白1跳。在以中腹发展为目的的局面下，白1是好手。

后续白a跳、b位挡都是好点。如果黑马上b位拐，则白c跳应对。

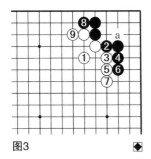

图3　◆

图3（两分）

此时白棋也可以a位虎。黑2顶，白3虎。形成黑棋获得实地，白棋外势的局面。

为了不让白棋如愿形成外势，黑2可以在5位小飞，白2位顶，黑a长。之后白棋寻找时机有4位扳的后续手段。

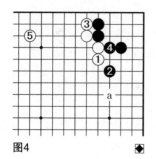

图4

图4（两分）

此时白棋也可以选择白1长。

乍一看白似乎棋形有些薄弱，黑2小飞出头。接下来白3先手利，白5拆边告一段落。白3在a位逼住是重视右边的下法。

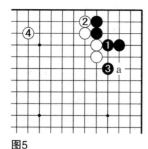

图5

图5（两分）

黑1顶坚实。白2挡，黑3跳出，结果与上图一样。

白如果同时抢占到2位和a位两个好点，黑棋是不能接受的。

进行至白4，与上图相同；黑1也可能选择其他下法。

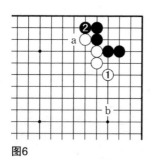

图6

图6（见合）

白1小尖。左右两边见合的情况下，黑棋绝对不能再把2位让给白棋。黑2拐必然。

此时白可能会选择脱先。根据局面棋子配置选择a位长或者b位拆边。

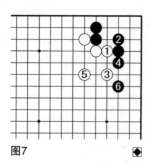

图7

图7（两分）

白1顶，黑2立只此一手。白3跳、5跳一次性补掉两边断点。

要注意的是白3跳，黑4有其他的选择。如下图所示，黑可能切断。这一点白棋需要提前想到应对方法。

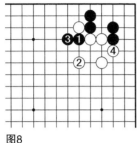

图8

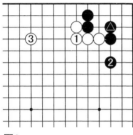

图9

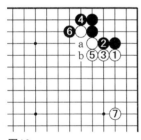

图10

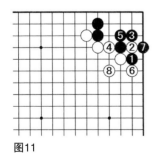

图11

图8（反击）

白跳，黑可以1位切断。贸然选择战斗，白棋可能处于不利局面。所以白2跳弃子、白4虎告一段落。

黑棋有选择上图和本图的权利。而白棋在星位处顶的前提是能够接受本图的变化。

图9（黑稍好）

白顶与黑▲交换之后再1位粘，稍显不满。

黑棋角上棋形已经得到加固，与图1相比更加满意。

只要白棋选择了星位处顶，图7的下法是必然结果。

图10（两分）

白1靠。黑2顶、白3挡住。黑4拐、白5粘是本手。黑6打吃出头，黑7拆边告一段落。

黑4如果在a位打吃，白5粘，黑6打吃，白b打吃先手。各有好坏。

图11（白稍好）

白靠，黑如果1位扳，白2扭断是此时的手筋。此时应该是白可下的局面。

黑3打吃，白4、6两边打吃都是先手，8位虎补，白满意。

5. 小雪崩

黑1托，白2顶乍一看是俗手，在此处黑3长，白4扳，是著名的"雪崩型"。

雪崩型的变化繁多而且复杂。

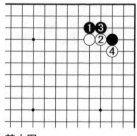

基本图

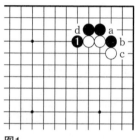

图1

图1（小雪崩）

黑1扳被称为"小雪崩"。

除了扳之外，黑的应手还有a位粘、b位立、c位连扳、d位长等。

黑d位长是有可能形成"大雪崩"的下法。

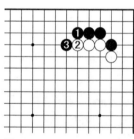

图2

图2（大雪崩）

黑1长，白2压，黑3扳形成"大雪崩"局面。黑1，白2压，黑3并不是只此一手，在需要的情况下可以选择避免大雪崩的下法。

关于大雪崩的下法后续会进行详细讲解。

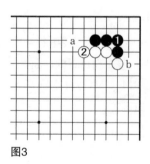

图3

图3（简明）

黑1粘简明，避免了雪崩的复杂变化。虽然是简明的下法，黑棋所获得角地可观，可以满意。

白2长必然，黑棋的下一手在a位跳和b位扳中选择。

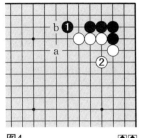

图4

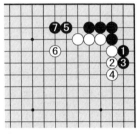

图5

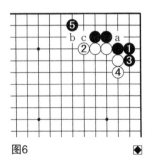

图6

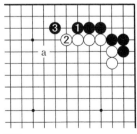

图7

图4（定式）

黑1跳，白2虎补。至此双方棋形完整，告一段落。这是雪崩定式中最简明的下法。

白2也可以a位小飞，黑b并，防止白下到b位好点。接下来白可以考虑脱先他投。

图5（定式）

如果不能接受白形成上图2位虎的好形，可以选择本图黑1扳、3爬之后再5位跳。白6小飞，进行至黑7告一段落。

黑角上实地可观，白外围厚实。双方可下。

图6（两分）

此时黑1立意在获取角地。黑有a位断点，直接在b位跳出会有危险。

白2长，黑3先手拐、5位小飞出头。白4可能在c位拐转型，黑4打出应对。

图7（两分）

如果一定要跳出，黑需要1位爬。接下来黑3可以跳出。

站在白棋角度，黑棋多在三线落子加强了自身外围厚实，可以满意。后续白a位是绝好点。

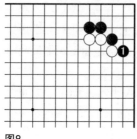

图8

图8（连扳）

白扳，黑1可以连扳。通过弃掉黑1一子进行整形。

本图的变化不多，可以快速整形。后续会形成黑棋在上边、白棋子在右边获得势力的局面。

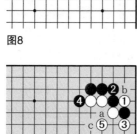

图9

图9（定式）

白1、3吃掉黑一子是最常见的下法。

接下来黑棋有4位扳和a位打吃两种选择。黑4直接扳，白5虎补。双方都有很好的后续手段，白有b位爬，黑可以c位扩张模样。

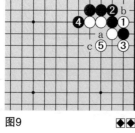

图10（后续）

黑1靠好手，是棋形急所。

白2扳，黑3连扳手筋。黑7补，白选择弃掉上边二子，进行至白10，双方两分。

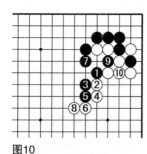

图10

图11（白可下）

黑1长，白可以下5位补。此时白选择脱先的可能更大。

接下来黑3扑，白弃掉二子。白4提，黑5、白6。此处白棋少下一手，子效占优。

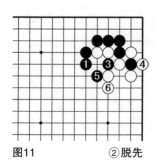

图11　　　　②脱先

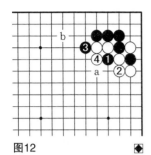

图12

◆

图12（定式）

此时黑可以1位断吃交换之后3位打吃。

此时棋形尚未定形，但后续黑棋选择脱先他投的实战案例较多。

后续白a补是本手，这样一来黑棋的借用手段全部消失。同时白棋还瞄着b位夹击。

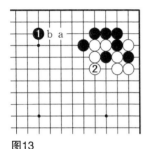

图13

图13（白厚实）

如果在左上角有棋子配置，黑可以选择1位拆边。白2补本手，后续瞄着a位打入。

如果不想给白留下a位打入的手段，黑可以b位大飞。

黑棋的下法还有下图的变化。

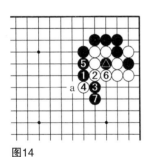

图14

图14（战斗）

要利用●一子，黑1枷是手筋。白2、黑3扳强手。白4断，黑5打吃、7位长形成战斗局面。

如果希望在上边形成模样，黑7可以在a位打吃弃掉一子。

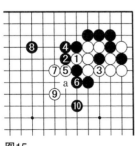

图15

图15（白棋的选择）

上图的白4，可以如本图白1冲制造断点。黑2挡，白3粘，黑棋有了上下两个断点。

黑4粘，白5断吃，进行至黑10，形成战斗模式。

白5如果在6位打吃，则黑a先手，白有被利之嫌。

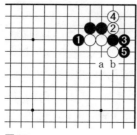

图16

图16（小雪崩）

黑1扳是真正的"小雪崩"棋形。一般情况下被扳二子头都是不能忍受的，只有在角上才可以出现这样的特殊局面。

黑1，白2、4在角上断吃应对。黑5只此一手，接下来白有a、b两种应法。

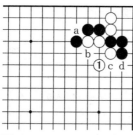

图17

图17（虎）

白如果直接a位断，则黑b征吃。为了防止黑棋的征吃，白必须1位虎或者c位长。

避开了征吃，白接下来有a位断和d位虎两个后续手段。被白棋下到d位吃掉三子是黑棋不能忍受的。

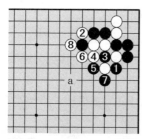

图18

◆◆

图18（定式）

黑1打吃，后续的变化是一本道（白2在3位粘的下法在接下来的变化图中讲解）。

进行至黑7，黑吃掉白二子，白8提将上边变成实地。黑棋获得先手，双方两分。

接下来a位是双方共同的好点。

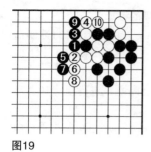

图19

图19（脱先）

上图白8可以脱先。

黑1长必然。白2压，黑3以下进行至白10，黑棋在上边形成厚势。

一般来说上图白8提是必要的一手。

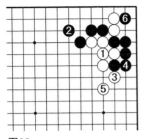

图20

图20（白不好）

图18的白2，如本图白1粘，黑2虎补。这样一来白角上二子已经失去活力。

白3、5整形，黑6紧气好手。黑棋所得实地价值明显大于白外围厚实。

另外——

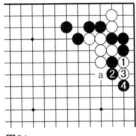

图21

图21（白崩）

上图的白3不能选择本图白1的下法。

白3只能继续长气，黑4扳好手。黑a拐先手，白被吃已成必然。

图18中的白2断只此一手。

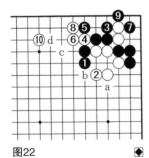

图22 ◆

图22（两分）

黑1长也是一种选择。白会在2位或者a位补（白a位的变化请参考图25）。黑3紧气吃掉白角上二子。

白4断必然。接下来双方会围绕中腹黑二子展开攻防战斗。

白10还可以b位挡，黑c位跳，白d位跳。

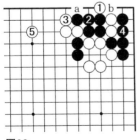

图23

图23（白亏2目）

白1打吃是俗手。黑2粘住，较上图相比白亏2目。

白3～5的下法与上图相同，但白a打吃，黑可以b位提。白一子已经接不归。

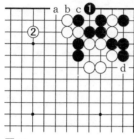

图24

图24（旧型）

图22中的黑9，如本图黑1点是更重视实地的下法。

但是后续白a、b都有c位的后续手段，上边白棋形的眼形更充足。

白b本身的价值很大，所以图22的黑9是本手。

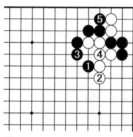

图25

图25（靠）

黑1靠是破坏白棋形的好点。

白2长冷静应对，黑3先手利，黑5吃掉角上白二子。

本图黑1如果在3位长与之前的图形相同。

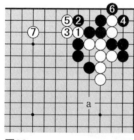

图26

◆◆

图26（定式）

白1断，通过弃掉角上二子在外围获得利益。

黑2、4吃掉白二子。白5拐，黑6打吃。

接下来黑有a位压迫白棋形的好点。

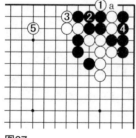

图27

图27（白亏2目）

上图白5，如本图白1打吃、3位拐，结果与图23相同，都要亏2目。此时白不能1位打吃，而是应该直接3位拐。

白3位拐，白会直接在a位打吃，理由如图24讲解。目数差距2目。

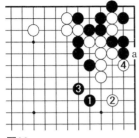

图28

图28（跳封）

图26之后，黑1跳封是好手。黑1成立的前提是征子有利。所以在黑棋落子之前一定要先确认征子情况。

白2小飞是温和的应对方法，黑3联络，白4补活。

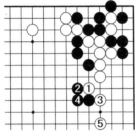

图29

图29（两分）

此时白1是坚实的下法。虽然对黑棋起到了加强的作用，但白棋本身也因此成功出头。

黑2扳，白3虎，黑4粘，白5跳出。

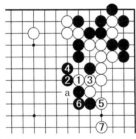

图30

图30（两分）

上图白3，可以考虑本图白1扳。黑2连扳是棋形要点。进行至黑6粘，白7跳，与上图相比优劣难辨。

本图黑棋看似比较厚实，但白留下了a位断的后续手段。

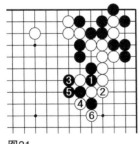

图31

图31（白好）

上图黑2，改为本图黑1打吃。黑棋的目的是不留下断点。

但是黑棋与白棋各吃一子的结果明显是白棋所得更大。

白棋扳出，上图黑2至黑6的应对是必然进程。

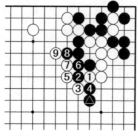

图32

图32（征子关系）

白棋如果征子有利，白1、3扳出的下法严厉。反过来说如果黑棋征子不利，黑就不能选择黑▲跳封。

黑4断，白5以下是最强手段。后续关系到了征子情况。接下来——

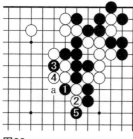

图33

图33（征子）

黑1、3交换之后5位打吃。这个征子是否成立，关系到上图白1的下法是否可行。

黑5如果征子有利当然没有问题。白棋也有避开征子的下法——

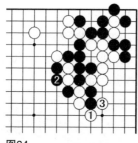

图34

图34（黑稍好）

上图白4，可以如本图白1扳。黑如果选择救出二子，则白2拐出，此时已经没有征子问题。

所以黑2、白3的转换势在必行。本图黑稍好。

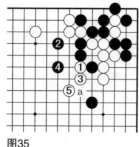

图35

图35（挤）

此时白棋1位挤是手筋。

黑2、4整形可以对白上边棋形带来威胁，白5成功进入中腹可以满意。

白3在a位跳也是好手。

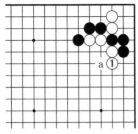

图36

图36（长）

白棋如果征子有利，可以选择a位以外的下法，如白1长。

一旦确认征子有利，白棋可以1位长。那么黑棋的选择就只有一个，对于白棋来说结果要好于a位。

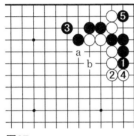

图37

图37（白好）

接下来黑1爬，白2位长是缓手。

黑3虎补断点，白4拐，黑可以活棋角地。

之后黑还有a位、b位的先手利。

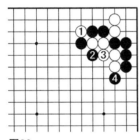

图38

图38（征子）

黑爬，白1必须断。此时黑2、4的征子是否成立成为关键点。如果黑棋征子有利，则图36的下法就不可行。

黑4如果可以吃掉白五子，则白崩溃。

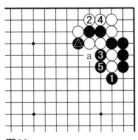

图39

图39（黑不好）

另一方面，黑棋如果征子不利则只能在1位扳头，白2扳，黑3、5吃掉二子。黑△变成废子，白好。

白2可以下在a位。图37的黑1这步过分手是导致如今不利局面的关键。

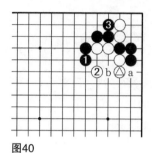

图40

图40（吃掉二子）

确认好征子情况之后，黑不在a位爬。本图黑1先手点方之后，黑3挡吃掉角上白二子。

区别只有白△和b位的位置略有差异，与图22的结果基本相同。

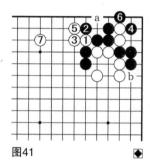

图41

图41（两分）

接下来白1断只此一手。黑2、4吃掉白角上二子，白7拆边告一段落。

根据具体棋局情况，黑6可以考虑补在a位。但这样一来白b的价值变大。

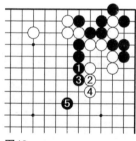

图42

图42（动出）

接上图。如果轮到黑棋落子，可以黑1动出。

白2、4长必然，如果脱先被黑扳头无法忍受。

黑5小飞，后续等待对白上下两块棋的攻击手段。

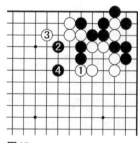

图43

图43（别法）

白棋如果不喜欢上图，可以白1压头。

黑2跳，白3跳，黑4跳形成互动局面。

白上下两边都没有完全安定，可以根据具体局势来选择合适的下法。

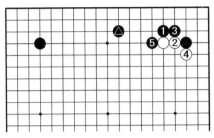

图44

图44（中国流）

上图黑棋构成了中国流。黑1托，白2、4选择雪崩形。黑棋在△位已经有子，黑5扳是正确应对。

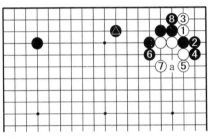

图45

图45（黑棋的作战）

接下来白1、3，黑吃掉白角上二子。白5若下在a位，黑也是6位长应对，而不会在5位打吃。如果还是下成图18的定式，△一子就会变成废子。

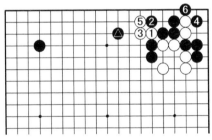

图46

图46（黑充分）

白只能1位断。黑2打吃之后将角上白二子净吃。

此时△发挥出巨大的效用，成功阻止了白棋拆边。

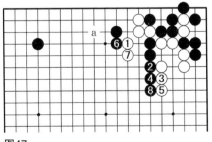

图47

图47（白苦战）

接下来白1动出，黑2以下攻击好调。

白1可以在a位反夹弃掉三子谋求腾挪。

333

6. 大雪崩

黑1长。接下来根据双方后续下法可能会形成大雪崩定式。

先来看看如果黑白双方避免形成大雪崩会有哪些下法。

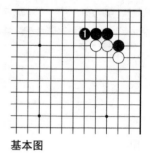

基本图

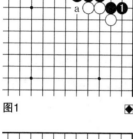

图1

图1（脱先）

白棋在基本图后选择脱先。

轮到黑棋先下，黑1立。此时也可以a位拐。

白已经先手利，而黑棋形厚实，双方都有所得。

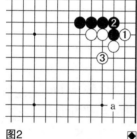

图2

图2（场合下法）

白1先手打吃、3位补是简明定形的下法。

最近白3有了在a位拆边的趣向。虽然棋形显得薄弱，但与右下能够连在一起，也是可选的变化之一。

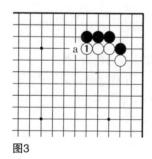

图3

图3（压）

白1继续压，此时黑如果a位扳，会形成复杂的大雪崩定式。

从棋形来看，黑a扳是必然的一手。如果当时的局部不适合战斗，也可以选择避战。

比如——

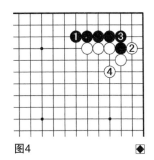

图4

图4（定形）

黑1长稳健，这样不会变成大雪崩。

接下来白棋的下法同图1相同，可以选择脱先。如果想要局部定形，白2打吃、4位虎补。白2如果直接在4位虎，黑虽落后手，但2立极大。白有些不能接受。

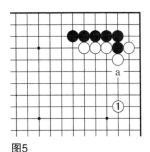

图5

图5（其他下法）

上图白4，在下边有棋子配置的情况下，可以选择本图白1拆边积极扩张。

但是白棋形明显不够完整，后续黑有a位夹的手段，这是白棋的薄弱点。

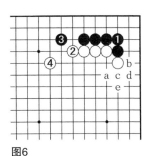

图6

图6（白稍厚）

黑1粘。与图322中的图3相比，黑棋在三线多爬了一下。这个差别是白棋外围棋形显得更加厚实。

白4可以在a位虎。如果黑棋不希望白选择a位，可以在b位扳，白c位长，黑d爬，白e交换之后再3位跳出。

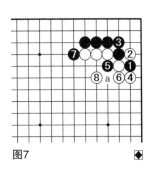

图7

图7（两分）

黑1连扳目的是弃掉一子整形。

白2、4，黑5打吃、黑7扳先手。白棋形厚实，黑棋获得先手，双方可下。

黑5也可以直接7位扳，白a虎补。

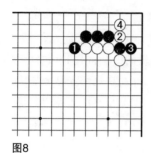

图8

图8（大雪崩）

黑1扳形成大雪崩定式。

白2、4切断。首先双方会围绕白二子展开攻防战。

黑棋可以吃掉白二子，但并不能单纯认定黑吃掉二子就获得优势。

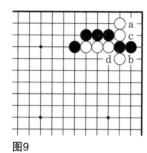

图9

图9（分歧点）

此时黑棋的应对方法有a位靠、b位和c位拐3种。黑b称为外拐，黑c称为内拐。

进入21世纪，出现了黑d的新手。这手棋的思路与黑a属于同一类型。这个变化在讲解黑a时会进行系统阐述。

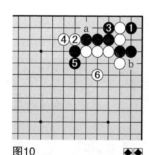

图10 ◆◆

①靠

图10（定式）

黑1靠吃掉白二子。这是大雪崩局面下最简单的定形方法。

白2断。黑3紧气，白4、黑5形成互攻局面。

白后续有a、b两个先手。

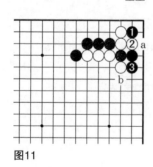

图11

图11（白冲）

面对黑1，白2冲不成立。但是，既然选择了黑1，就必须知道后续白棋下法的所有对策。

白2冲，黑3拐必然。黑a渡过和b打吃见合。

接下来——

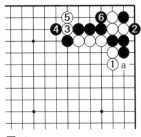

图12

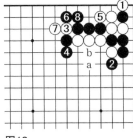

图13

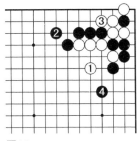

图14

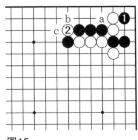

图15

图12（黑有利）

白1长，黑2渡过，这样白角上三子被吃。

白3断，黑4打吃先手，6位打吃。本图与后续的图21相比可以看出，白没有了a位的先手，陷入苦战。

图13（白崩）

白1打吃阻渡，黑2打吃出头。

白3断，黑4长。接下来白如果a跳，黑可以b挖阻止白出头。

白5拐，黑6、8长气，对杀白不利。白崩。

图14（黑好）

上图白3断不成立，白只能选择本图白1就地做活。

黑2虎补断点，黑4补强右边棋形。

角上白棋虽然可以做活，但黑棋借此将上下两块成功整形，白棋外围被攻击，白陷入苦战。

图15（黑的变化）

黑1、白2是定式次序。接下来如果黑a是图10所示的下法。那么黑有没有b位或者c位打吃的可能呢？

接下来的变化图就来进行拆解，从结果来看，黑b和c的下法都有过分之嫌。

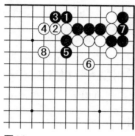

图16

图16（白稍好）

黑1下打。白2、4长之后6跳。本图黑棋的实地较图10有所增加，但白棋的棋形也更加厚实。从中腹发展来看，黑不利。

黑7必须在角上补棋，理由请看后续变化图。

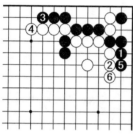

图17

图17（白有利）

上图黑7选择本图黑1继续爬。白2长，黑3、5扩大角地。但是这样的交换也让白棋外围棋形得到加强。

不仅如此，黑棋角上还有余味，考虑到这一点，本图黑棋不可选。

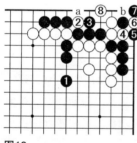

图18

图18（打劫）

比如此时黑1跳。白2断是绝佳次序。进行至白8形成劫争。后续白a、b两点见合。黑无法应对。

图16的黑7就是为了防止本图情况的发生。

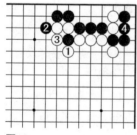

图19

图19（一法）

综合考虑了角上后续手段之后，图16中的白4也可以如本图白1打吃。黑2打吃先手之后在4位补角。这样一来白可以获得先手。

黑2如果3位长，白2位长形成战斗局面。但角上的味道会让黑棋陷入被动。

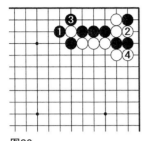

图20

图20（打吃）

黑1三线打吃。这手棋有引导对手犯错误的意味。

白2冲好手，没有落入黑棋设定好的圈套。黑3提，白4打吃，转换白好。

黑3如果下在4位抵抗，在后边的变化图中进行讲解。

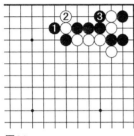

图21

图21（陷阱）

黑1打吃，白2立中计。

将本图与图10的定式进行比较就可以发现问题。黑3吃掉白角上二子之后，白棋因为被黑1打吃之后出头困难。

白棋必须将左边二子动出——

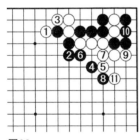

图22

图22（后续手段）

接下来白1夹是手筋。黑2长、4靠急所，白苦战。

白5虎，黑6先手，黑8扳继续对白进行严厉压迫。白9先手交换之后11扳——

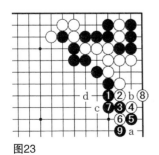

图23

图23（黑好）

黑1长，3、5连扳。进行至黑9，白被完全封锁，明显黑好。

白8如果在a位打吃，则黑b断吃，白上边数子被吃。如果白6在7位打吃，黑6粘，白c长，黑d跳补，白仍然需要8位虎补活，结果还是黑好。

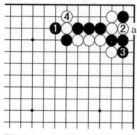

图24

图24（破坏）

想要破坏黑棋设下的陷阱，黑1打吃时，白2冲是好手。那么白2冲的时候，黑3拐应该如何应对呢？

此时可以白4立。这样黑棋不能在4位提，同时黑a渡过已经不成立。

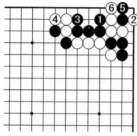

图25

图25（对杀）

接下来黑1、3长气。白4拐、黑5立与白角上数子形成对杀关系。

但是白6打吃之后，白角上数子气变得非常长。

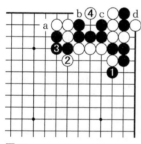

图26

图26（黑棋被吃）

此时黑1打吃，白2先手打吃之后4位点。对杀白胜。

本图中，白棋不仅避开了对方设下的陷阱，后续的正确应对成功将黑棋全歼。

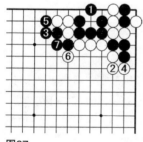

图27

图27（白好）

上图黑1如本图黑1做眼可以避免被全部吃掉的命运。

白4、黑5拐之后双方各吃对方三子，从实地和外势来看都是白棋明显优势。综上所述，图20的黑1是过分手。

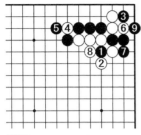

图28

图28（断）

黑1断是韩国棋手首创的新手。与白2交换之后黑3靠，这样黑7打吃先手。所以白4断的时候黑5可以打吃应对。请将本图与图24进行对比。

但是白8可以在中腹提掉一子，也是可以接受的局面。

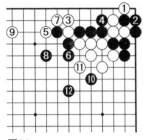

图29

图29（战斗）

接下来白1吃、3立。黑4吃掉角上白子，白5夹出头。黑6长先手，但此时白棋已经提了一子，黑棋已经无法对白造成威胁。

黑8跳，白9拆二，接下来形成战斗局面。黑8以下是其中一种变化。

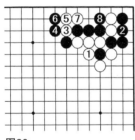

图30

图30（弃子战术）

图28中的黑3，本图白1直接提的下法在实战中经常出现。

黑2必然，接下来白3断。后续双方下法必然，形成了弃子作战的局面。黑4~8，白三子有三口气。

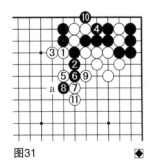

图31

图31（两分）

接下来白1断、3长。黑4紧气，白5夹。

黑8制造断点之后，黑10吃掉白三子。本图形成实地与外势的局面，双方可下。

接下来黑会a位动出挑起战斗。

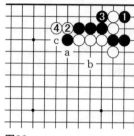

图32

图32（变化）

本图是黑1靠之后的基本定式。白2断，黑3吃掉白二子，后续双方在外围展开战斗。

白4长，接下来图10中黑a位长。当然此时黑棋的下法绝不仅此一种，还有b位点、c位压等。接下来展开讲解。

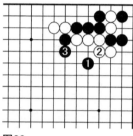

图33

图33（白不好）

黑1急所。前提是此时白3征吃不利。如果白棋征子有利，白3打吃黑不好。

黑1瞄着断点，白2补棋形过重。此时白棋的棋形缺少眼形，黑3长，黑棋可以满意。

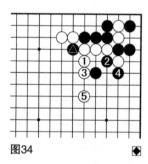

图34

图34（两分）

白1反击是必然的一手。

黑2断，白3压急所。黑4吃掉白一子，白5跳好形。黑△一子暂时无法直接动出。

◆

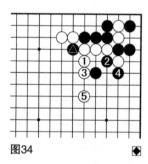

图35

图35（压）

黑也可以选择1位压。

白2扳是此时的好点，但选择起来要慎重。黑3跳是冷静的好手，接下来黑a断和b位急所见合。

不论被黑下到a点还是b点，白棋都会非常难受，究其原因在于白2扳过分。

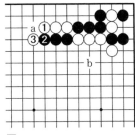

图36

图36（长）

黑棋压，白只能1位长。

但是如果黑2继续压，白3可以扳头。如果白棋继续a位长，黑b点非常严厉。白3扳就是为了防止黑直接下在b位。

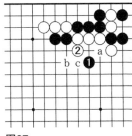

图37

图37（抵抗）

如果黑棋马上1位点在急所，则白2必然反击。白2如果在a位粘，则黑b跳，结果与图33相同，白棋形极坏。

白2反击，黑如果a位断，则白c压好点。黑1的目的并不是获得a位断点。

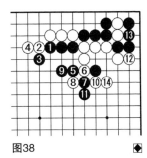

图38

图38（两分）

接下来黑1、3先手利之后再5位枷。封锁才是黑棋此时的目的。

白6冲、8断，以下可以吃掉黑一子。黑棋形厚实，白就地做活，双方可下。

白8可以直接在10位断，黑11长，白12先手交换之后14补活。

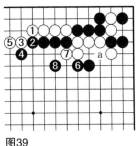

图39

图39（白不好）

上图黑1压，白如果在1位长是问题手。黑仍然可以继续压迫白棋形，之后黑6、8封锁。

黑有a位断的后续手段，所以白无法冲击黑棋外围的断点。白很难应对。

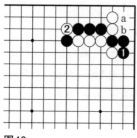

图40

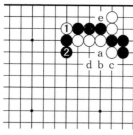

图41

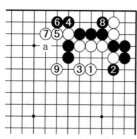

图42

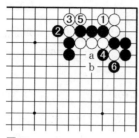

图43

②外拐

图40（可以弃子）

a位靠之后，来到黑棋1位外拐的局面。在开创黑b内拐下法之前，外拐是雪崩定式中出现频率最高的下法。

白2断，接下来黑可以选择弃掉三子的变化。

图41（应手）

白1断，黑2是最常见的应对。目的在于弃掉三子获取外势。

白棋的应手主要是a位粘、b虎、c长等。d位跳、e直接紧气等下法出现较少，要根据具体局面做出选择。

图42（黑有利）

白1跳在实战中很少出现。

黑2打吃先手，接下来黑4打吃可以吃掉白角上二子。

进行至白9，形成白棋外势、黑棋实地的局面。但黑还有a位逃出的后续手段，黑棋可以满意。

图43（黑厚）

白1拐吃掉黑三子。但黑2、4的组合拳让白棋无力招架（白5若下a位，则黑b），黑6拔花棋形漂亮。

黑棋形厚实，白棋获得先手可以抢先占据棋盘上其他关键点。根据具体实战局面，本图也是可以选择的变化。

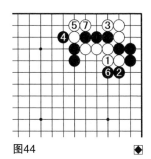

图44

◆

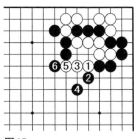

图45

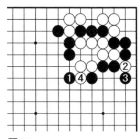

图46

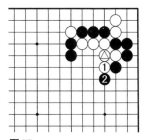

图47

图44（定式）

白1粘看似棋形笨重，其目的是不给黑棋顺调整形的机会。

黑2扳，白3拐吃掉黑三子。黑4、6先手利，白留有下图所示的后续手段。

黑棋获得先手，双方可下。

图45（后续手段）

白1扳可以将黑棋分断。此时黑棋没有阻止的手段。

黑2、4之后再6位扳应对，可以将上下两块棋都进行加固。白1分断的时机要谨慎选择。

图46（不成立）

白棋看似气紧，上图黑4选择本图黑1试图直接封锁。此时白棋有应对方法，黑1不成立。

白2断好手，黑3打吃，白4冲黑棋已经无法阻止。

黑棋只能想办法间接利用白棋气紧的问题。

图47（拐）

此时白可以1位拐。黑棋必须紧气，黑2扳。

本图的变化与△下在1位虎的棋形相同，后续请参考图48以后的变化。

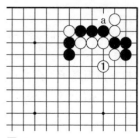

图48

图48（虎）

白a位拐可以吃掉黑三子，但这样一来外围就会变成黑棋厚势；白1虎的意思是：我要出头，角上白二子，如果黑棋要吃就请动手吧。

黑棋也并不想吃掉白角上二子，接下来双方就在虚实中反复相互试探。

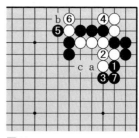

图49

图49（定式）

黑1打吃、3扳。目的仍然是弃掉黑三子获得外势。白4拐是稳健下法，进行至黑7告一段落。黑有a位扳和b位挡的保留先手。

白4可以c位跳出头，放弃吃掉黑三子。具体进程在后续变化图中阐述。

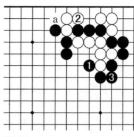

图50

图50（旧型）

上图黑7可以先在1位扳紧气，获得先手后3位回补。

但是白2打吃后，黑a就失去了先手。可以先保留黑1与白2的交换，根据后续进程选择要黑1还是a位的先手。

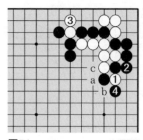

图51

图51（定式）

白3立之前，可以先在1位打吃交换。在后续出头时，可以白a扳，黑b，白c粘。

但是这样一来，黑4打吃棋形厚实，与图49相比各有优劣。

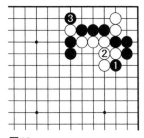

图52

图52（其他下法）

黑1先手交换之后再3位打吃，吃掉白角上三子。

白棋后续会获得外围厚势，本图的下法在实战中很少出现。但根据具体局面可以作为备选变化进行参考。

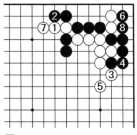

图53

图53（旧型）

白1长，黑吃掉白角上二子，白获得外势。

黑2爬，白3、5先手封锁。白7长，黑8不可脱先，这是本图中的关键。

白棋外围棋子配置较好，未来发展可观。

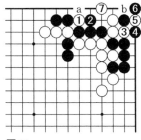

图54

图54（打劫）

上图黑8如果脱先他投，白1断角上形成劫争。

黑2打吃，白3冲、5扑、7位小尖是手筋好手。接下来白a、b两点见合。黑a提则白b扑形成劫争。

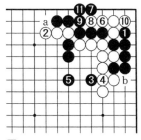

图55

图55（余味）

图53中的黑6直接选择1位拐可以暂时保证局部安全。白2长，黑3、5出头。

白6拐，黑7以下进行至黑11，对杀黑胜。但是后续白有a位、b位等绝对先手。与图53相比各有优劣。

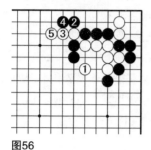

图56

图56（进行）

白不吃角上黑三子，而选择1位跳出。这是近年来出现的有利下法。本图后续可能出现非常复杂的局面。

接下来黑2、4吃掉白二子必然。

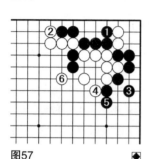

图57

图57（两分）

黑1挡紧气，白2拐好点。如黑不满被白2拐封头，可以2位继续爬，后续会形成战斗局面。

白2拐，黑3虎吃掉白角上二子。白4先手虎、6夹吃掉黑中腹二子，双方可下。

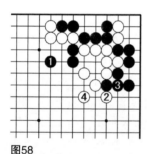

图58

图58（动出）

上图黑5，可以选择黑1直接动出二子。接下来与上边白四子形成互攻的局面。

但是白2打吃的绝好点，是黑不得不忍受的。黑3粘，白4虎补。后续进入中腹战斗。

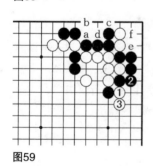

图59

图59（白可战）

图57的白2，最近选择本图白1断吃的实战对局越来越多。黑2粘，白3长。

角上白a～e的后续手段较为严厉，黑棋早晚都要找到机会花一手棋在f补强。

考虑到这一点，本图是白可战的局面。

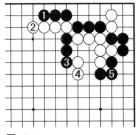

图60

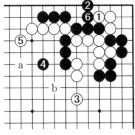

图61

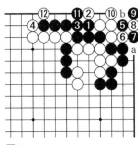

图62

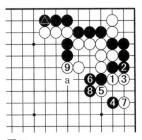

图63

图60（出头）

黑1继续爬长气，如此已经可以吃掉角上二子。但是后续白棋还有各种强有利的反击手段，结果当然不能完全如黑所愿。

黑1、白2交换之后，黑3、5整形。

图61（战斗）

接下来白1拐，黑2跳是手筋，这样可以把白三子净吃。

但是白5小尖好手，黑6必须紧气。以下双方在外围形成战斗，后续白可以下在a位或者b位。可以根据具体局面做出选择。

图62（缓一气劫）

黑1是问题手。白2先手打吃、4位拐，对杀已经无法避免。

黑5靠，白6～12紧气。结果是白棋缓一气劫。黑5如果下在6位，白5位拐、黑8位扳结果更差。接下来白7形成紧气劫。

图63（强手）

图60中的白2，如本图白1打吃、3位挡是当下的强手。以下图64至图67的变化图手数繁多，如果没有后续对策，就不能选择黑△爬的下法。

黑4是棋形要点，白5、7长气。白9必然，否则黑a夹白外围对杀不利。

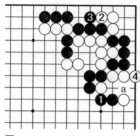

图64

图64（对杀）

黑1打吃，后续可以a位挖。

白2拐先手交换、4位立。白4是好手，接下来白角上三子和边上数子与黑五子形成对杀。

接下来——

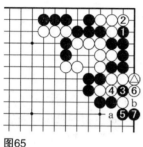

图65

图65（一本道）

黑1拐，白2挡。因为△子的缘故，黑棋必须选择与边上白数子对杀。

黑3挖、5打吃先手利、黑7立收气。此时白如果a位断，黑b打吃只此一手。

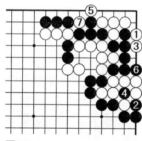

图66

图66（白好）

此时白1扳是正确下法。

黑2打吃，白3紧气，形成劫争。白棋的目的就是白5找劫。黑只能6位提消劫，白7形成转换。白棋可以提掉上边黑四子明显可以满意。

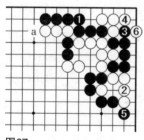

图67

图67（黑失败）

图64中的黑3，如本图黑1粘。黑棋选择1位粘是不想形成打劫，但后续进程可以看出，对杀明显黑棋不利。

此时白角上三子已经暂时没有气紧危险，白2粘在外边长气之后对杀已经占优。

后续黑有a位好点，但角上黑六子被吃，明显失败。

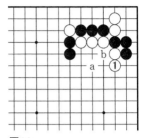

图68

图68（长）

白1长。看起来白给了黑a的好点，不用担心，白棋有相应的对策。

黑棋的下法首先肯定是a位点方。还可以直接b位断挑起战斗。

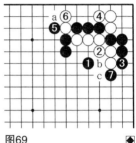

图69 ◆

图69（定式）

黑1点方，白2冷静粘是好手。黑3爬，白4吃掉黑三子。

黑5打吃、7扳局部告一段落。黑留有a位或者b位先手利。

白还有c位扳出的后续手段。双方可下。

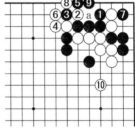

图70

图70（白稍好）

上图黑3，可以直接1位紧气。这样黑能吃掉白角上二子。白2是此时的手筋。

黑7夹正解，如果黑a提，则白10在角上还有先手利，黑棋在中腹战斗中会落后一手。本图白稍好。

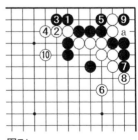

图71

图71（白有利）

黑1打吃、3爬会帮助白棋加强外围厚实，并不是好选择。

白6小飞，接下来瞄着a位紧气（黑7，白8扳头）。黑9必须补棋，进行至白10，战斗白有利。

白2直接7位拐，黑2位提棋形厚实，黑好。

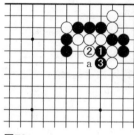

图72

图72（断）

黑1断，会形成白棋得到外势，黑棋取得实地的局面。

白2只此一手，黑3继续出头。

黑3如果选择a位滚打也是一种选择，但从结果来看因为黑所得外势并不完整，黑不能满意。

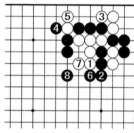

图73

图73（黑好）

白1打吃出头、白3拐吃掉黑三子。

但是接下来黑4打吃先手利，黑6、8可以将白整体封锁。黑棋在外围形成巨大厚势，可以满意。

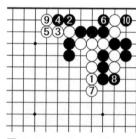

图74

图74（白稍好）

白1压只此一手。

黑2打吃，吃掉白角上二子。但是白5长先手，黑6必须马上角上紧气，接下来白7、9都是先手，白棋外势所得更加可观。

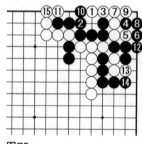

图75

图75（黑被吃）

上图黑10不能脱先。否则白1是此时的杀棋手筋。

黑2粘，白3连回形成对杀。白5冲长气，白13延气，对杀白胜。

进行至白15，黑崩。

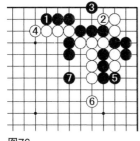

图76

图76（黑稍好）

图74的黑6，如本图黑1爬是必然选择。白2拐，黑3跳是此时的手筋。

这样黑可以将角地收入囊中，黑好。

白6跳、黑7跳是既定手段。

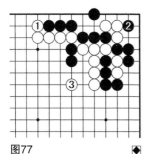

图77

图77（两分）

上图白6跳，可以先在白1先手拐，白3跳。这样能够牵制黑二子的活动空间，是比较坚实的下法。

上图的白6还是本图白1，白棋可以根据具体局面进行选择。

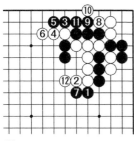

图78

图78（场合下法）

图74的黑2打吃，先如本图进行黑1、白2的交换。这个变化曾经在实战对局中出现。

这是重视右边发展的下法，但是对于上边来说有些勉强。

白8、10先手利，后续黑棋想要吃掉白角上四子，需要花费一番工夫。

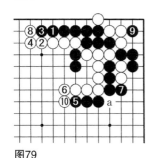

图79

图79（实地与厚势）

黑1、3长气必然。白4长，黑5、7回身补强下边棋形。

白8拐先手、10拐头。后续白留有a位断点，形成了白棋获得厚势、黑棋实地的局面。

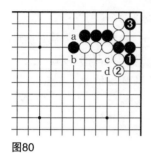

图80

图80（定式之外）

黑1外拐，定式下法是白a、黑b交换之后再2位长（白2也可以下在c位或者d位）。

如果白棋不进行交换直接在2位长，则有可能会形成定式之外的结果。这是行棋次序的问题。

黑3冷静。

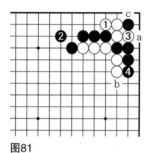

图81

图81（黑好）

白1拐，黑2虎补。白3冲，黑4爬。接下来黑a、b两点见合。

白c位打吃黑一子可以叫上做活，但黑下到b位扳头，必然是黑有利的局面。

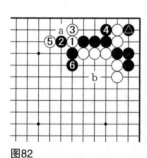

图82

图82（打吃）

白1断是此时必然一手。这样黑占据了6位长的好点，因为黑棋在△位已经紧气，不需要担心角上安全。

黑2打吃、4紧气，白陷入被动。

白5是手筋，黑6长，接下来白a，黑b，黑好。

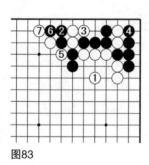

图83

图83（非常手段）

白很想在1位跳方，但黑2冲严厉。

白3拐先手，白5、7是此时白棋的非常手段。黑棋必须小心应对，否则会落入白棋圈套。

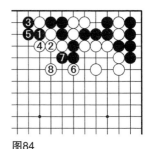

图84

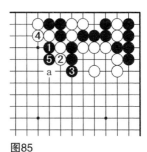

图85

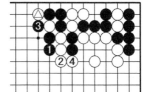

图86

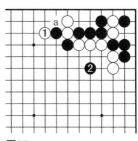

图87

图84（黑失败）

黑1、3吃掉白一子，白4、6先手，黑7拐，白8可以枷封锁。

后续对杀，双方都是三口气，轮到黑棋先走。对杀黑棋可以获胜，但白外围形成巨大厚势，白棋的非常手段大获成功。

图85（征子关系）

黑1切断。白2长，黑3长。白4粘，黑5征吃。

本图是以黑棋征子有利为前提。如果黑棋征子不利，黑5在a位夹同样是黑棋可战的局面。

而且——

图86（黑好）

征子黑棋不利，黑1可以直接打吃。

白4吃掉黑二子，黑弃子之后，黑3提掉上边白一子，转换黑满意。

△一子成为废子，白不能接受。

图87（其他下法）

白1夹，黑可以直接2位点方。

围绕黑a有各种借用，白棋很难找到合适的应对方法。而黑棋角上已经净活。

图80中，黑1拐，白2长的下法不成立。

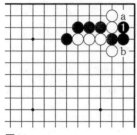

图88

③内拐

图88（开始）

黑1内拐。这是"大雪崩内拐定式"的开始。内拐定式为吴清源九段首创，它取代了a位靠、b位外拐成为雪崩定式的主流下法。

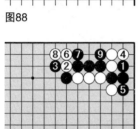

图89

图89（主线）

首先展示"大雪崩内拐定式"的主线下法。虽然过程中还会有其他变化，进行至黑9是大雪崩内拐定式的主要次序。在此基础上会发展出其他下法。

最重要的是白2、4的次序。

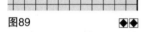

图90（定式）

本图是大雪崩内拐定式最具代表性的定式。这是接图89之后的下法。

白1打吃，黑2长是雪崩定式的必然下法。黑吃掉白角上三子，后续双方逐鹿中原。

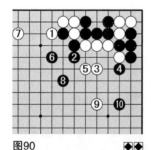

图90

图91（定式）

白1长，不想让黑走到上图4位打吃。黑2是新手。以往的实战棋谱中黑多下在a位应对。

黑2以下至白7，是比较新的定式下法。如今已经是雪崩的代表定式之一（详细请看图133以下变化图）。

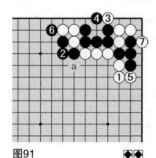

图91

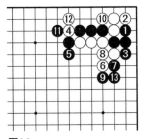

图92

图92（前后次序）

图89的关键是白2、4的行棋次序。本图将白2、4的次序颠倒，此时黑5也不在11位打吃，而是直接长。

白6以下至黑13，如346页图49所示，与外拐定式棋形相似。其中多了黑1与白2的交换——

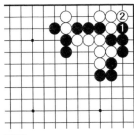

图93

图93（白损）

本图中黑1拐和白1挡，双方各有一半概率可以走到该处官子。问题是黑下在1位拐的时候，白会脱先他投。走在2位交换明显亏损。

因此上图白2一定要先在4位断交换之后，再2位拐角。

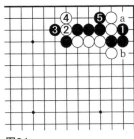

图94

图94（白失败）

黑1内拐，白2切断，这是正确次序。黑3打吃，白4立是问题手。此时必须在白a位拐。

白a与黑b交换，让黑棋花手数吃掉白角。这样一来白有机会在外围落子。

接下来——

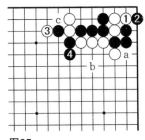

图95

图95（黑好）

此时白1拐，黑不用在a位拐，可以直接2位扳紧气即可。这样黑棋角上已经净活，可以全身心投入外围的战斗中。

白3夹是此时的手筋，黑4长之后黑b急所和c位分断见合，白棋苦战。究其原因，上图白4导致了问题的出现。

357

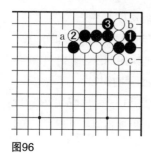

图96

图96（吃二子）

黑1、白2之后，黑a打吃是普通应对，本图黑3也是一种选择。如此一来可以避免白b与黑c的交换，白角上二子已经被黑净吃。

接下来就是黑白双方在外围的攻防战。然后——

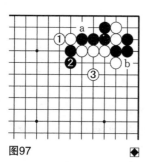

图97

图97（战斗）

白1、黑2长形成战斗，白3是棋形急所。

外围黑棋有一块孤棋、白棋有二块。但白后续有a位、b位两处先手利，棋形本身的安定可以保证。接下来举两个变化图展示后续变化。

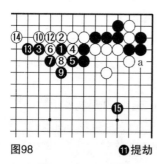

图98　⓫提劫

图98（两分）

黑1跳、白2、黑3跳。白4、6，黑7打吃。白8提、黑9打吃是常见的封锁手筋。

白10出头，黑11～15形成攻势，白a先手，棋形不会受到严重威胁。

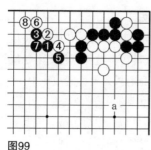

图99

图99（两分）

黑1跳封，白2托、黑3扳。白4、6好手，后续黑会a位夹击等手段。

黑1也可以3位夹，白1肩冲形成战斗。

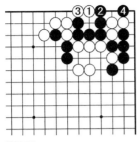

图100

图100（黑胜）

补充基础定式图90的变化。

形成本图的局面之后，角上对杀黑胜，白三子被吃。

白1点，黑2、4应对。白1、3是官子手段，也可以保留在打劫时作为劫材使用。

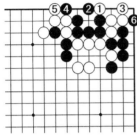

图101

图101（双劫）

特殊场合下，白有1、3的手段。黑4、6可以形成双劫连环吃掉白棋，白因此可以获得无穷无尽的劫材。

在棋盘其他区域有打劫棋形出现的情况下，黑棋需要注意本图的变化。

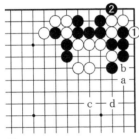

图102

图102（利用）

白1扳，黑可以2位扳应对。

这两手的交换是必然的应对，因此白有了a位的后续利用。白a，黑如果脱先，白b可以将角上白棋成功联络。

所以后续白c位跳、黑一般情况下会在d位跟跳。

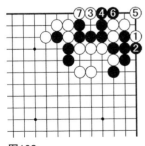

图103

图103（缓气劫）

白1扳，黑2打吃是随手棋。白3点、5做劫。

黑6紧气，白7爬形成缓一气劫。原本是净吃的棋子变成打劫，即使是缓一气劫，黑也无法忍受。

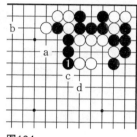

图104

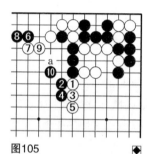

图105

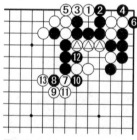

图106

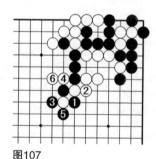

图107

图104（压）

图90基础定式黑6，可以如本图黑1压。a位跳与白b交换，黑棋不满的情况下可以选择黑1。

黑1的想法是给白右边的棋子施加压力，继而对上边的白棋进行攻击。白棋的应对有c位扳或者d位跳。

图105（定式）

白1、3扳长是常见应对。这样黑可以下到6位夹击的好点。白7、9出头，黑10顺调虎补。接下来是双方互攻的局面。

实战中也有白7先在a位虎与黑10交换之后再7位出头的下法。

图106（弃子）

将上图白3的下法做出调整。本图白想下到9位连扳的好点，所以先白1在角上进行交换。可以看出白棋后续要弃掉△三子，那么提前在角上收官是绝佳时机。

进行至白13，黑棋获得实地，白棋取得外势，双方两分。

图107（黑厚）

黑棋如果不想吃掉白三子，可以黑1、3打吃。

白4如果切断，黑反过来实现了弃子作战。黑棋弃掉四子，在中腹拔花，外围厚实。

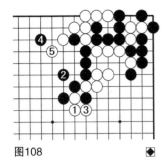

图108

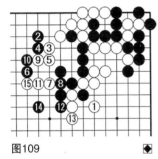

图109

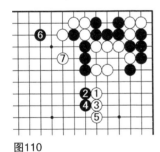

图110

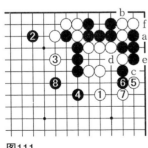

图111

图108（两分）

上图白4在多数情况下会选择白1长。

黑2虎，白3吃掉黑一子棋形厚实。黑4夹击，白5出头。白棋本身有充足眼形，不用担心被攻击。

图109（实战例）

上图白3，在实战中也出现过在白1夹吃的变化。

黑2夹，4、6攻击，白7～15出头，后续双方形成互攻局面。

图110（战斗）

图105的白1扳，也有本图1位跳的下法。黑2压，白3长，黑4压，白5长，是双方都较为温和的变化。

黑6夹是既定下法，白7跳出头。后续双方在中盘展开战斗。

图111（战斗）

白1跳、意在5位的手续手段。黑2夹击挑起战斗。

黑6、白7交换是为了防止白a扳。有了这两手交换，白如果a位扳，按照字母符号顺序至黑f，白棋接不归。

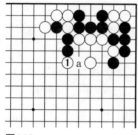

图112

图112（靠）

此时白可以不在a位双，选择更积极的顶。白a双，黑可能下在1位。白1的目的就是先发制人阻止黑棋出头。

因为自身棋形也有气紧的问题，黑棋想要反击也并不容易。

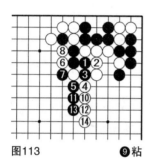

图113　❾粘

图113（白可战）

黑1拐，3、5出头棋形气紧，俗手。

白6、8先手滚打之后10长，好形，黑11，白12，黑13，白14。白棋出头在前，可以满意。

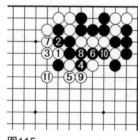

图114

图114（两分）

黑1扳是正确应对。此时白有积极或稳健的选择，本图白2是平稳的下法。

黑3拐，白4顶。黑5长，白6跳整形。

后续是复杂的战斗局面，一般来说是双方可下。

图115（场合手段）

此时白可以1位断。黑2以下吃掉白三子。

如图所示，黑棋获得实地，白棋得到了外势。本图的弃子战法，如果在左上有较好的棋子配置不失为一个好的选择。

图115

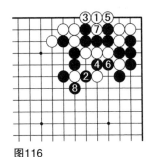

图116

图116（白贪婪）

在上图白1选择弃子之前，白棋还想在角上先收官，这样的想法过于贪婪，必然遭至黑棋的反击。

黑2打吃，弃掉上边黑五子。进行至黑8，黑棋优势。在实战中黑6、8可能会保留。

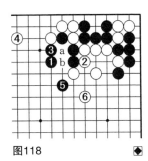

图117　◆

图117（两分）

此时黑1虽然是愚形，但目的明确，就是不让白棋达到预定效果。

白2粘，黑3跳出。

白4刺先手、6拆二。黑7跳，两分。

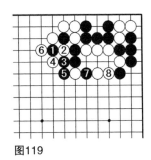

图118　◆

图118（两分）

黑1跳目的与上图黑1相同。

白2紧气，黑3顶。

白4、6形成互攻局面。白4也可以a位提、黑b粘交换。

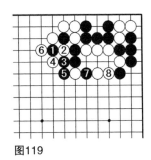

图119

图119（白好）

黑1寻求进入中腹的行棋步调，反而给了白棋机会。

白2提、4切断好手。黑5拐，白6提。黑7挖吃，白8出头。

白好。

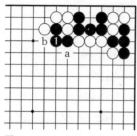

图120

图120（粘）

此时黑棋放弃a位长，选择黑1粘。看起来黑1的下法棋形有些笨重，但后续变化中可以看出黑棋形状厚势，具有攻击力。

接下来黑b先手利，但白马上抢占b位并不一定合适。

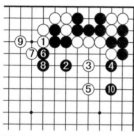

图121

图121（黑稍好）

白1直接压，黑2跳冷静。接下来3位是急所，白3跳。黑4打吃先手白难受。

白5跳，黑6、8整形，进行至黑10，黑可战。

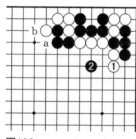

图122

图122（白长）

白1长，不想黑棋出头。黑2急所。

此时黑可以直接2位点方，也可以黑a、白b交换之后再2位点方。

接下来黑白双方即使在角上都使出最强下法，也无法在局部完全定形。

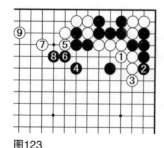

图123

图123（黑稍好）

白1粘棋形缺乏弹性。

黑2、白3交换之后可以吃掉白角上三子。黑4、6整形，棋形厚实。接下来在右边黑棋形成攻势，局面有利。

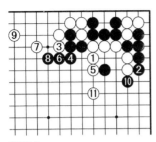

图124

图124（黑好）

白1抵抗是一种心情，此时黑2爬是好手。

白3、5两边整形，但黑下到10位扳棋形舒畅。所以白1——

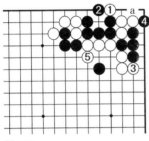

图125

图125（余味）

白1扳、3拐先手利之后，再5位出头。

白1与黑2的交换是为了保留a位打劫的手续手段。白1如果直接在3位拐则黑4扳，角上的余味就此消失。

接下来——

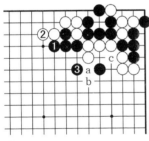

图126

图126（夹）

黑1先手拐，3位夹。

为了接下来白a冲，黑可以b位直接挡住，黑1与白2的交换必不可少。

此时若白只能c位补，棋形无法忍受。

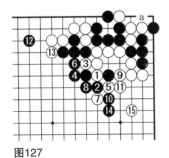

图127

图127（战斗）

白1、3冲、5断。

黑6粘先手、10打吃，获得外势。进行至白15是实战例，局势基本两分。

后续的战斗需要注意的是黑棋角上还有a位的手段。

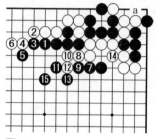

图128

图128（打劫）

图126的黑3夹，也可以如本图黑1、3做出调整。

黑7、9、11封锁。此时黑棋外势较上图更为厚实，但同时也让上边白棋获得了充足的实地。优劣难辨。

白还有a位的打劫。

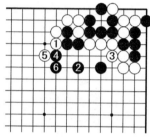

图129

图129（压）

此时白棋也可以放弃图125中白5的下法，而是白1出头。黑2，白3。

后续黑4、6好形。

白棋左右两边棋形都尚未完全安定。

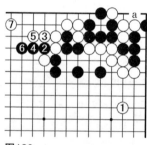

图130

图130（打劫余味）

接下来白1拆二，黑2断。

本图在角上也留有白a的打劫手段。这是白棋的缓一气劫，虽然黑棋暂时不需要补棋，但后续进行需要时刻注意这里有打劫的余味。

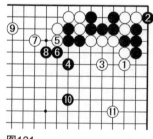

图131

图131（简明下法）

黑棋想要避免角上余味，可以白1长的时候，黑2直接扳。

白3跳方。虽然感觉黑棋有所退让，但仍是双方可以接受的局面。

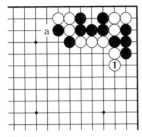

图132

图132（长）

此时白不在a位打吃，而是1位直接长。目的是不让黑棋走到1位好点。这是很久以前就有的下法，如今逐渐被a位打吃取代。

根据黑棋的应对方法，有可能后续形成非常复杂的局面。

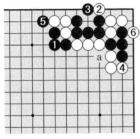

图133 ◆◆

图133（定式）

再次展示现代代表性定式（356页图91）。

黑1粘简明。就此黑棋可以成功定型，进行至白6告一段落。

后续黑保留了借用a位断点的手段。

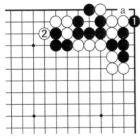

图134

图134（打劫余味）

上图黑5如果在1位扳，则白2扳出头。这样角上白棋留有a位打劫的后续手段。这也是上图白2、4次序的目的所在。

黑1虽然也是一种选择，但必须注意角上余味。

白2——

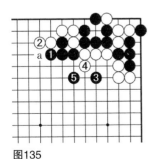

图135

图135（战斗）

黑1拐先手、3位点急所。

黑5夹后续图126、图127的变化相同。

另外黑5还可以继续a位压，会形成图128的局面。可以将两图进行参考做出选择。

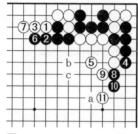

图136

图136（别法）

如果不能接受图133的结果，可以选择白1扳。接下来黑2、4之后，白角上三子被吃。

白5急所，黑6、8、10出头，白10跳，后续双方在中腹展开战斗。

白11还有a、b、c 3种选择。

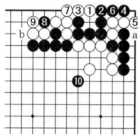

图137

图137（其他下法）

上图白7还有本图白1的下法。此时白1的目的并不是收官，而是在创造眼位。

白7粘、黑8断长气可以先手吃掉角上4颗白子，但交换之后白上边棋形已经完全活净。

黑8可以直接a位打吃，则白b长。两种下法各有优劣。

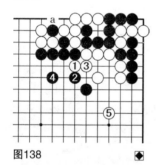

图138

图138（两分）

接下来白1扳保护眼位，黑2小尖是正确应法。

黑4跳，白5大飞出头告一段落。双方棋形都尚未完整，暂时停战。

上边的白棋因为a位先手已经完全净活。

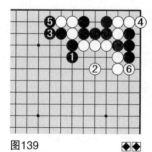

图139

图139（定式）

此时黑1没有直接粘住，而是选择长出头。黑1长是形成复杂变化的钥匙。

本图中黑3长，白4，黑5，白6，双方分别吃掉三子和四子，形成转换。

本图与图133的代表定式结果非常相近。

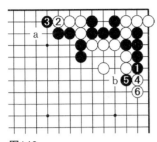

图140

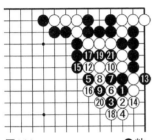

图141　⑪粘

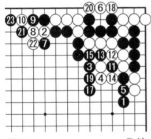

图142　⑯粘

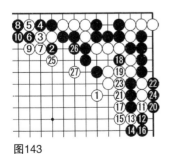

图143

图140（爬）

上图黑5选择本图1爬，拒绝白棋吃掉角上黑四子。此处必然遭到白棋的反击。

白2爬、4扳，黑5断，白长。接下来如果黑a、白b是双方平稳转换的局面，但这不是黑1爬的初衷。

图141（征子关系）

黑1、3的下法与征子有极大关系。白16、18如果征子有利白好，如果征子不利白崩。

因为有征子的问题，进行至黑21，黑可以吃掉白三子。但即使如此也是白优的局面。

图142（黑好）

上图黑1还是选择本图1跳更好。

白如果5位冲，会伤害到旁边的白子。所以白2断选择挑起更复杂的战斗。

黑5、白6点可以吃掉黑五子，但外围黑棋形成巨大厚势，黑好。

图143（白稍好）

上图白6，也可以选择白1小尖出头攻击中央黑棋。

黑先吃掉上边白四子，然后再吃掉角上黑四子，进行至白27是双方可下，白稍好的局面。

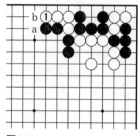

图144

图144（爬）

白选择1位爬，是不满图139的结果做出的反抗。但是黑棋很可能也会做出反击，后续会形成手数繁多的复杂变化。

黑a是稳健应对；黑b扳回形成复杂局面。

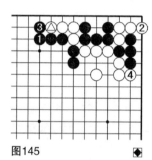

图145

图145（两分）

黑1长坚实。此时白棋也没有更好的反击手段，白2立，黑3，白4告一段落。

请将本图与图139进行对比。白△交换对最后的结果并没有改变，还是被黑棋吃掉。当然这里有白棋的行棋理由。

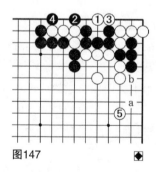

图146

图146（理由）

此处可以利用白棋的三口气，获得收官好手。白1、3是官子好手。而图139是没有官子手段的。白棋弃掉四子，目的在此。

而黑棋的棋形更加厚实，双方都有所得。

图147

图147（两分）

此时先在白1点与黑棋交换之后，白5拆边，也已经彻底的将黑四子吃掉。

但是后续黑棋有a位点、b位爬等后续手段，两者各有利弊。

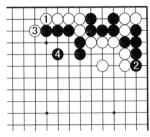

图148

图148（白无理）

此时白1爬是无理手。

黑2爬将角上白三子净吃。白3扳、黑4跳方好形，白不利。

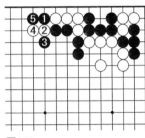

图149

图149（扳）

黑1扳强手。此时即使选择稳健的长，黑棋也是可以满意的。这样下的目的是引出白棋更多的问题手。

但是白2断之后变化非常复杂。

后面选择实战对局来进行讲解。

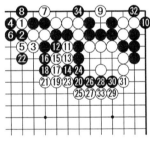

图150

图150（具体局面）

如图所示是复杂的变化。

白将上边全部弃子在外围获得巨大厚势。

本图手数繁多，与左上角和右下角棋子配置关系极大。如果白棋的厚势可以发挥作用，是白棋可下的局面。

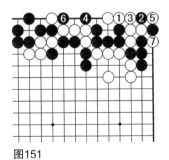

图151

图151（黑好）

上图白11，如本图白1连回。这样下是不想弃掉角上白子。黑2打吃、4位扳，先将上边白四子吃掉，保证棋形没有任何问题。

进行至白7，角上地盘为白棋所得，但左边白棋四子明显薄弱，是黑好的局面。

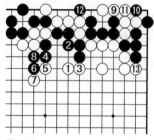

图152

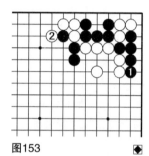

图153

图154

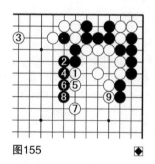

图155

图152（两分）

上图白1，也可以选择本图白1。接下来瞄着2位切断和其他后续手段。

黑2粘、白3至白7先手利，白9转身在角上落子。与上图相比，明显白棋所得更多。双方可下。

图153（旧形）

黑1爬可以吃掉白角上三子，获取角地。白2打吃好点。

后续白棋会全力攻击黑外围三子。

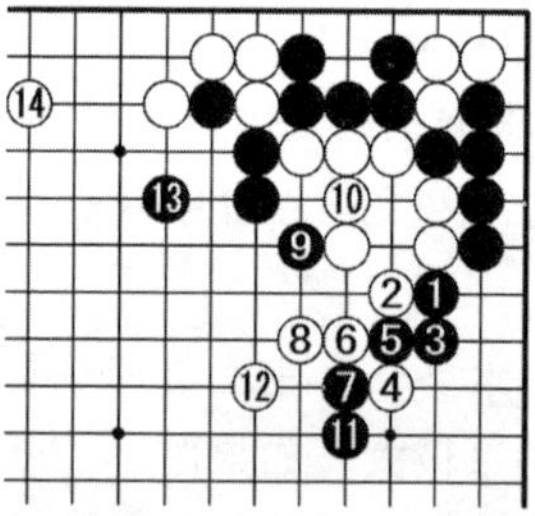

图154（定式）

接下来黑1、3出头。白4跳，诱黑冲断顺调整形。

黑11长之前先在9位小尖是急所。白10只能忍耐。黑9如果直接在11位长，则白会抢占9位补活。

图155（两分）

上图白4，还可以选择本图白1。目的是不让黑走到上图9位好点。

黑2、白3，黑4、6出头。

黑8长、白9压，形成双方可下的战斗局面。

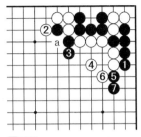

图156

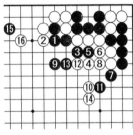

图157

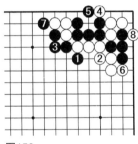

图158

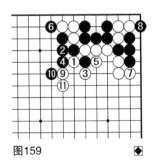

图159

图156（简明）

除了a位粘、3位长，黑还有1位爬的选择。但是如图153中的讲解提到的那样，白2打吃是好点。

以下黑5、7出头，还原图154的局面。

黑3——

图157（战斗）

黑1粘棋形略显沉重。白2、黑3，进行至黑7先手利，黑9跳出头。

白12、黑13顶弃掉二子。黑3、5所得巨大，可以接受。

黑15夹击，双方都有未完整的棋形，后续形成战斗局面。

图158（扳）

此时黑1扳也是变化之一。目的是在吃掉白三子之前先手利用。

进行至白8，与图133代表定式相比多了黑1与白2的交换。这两手白稍有被利之嫌，结果仍然是两分。

图159（两分）

此时白1、3反击。想要破坏黑1扳的目的。

与上图不同的地方是，角地变成黑棋的，而白9、11形成厚势，仍然是双方可下的局面。

7. 上靠

黑a下托、黑1上靠。托的目的是获取角上实地，上靠更重视中腹、右边未来发展。

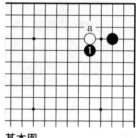

基本图

图1（白的应手）

白的应手有a扳、b托角。白a是与黑棋争夺势力的下法，b为了进角谋求眼位。

白c、d的下法在特殊场合下可以选择，并不是基本定式。

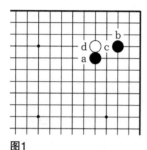

图1

①扳

图2（基本形）

白1扳，黑2退。这是常识下法。

白3虎。此处白还可以a位粘，b位长。

接下来黑可以脱先他投，如果继续在这里落子，可以选择c位夹或者b位扳。

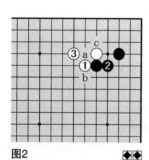

图2　◆◆

图3（定式）

接下来黑1夹。白2虎，黑3立获取角地。

进行至黑3告一段落，如果白棋还是继续在局部落子可以4位跳。黑先则会在a位扳扩张。

白4跳，一般情况下黑会在5位拆边。

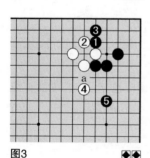

图3　◆◆

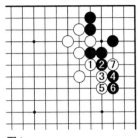

图4

图4（断）

上图黑5如果脱先，局部如果白棋先落子，1位虎好点。黑2拐，白3虎棋形厚实。

黑6爬，白7断是手筋。

接下来——

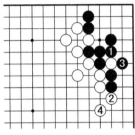

图5

图5（白好）

黑1打吃，白可以2位扳。因为白有3位立的后续手段。

黑3提必然。白4虎将黑棋完全封锁，棋形厚实。

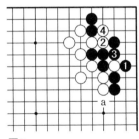

图6

图6（破坏）

黑棋不能忍受上图白2扳，选择本图1位抱吃。白有了2、4冲的手段。

白2、4破坏黑角地心情舒畅，如果不想让黑下到a位，也可以选择a位长，后续保留2、4的手段。如果接下来黑a打吃，白可以获得先手抢占其他大场。

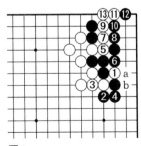

图7

图7（白可战）

将视线回到图4，白5也可以直接如本图白1断。

黑2、4，白5吃掉黑二子。黑4如果在6位打吃，则白4断吃，黑a提子，白b打。

由此可以看出，图3中白4跳，黑棋的本手是5位拆边。

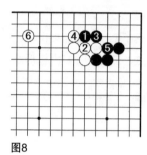

图8

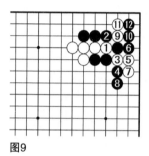

图9

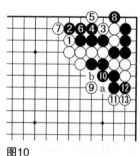

图10

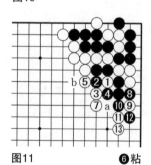

图11　　　　❻粘

图8（旧定式）

图3中的黑1，如果下在本图1刺，进行至白6，也曾经被认为是定式下法。角上黑棋形状牢固，白棋拆边棋形普通。

但是白4其实有强硬的反击手段，是选择本图稳定应对还是反击，选择权在白棋手上。

图9（反击）

白1挤、3断是此时的反击手段。

黑4、6是黑棋的最强抵抗。白棋两边都很难吃掉黑子。即使如此，白棋也有获取优势的下法。

接下来——

图10（白厚）

白棋准备将角上二子、右边三子全部弃掉。

首先白1拐先手。接下来白9点方、11鼻顶。进行至白13，虽然白棋落了后手，但还有a、b的先手，白外势极厚，可以满意。

图11（其他下法）

上图白9也可以考虑本图白1断吃。黑2、白3反打是手筋。接下来黑8拐，白9夹也是手筋好手，进行至白13，完全弃子战术。后续白a也是先手。

黑4如果下在5位拐，则白4粘，黑b，白10可以吃掉黑二子。

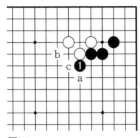

图12

图12（扳）

相较于角上实地，黑1更重视外势的发展。不想让白下到a位跳，可以选择黑1扳。

接下来黑b好点，黑1扳，白c位虎补应对只此一手。黑获得右边厚势，白棋在上边发展模样。

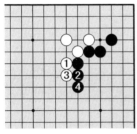

图13　◆◆

图13（定式）

白1扳，黑2长稳健。此时黑还有3位连扳的下法可以选择。

黑2长，与图14、15的下法相比黑棋有些许退让的感觉。黑2长的有点会在后面的变化图中进行讲解。

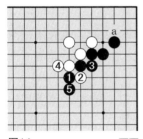

图14　◆◆

图14（定式）

黑1连扳严厉。白2断吃、4长是常型。

黑5长告一段落。黑5是强手，相对的棋形尚未完整。在白a位托角时黑棋形的问题会显现出来。

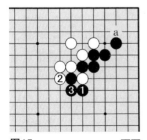

图15　◆◆

图15（定式）

上图黑5，如本图黑1打吃。白2打吃先手，棋形厚实。

图13～图15每个图形都有微妙的差别，但都是定式。差别体现在白a位托角时，黑棋的应对会有些许不同。

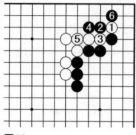

图16

图16（白无理）

黑如图13长。白1托角变得有难度。黑2至黑6反击严厉，白没有后续手段。本图白可以2位小尖，黑1位挡先手利。

也就是说，只要黑棋形厚实，白1托角的下法就不成立。

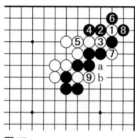

图17

图17（黑苦战）

此时是图15的后续变化。白1托，黑2扳危险。

黑6打吃，白7断吃之后可以白9逃出一子。接下来黑a，白b，外围黑三子瞬间变薄。

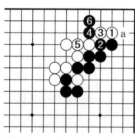

图18

图18（团）

上图黑2不成立，可以选择本图黑2、4团断。黑6立后续的战斗请参考图21。

白选择1位托时也要注意，黑棋的应对绝不止a位扳一种。

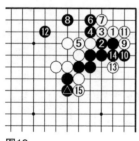

图19

图19（白有利）

黑▲长是图14的下法。此时白1托，黑3扳断肯定不行。同时黑2、4的下法也不成立。

白7、9扩大眼位，白13、15动出严厉。

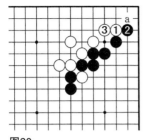

图20

图20（忍让）

所以在现在的局面下，白1托角，黑2扳是正确应对。白3连回告一段落。接下来a位对于黑白双方都是价值极大的一手，这是后话。

图13～图15的3种变化，不同就在于面对白1托角时会出现不同的应对方法。

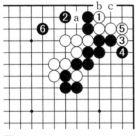

图21

图21（黑可战）

接图18，白1挡，3、5扳粘做活。

白a挖之后b位立、c位小尖是先手，角上基本已经活棋。但是黑6出头之后棋形舒畅，是黑棋好下的局面。

图18的托角，在本图中不是好的选择。

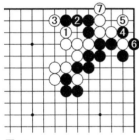

图22

图22（黑好）

上图白5，如果下在1、3紧气，则黑4、6可以提掉白一子。

本图白也不好。

首先黑4、6吃掉白一子是先手。其次白7虽然是好形，但还有下图的官子手段。

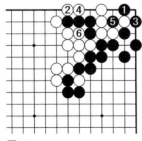

图23

图23（后续手段）

黑1夹手筋。如果打劫黑轻白重，白想要轻松劫胜是不可能的。

黑1夹，白2扳紧气可以吃掉黑四子。但接下来黑可以3、5先手收官，目数所得极大。

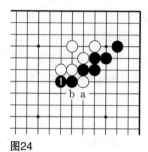

图24

图24（压）

此时黑棋的应对方法除了黑a打吃、b位长之外，还有黑1压。这是想要获取更大厚势的下法。

接下来白可以考虑长或者扳。如果扳，黑可能会挑起战斗。

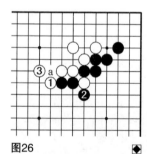

图25

图25（定式）

白1长稳健。黑2打吃告一段落。

黑2也可以继续a位压，但这样白2位长反击的可能较大。此时白b托角，黑可以c位团断（如图18所示）。如果被白2长出，结果就会不同。

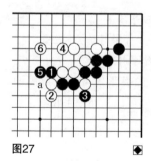

图26

图26（两分）

白1扳态度强硬。此时白棋并不怕黑a断。

此时黑棋肯定会考虑a位断的下法。如果想要避开战斗，可以选择2位打吃。

白3虎与上图相比棋形更加美观。但是本图白落了后手，上图白获得先手可以抢占其他要点。两分。

图27

图27（两分）

此时黑1断挑起战斗。

如果白棋征子有利，可以a位长。白2严厉，黑3打吃本手。白4并好形。

黑5长，白6跳补，后续双方围绕各自二子孤棋展开战斗。

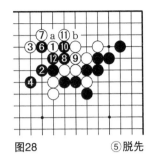

图28   ⑤脱先

图28（问题手）

上图白4如果选择1位跳，看起来是好形，其实是问题手。

黑2、4出头做好准备，黑6挖开始动手。接下来白a则黑b，白角上被吃。

所以黑4小尖，白无法脱先。上图白4是本手。

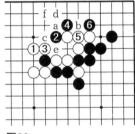

图29

图29（黑可下）

如果征子有利，白1位长，接下来白a征吃和3位打吃见合。

黑2必然，白3吃掉黑一子。后续黑在上边有引征的可能，本图黑好。

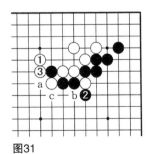

图30

图30（黑好）

上图白3如果在1位枷吃可以避免以后黑棋在周围引征。但棋形薄弱以后黑2靠变得非常严厉。进行至黑6，白气紧。

接下来白a、黑b～f，黑所得极大。

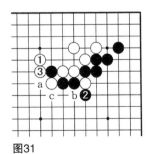

图31

图31（两分）

白有直接1位虚枷的手筋。黑3位出头，白a压瞄着b位征子。

黑2打吃，白3打吃，这样白棋不用担心引征的问题。

接下来黑c打吃先手，双方可下。

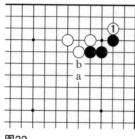

图32

图32（脱先）

此时黑棋也可以选择脱先。

轮到白棋落子，会下在白1托，实地极大。虽然此时白a跳也是好点，但如果外围发展非常重要，想来黑棋也不会脱先他投了。

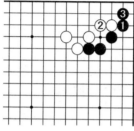

图33

图33（白满足）

黑1扳，白2退，黑不好。

如果黑3进角，此处交换明显被利。如果黑3脱先，被白走到价值极大。

黑1绝对不能退让。

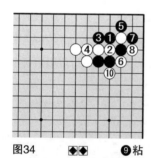

图34　◆◆　❾粘

图34（定式）

白托，黑1扳必然。白2断，黑3打吃先手。白6如果7位立，则黑6粘，对杀白不利。

白6切断、8打吃先手。白10必须征子有利，本图双方可下。

图35　◆◆　❽粘

图35（定式）

征子如果白棋不利，上图白8会选择本图白1的打吃方向。进行至白7先手打吃，白9粘住获得外势。如今的对局中即使白棋征子有利，但一旦可以预测到对手有较好的引征手段也会选择本图的下法。

黑棋如果脱先必须提前想到本图和上图的变化才行。

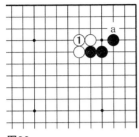

图36

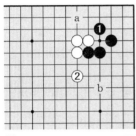

图37　◆◆

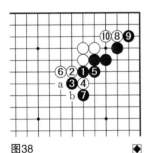

图38　◆

图39

图36（粘）

此时白1粘坚实。

白1粘的目的是防止黑棋下到374页图3的黑1。

而且白棋自身棋形一旦变得坚实，就不用担心来自黑棋的反击。白a托角也成为后续选点之一。

图37（定式）

从上图讲解可以看出，黑1价值极大。面对白棋坚实的棋形，黑棋基本上都会选择黑1小尖。接下来黑a小飞也有一手棋价值。

因为a位后续手段，白棋接下来并不着急在上边拆边。白2跳出头，后续还有b位好点。

图38（两分）

不想被白下到上图2位跳，想要把获取外势放在第一位，黑可以1位扳。但这样一来就必须忍受白8、10托角的手段。

黑7还有a位、b位两种选择。

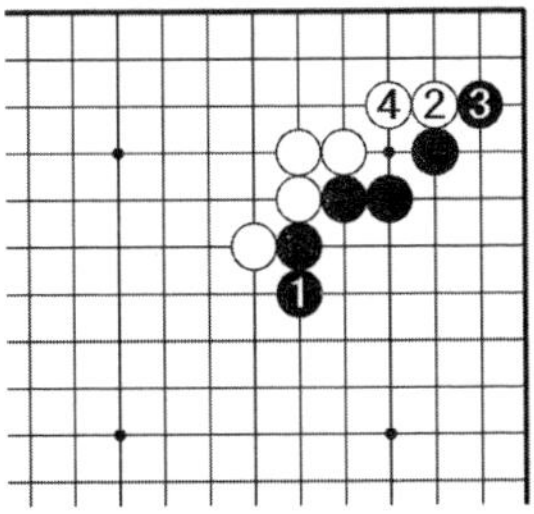

图39（两分）

上图黑3可以选择本图黑1长。但面对白2托，黑棋仍然没有任何反击手段。黑3、白4交换之后黑可以选择在棋盘其他地方落子。

白2、4如果脱先，黑4位小尖极大。上图也是一样。

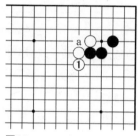

图40

图40（长）

白1长志在中腹。同时不让黑棋有机会扳头抢占制空权。

但是如果黑a断，白一子只能弃子。黑棋角上实地极大，子效很高。这是白棋为了获取外势必须付出的代价。

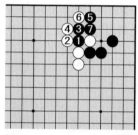

图41

图41（定式）

此时黑1断必然。白2打吃弃子。

黑5小尖正解，白6先手打吃告一段落。

本图虽然是定式下法，但由于黑棋实地所得巨大，近来已经很少出现。

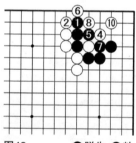

图42　❸脱先 ❾粘

图42（问题手）

上图黑5如果1位立是问题手。

白2挡，黑棋虽然可以脱先他投，但之后白有4位小尖的手筋。黑只能5位打吃，白6滚打之后成功渡过。黑同时损失了实地和眼位。

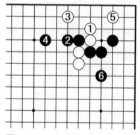

图43

图43（黑可战）

白1立不想弃子，强硬。但是黑2长之后，白瞬间陷入苦战。

白3～5虽然可以就地做活，但黑下到4、6位棋形舒展，明显是黑可战的局面。

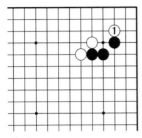

图44

图44（托）

白1直接托角。

不管棋形断点，仍然将获取角地作为第一要务，可以考虑白1的下法。

白1成立的前提是白棋征子有利。

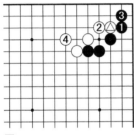

图45

图45（白满足）

白托，黑不能直接1位扳。白2退，黑3立，白4虎补。本图可以看作是白4虎之后在角上先手利。

白4虎之后再白△位托角，黑2位扳是最强手。黑1缓手。

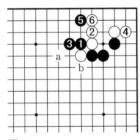

图46

图46（战斗）

黑1断是必然选择。白2、4是既定手段。

黑5跳先手，接下来黑a小尖、白b长形成战斗局面。黑棋如果征子有利可以直接b位打吃，黑厚。

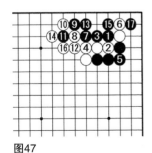

图47

图47（白厚）

黑1扳的结果不能令人满意。

黑3、5即使能够吃掉白角上一子，白6弃子可以获得可观外势。

黑17不能脱先，本图白好。

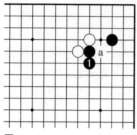

图48

图48（发展方向）

黑1长比a位更注重未来发展。虽然角上实地会受到些损失，但黑棋本身目的就是向中腹发展，所以可以接受。

根据白棋的应手，后续可能会形成大型定式。

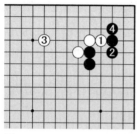

图49

图49（定式）

此时白1顶必然。黑2长，此时白是否在4位扳角是第一个分歧点。

白3拆边稳健，黑4获取角地。白先手整形，双方可下。

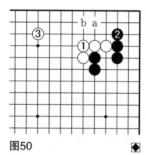

图50

图50（两分）

此时白1粘坚实。黑棋同样2位进角，白3拆边。

上图白棋先手，本图白落后手。两图的厚薄差别有一手棋的价值。此外后续黑a小飞，白可以b位挡。

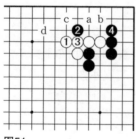

图51

图51（白棋形略重）

白1虎也曾在一段时间被认为是定式下法，但现在已经基本消失。原因是黑2刺之后白棋形过重。

接下来黑a好点。白即使下在b位分断，黑还有c小尖的后续手段。白a位跳，黑可以b位出头。

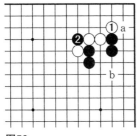

图52

图52（冲突）

白1扳是棋形要点。此处如果被白占据，黑2断必然。这是通往大型定式变化的入口。

白1扳，黑如果a位扳或者b位跳补都是缓手。此时黑2必须发起反击。

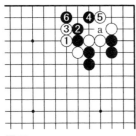

图53

图53（白无理）

面对黑棋切断，白1打吃的下法不成立。

黑2立，白3挡住，黑4小尖是此时的手筋。接下来黑a断和6位虎见合。白5补断点，黑6虎，明显是黑可战的局面。此时白棋角上还尚未净活。

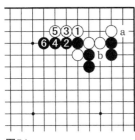

图54

图54（分歧点）

白1三线打吃。进行至黑6，黑棋形成外势。这也是黑棋原本计划下成的变化。

接下来白有a位立和b位冲两种选择。a位棋形完整但多少有些退让的感觉。

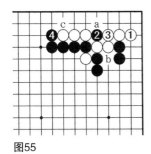

图55

图55（黑稍好）

白1立，黑2断是试应手的手筋。白如果在a位抱吃，则黑b打吃变成先手。如果白打在3位，黑4拐之后还有c位先手利，价值极大。

后续白如果b位冲断，黑棋会直接弃掉二子获取更大的外势。

387

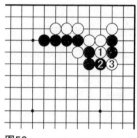

图56

图56（冲断）

白1、3冲断双方可能就此进入大型定式的局面。

此时黑棋也面临抉择。是将二子弃掉还是做活呢。弃子下法简明，做活则可能会变成手数繁多的变化。

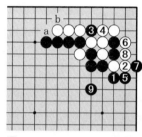

图57

图57（定式）

黑1打吃弃掉二子是简明下法。黑3先手断吃是此时的关键，一定不要忘记交换。接下来黑a拐，b位扳成为先手。

白棋获得巨大角地，黑棋外势可观，双方两分。

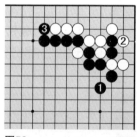

图58

图58（定式）

上图黑3可以选择本图黑1直接虎补。白2打吃，黑3拐。

可以看出上图重视右边发展，而本图希望在上边有所建树。可以根据实战具体局面进行选择。

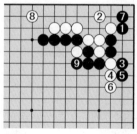

图59

图59（定式）

黑1扳是希望帮助黑二子做活的下法。白2，黑3、5扩大眼位，黑7进角活棋。

此时白棋又有了两种选择。白8小飞补强上边棋形是其中一种。接下来黑9吃掉白一子，后续白棋需要处理右边三子孤棋的问题。

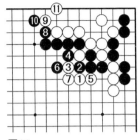

图60

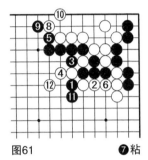

图61　　　　　❼粘

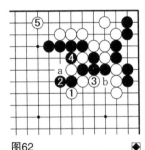

图62　　　　　◆

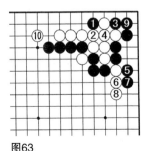

图63

图60（两分）

另一个选择是白1枷，这是重视右边棋形的下法。白1意在弃子整形，至于上边的白棋就要做好被黑下到8位拐好点的思想准备。

黑4、6是稳健的下法，避免了战斗。白整形成功。

图61（两分）

上图黑4如本图黑1断，后续是否形成战斗局面取决于白棋如何应对。

白2打吃、4长。黑5拐先手交换之后，11长出。白4长出后，白12小尖出头成为必然。双方可下。

图62（上边优先）

上图白2如果在1位打吃，就是希望获得先手抢占5位小飞的好点。这样一来黑棋外势极厚。

白1、3的行棋次序非常重要。如果白3与黑4先交换，那么白1再打吃，黑可以直接a位提。这样黑有了b位冲断的后续手段。

图63（靠）

此时除了上图黑3，黑棋还有1位靠的奇招。白2如果下在9位虎扳，则黑2断吃后可以在外围收气形成厚势。

白2粘是不得已，与图59相比，白10可以直接跳出。

两图各有优劣。

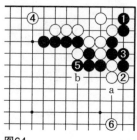

图64

图64（两分）

黑棋不想如图59中的黑5在二线爬，黑1直接进角做活。不让白在a位有子，那么白b枷的手段就很难实现。

白2至白6拆边告一段落。黑5也可以选择6位夹击。

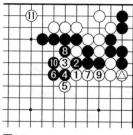

图65

图65（白好）

黑棋直接进角做活就是不想让白下到1位，但其实白1仍然是白棋此时的最好选点。

黑2、4应对，白5、7弃子整形。因为白△处有子，进行至白11，白棋可以满意。

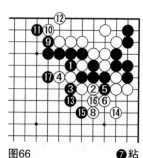

图66　❼粘

图66（黑好）

此时黑1直接提，要好于上图黑4分断。白2贴，黑3打吃，次序不同可以让白无法轻松弃子。

白8虎补，黑9、11先手利，接下来在13长，进行至黑17，中腹白二子已经基本失去活力，本图黑好。

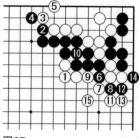

图67

图67（两分）

上图白2，改为本图白1粘。

黑2至白5是黑棋在上边的先手权利。接下来黑6分断，白只能弃掉三子。进行至白15，白通过弃子将外围棋形变成厚势。

这是双方可下的局面。

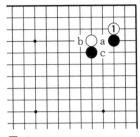

图68

图68（要点）

黑棋上靠，白直接托角。白棋是在做好了万全准备的前提下选择了夺取角上根据地的下法。

黑棋的应对主要是a位顶、b位扳和c位退3种。

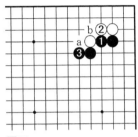

图69

图69（顶）

黑1顶多少有些俗手的意味，是最近出现频率较高的下法。

白2必然，黑3长还可以选择a位打吃、b位切断。

黑3的目的明确，就是为了在外围获取厚势。

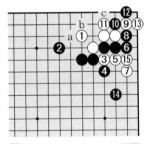

图70 ◆◆

图70（定式）

白1虎，黑2小飞棋形棋形舒展。白3切断，黑4以下准备弃掉二子获取外势，这是基本定式。

黑14也可以选择a位尖顶，接下来b位扳先手，后续还有c位打劫的手段。黑a更为重视上边发展。

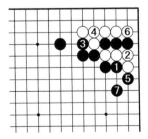

图71

图71（俗手）

上图黑14是局部手筋。

此时如果下在黑1位打吃，看起来心情舒畅。但进行至黑7，黑棋落了后手。一手之差巨大。

上图棋形有些薄弱，但是正确的定式下法。

391

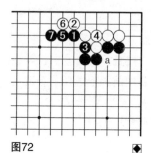

图72

图72（两分）

黑1靠封头。白2扳，黑3打吃一下在外围形成模样。

黑7长，白有a位断的后续手段。黑棋的应对方法如图70所示。

白获得角地，相应的黑棋得到了厚势。

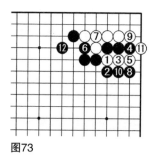

图73

图73（两分）

白1直接切断。黑2、4弃子。

白5挡，黑6至黑10先手利，棋形舒适。

白棋先手获得实地，双方两分。

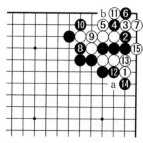

图74

图74（黑好）

白1小尖，黑2拐、4断是非常犀利的手段。白5打吃，黑6是角部特有的手筋。

白7立，黑8、10先手利，接下来12、14也是先手，黑可以满意。

白11如果在a位出头，黑b形成劫争。

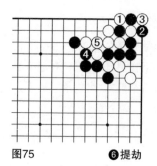

图75　　❻提劫

图75（白苦战）

上图白7如果直接1位提，黑可以2位做劫。

虽然是黑棋不利的二手劫，但这个劫黑轻白重，而且黑4这样的本身接，白棋明显陷入苦战。

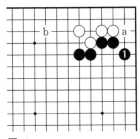

图76

图76（场合下法）

黑1小尖不想让白棋断吃二子。

接下来白棋如果脱先，黑a扳几乎是先手权利，白b拆边。如果白a位立，则黑在右边扩张模样。

黑1是在右边有发展潜力的情况下可以选择的下法。

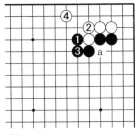

图77

图77（打吃）

如果对前形中黑长的棋形不满，也可以选择1位打吃。

白2粘必然。此时黑棋出现了两处断点。

黑3粘，白4小飞。白棋接下来还有a位的后续手段。

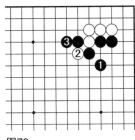

图78

图78（战斗）

黑1虎补下边断点，白有稳健应对和战斗两种选择。

白2断，黑3长形成战斗局面。

本图与小目·小飞挂角·一间高夹定式棋形相同（见136页图44）。

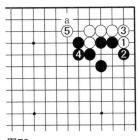

图79

图79（稳健）

白1、3扳粘，黑4粘，白5跳出。这是稳健的下法，白棋获得实地，黑棋获得外势。两分。

白1可以直接a位小飞，目的是不让黑棋形得到加固。

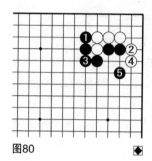

图80

图80（两分）

此时黑1挡才是首选下法。黑棋虽有两处断点，但角上的白棋也还没有活净，也会有所顾忌。

白2扳，黑3粘，白4出头，双方两分。

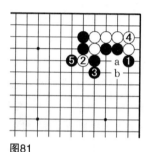

图81

图81（战斗）

本型中很多变化都与征子有关。不论是执黑还是执白，都需要提前看清楚征子情况。

黑1扳，白2断。如果黑5征子有利，则黑5打吃，白a，双方两分。如果黑棋征子不利，会b位虎，白5长，形成战斗局面。

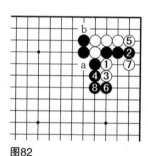

图82

图82（黑稍厚）

白1断，黑2立抵抗。白3长，黑4压。白5、7吃掉黑三子，黑外围厚势，可以满意。

白1如果在a位断，黑b立，仍然是黑有利的局面。

黑4如果——

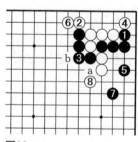

图83

图83（战斗）

黑1拐继续对白棋发起冲击，这个下法与征子关系极大。白2扳，此时黑如果6位扳，则白3位断吃，黑a长，白b长形成征子局面。

如果黑棋征子不利，黑3粘是本手。白4先手交换之后6长出。双方两分。

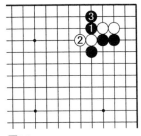

图84

图84（断）

黑1断，白2长，黑3立。

黑1、3的目的是要吃掉白角上二子，但是否能够成功还是要看征子的情况。

如果征子不利，黑棋不能吃掉白二子，后续的变化将会变成复杂的战斗局面。

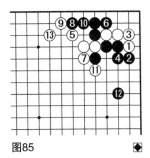

图85

图85（定式）

白棋1位扳。黑是选择2位挡还是3位断，取决于征子情况。

如果征子有利，可以黑2扳、4粘。后续黑棋获得角地，白棋获得外势，形成两分局面。

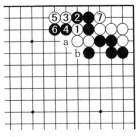

图86

图86（征子关系）

如果白棋征子有利，上图白5可以直接1位紧气。这样黑二子被吃，本图黑棋不能接受。

征子关系指的是黑4断之后是否可以a位打吃；白7紧气之后黑棋b打吃后的棋形。

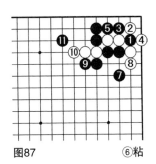

图87 ⑥粘

图87（定型）

上图征子如果黑棋不利，可以选择黑1断。黑3、5先手利之后再进行战斗。

角上的白棋尚未活净，需要引起注意。

即使黑棋征子不利，本图也是可以选择的变化之一。

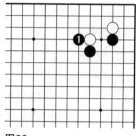

图88

图88（扳）

黑1扳，意在弃掉角上黑一子获取外势。角上实地给了白棋，黑棋在外围获得相应的厚势。

根据左上角的棋子配置，黑棋也有比较强硬的下法可供选择。

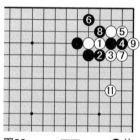

图89

图89（定式）

白1顶、3断吃。虽然最终是要弃子，但黑4是必然的一手。目的是让对手多花手数紧气。

白5挡方向正确。黑6、8好形，进行至白11告一段落。

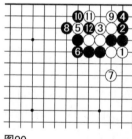

图90

图90（黑好）

上图白5，如本图白1挡方向错误。黑2拐严厉。

白3粘，黑4进角。白5扳，黑6粘好手。黑10打吃，白11只能做劫，但此时的劫争明显白棋负担更重。

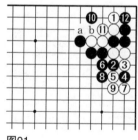

图91

图91（白被吃）

上图白3如果直接1位立，黑2、4连扳。黑在6、8位获得先手，棋形得到了加强。接下来白a扳，黑可以直接b位断。

进行至黑12，角上白五子被吃。

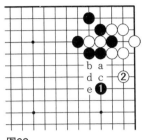

图92

图92（白脱先）

图89的白11虽然也可以选择脱先他投，但黑1跳是好点。而且白2必须跟着应，黑1是先手。

白2之后有白a以下至e的后续手段。

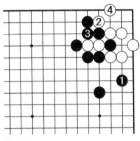

图93

图93（白棋形委屈）

如果此时白棋继续脱先，而不选择上图白2跳。如本图，黑1小飞是急所。白2、4虽然可以做活，棋形委屈。即使是考虑到白棋在局部已经脱先两手，还是无法忍受。

图89的白11直接拆二是正确的定式下法。

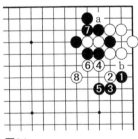

图94

图94（场合下法）

图92中的黑1，也可以考虑直接下在本图的1位。

白2、4出头。后续白6打吃亏损，因为少了a位先手，对眼位造成影响。黑b也是先手，角上已经无法净活。

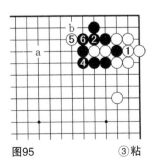

图95　③粘

图95（白棋的目的）

本图展示一下白棋在定式之后的想法。白1提、3粘，考验黑棋的应对。

黑4粘，则白5先手。接下来白在a位一带拆边，后续下到b位可以对黑进行攻击。

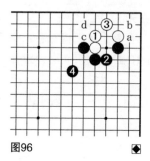

图96

图96（两分）

白选择1位立，考验黑棋如何补断点。

黑2是普通应对。白3倒虎是棋形好点，如果黑a扳，白可以b扳应对。黑c，白可以d位虎扳。进行至黑4告一段落。

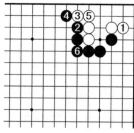

图97

图97（黑稍厚）

上图白3，也可以选择白1立获得角地。但这样一来对黑2的抵抗力就会降低。

黑2挡，进行至白5在角上做活，黑6补断强。

本图黑棋的外势更加诱人。

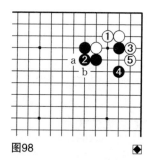

图98

图98（两分）

此时白棋也可以1位直接连回。这是不给黑棋凑调整形的下法。

黑2粘坚实。白3扳、5长告一段路。白棋获得实地、黑棋取得外势。

黑2可以在a或者b位虎补；黑4可以在5位扳。

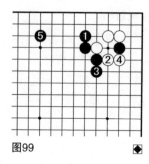

图99

图99（两分）

如果黑棋重视上边发展，可以黑1立。

白2扳，黑3长，贯彻发展上边的意图。

白4夹吃掉黑一子，黑5拆边。双方两分。

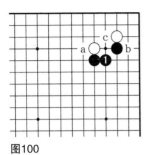

图100

图100（退）

白托三三，黑1退回保持联络。这是非常稳健的下法，同样白棋也很难有后续的反击手段。

此后白a位长最为常见。其他还有b位扳和c位连回可以选择。

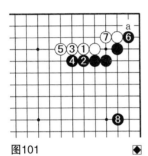

图101

图101（定式）

白1长，黑2、4压，6位扳先手利，局部告一段落。接下来黑8拆边是比较常见的下法，a位官子价值极大。

黑先在2、4压，再6位扳是正确行棋次序。如果先在6位扳，后续白可能会先在长以外的下法。

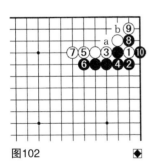

图102

图102（两分）

白1、3先手交换之后，5位长出头。黑8断吃一子，白9打吃之后脱先他投。本图的下法白棋获得先手权利。

但是黑2也可能在5位扳。接下来白2长，黑a扳，白b粘，也是两分局面。

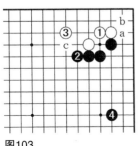

图103

图103（两分）

白1退。此时如果黑a扳，白可以b位扳应对。

黑2长，白3小飞。黑4拆边局部告一段落，双方可下。

需要注意的是黑2也有下在c位小飞的可能。

8. 一间夹

白一间高挂，黑1一间夹。黑1的下法自古就是流行下法，近年来随着研究深入，新手新型频出，丰富了夹击的下法选择。

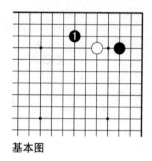

基本图

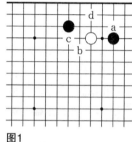

图1

图1（应手）

白棋的应手出现最多的是a位托。除此之外b位小尖、c位压、d位跳等也是可以选择的下法。

白b和d的变化较少，定形简明。近年来出现的新手都是从白a托角中出现。

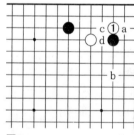

图2

①托三三
图2（托）

白1希望在角上谋求根据地，黑棋当然不会简单地让白棋如愿。

黑棋的应手有a位扳角、b位拆边、c或者d位等。黑c扳断是比较激进的下法，有可能后续会变成反面案例。

图3（定形）

黑1位扳、3位虎是老定式。随着研究的不断深入发现，黑1、3并不是是必然的行棋次序。

但是黑1、3的下法至今仍然较为常见。

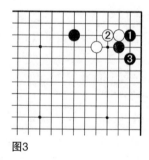

图3

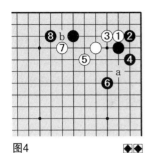

图4

图4（定式）

白1、3，黑2、4应对。白5小尖，后续a位点和7位飞压见合。一般来说黑棋都会下在6位补，防止被白下到a位。

白7飞压，黑8跳好形。黑如果b位爬过重。

接下来——

图5（后续变化）

白1冲，黑2挡，白3拐，棋形坚实。

接下来如果黑a长，白b断，黑棋会面临纠结选择。如果b位粘棋形重。

白3如果直接在b位断，黑会c位打吃或者直接脱先他投。黑选择c位打吃后续变化会非常复杂。

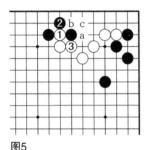

图5

图6（定式）

图4的黑6，在重视上边发展的情况下可以选择本图黑1、3的下法。

白4点是急所，黑可以5位靠应对。进行至黑9是双方可下的定式。

白4如果在a位粘，则黑6大飞。黑棋上下两边都成功整形，白棋不能接受。

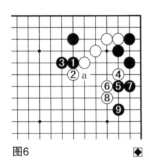

图6

图7（战斗）

上图白8，如本图1位扳是比较严厉的下法。

此时黑2断，白3、5之后形成战斗局面。

角上的黑棋已经完全净活，后续双方将在中腹展开激战。

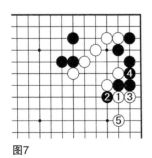

图7

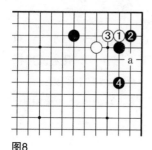

图8

图8（拆边）

白1托，黑2与白3交换之后，黑4拆边。图4中黑棋在右边花了黑4和黑6两手整形，本图只用了一手。目的是希望缓和上边黑棋的后续压力。

接下来白棋有a位点的手段。

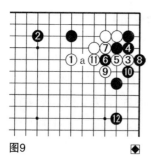

图9

图9（定式）

白1飞镇，3位点是此时的一种选择。可以看出，本图成立的前提是白9打吃征子有利。黑8、10渡过，进行至黑12告一段落。

白1如果在a位小尖后续也会形成相同局面，相比之下白1的棋形更为流畅。

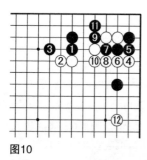

图10

图10（两分）

黑1顶是此时黑棋较为顽强的应对下法。后续针对白4点，黑准备好了5、7之后9位断的既定手段。

如今进行至白12，黑棋在上边获得实地，白棋在右边得到模样。

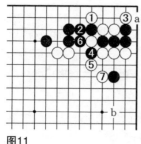

图11

图11（变化）

上图白10也可以如本图白1打吃。但是这样下的目的不是要在角上做活，而是要顺调加强右边厚实。

白7之后，黑a位吃掉白角上四子，白b拆边是常见变化。

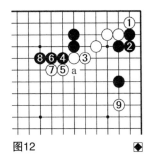

图12

图12（两分）

黑棋顶，白1扳、黑2粘交换之后白3退保持联络。接下来白棋在上边和下边都可以落子，见合。

黑4、6扳长，白9夹击。接下来黑棋在向中腹出头的同时会瞄着a位的断点。

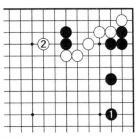

图13

图13（白可战）

上图黑4如果在1位拆二，虽然也有价值较大的一手棋，但是白2飞压，黑棋上边两子瞬间陷入苦战。

如果弃子价值太大，选择出头虽然不会有死活问题，但过程中一定会帮助白棋形成外围厚实。黑1还是上图的下法更为妥当。

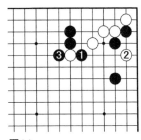

图14

图14（反击）

图12中白1扳，黑可以直接如本图1位扳分断进行反击。白2吃掉黑一子，黑3打吃转换。

黑3以后的厚势如何发挥是接下来棋局进行的关键。

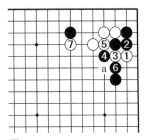

图15

图15（点）

黑棋拆边，白也可以考虑直接1位点。白3贴，黑4、6吃掉白二子，接下来白棋的下法会围绕白a切断的手段展开。

白7压是其中一种。

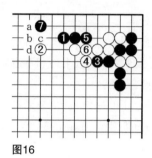

图16

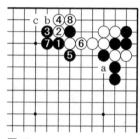

图17

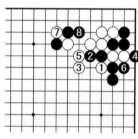

图18

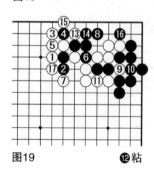

图19　⑫粘

图16（战斗）

黑棋1位长是积极应对战斗的姿态。后续的变化会变得复杂。

比如黑7小飞，白如果a位靠如何应对。是b位扳弃掉三子，还是黑c、白b、黑d战斗呢。黑棋的选择要根据左上的棋子配置而定。

图17（两分）

黑1扳，如果2位断，黑棋选择弃子简明。

黑3、5打吃先手，黑7粘补强。白a位打吃已经没有利用价值。

进行至白6告一段落，白8可以先在b位拐，与黑c挡交换之后，再白8拐吃。

图18（封锁）

此时白1打吃，黑2长，白3、5先手封锁黑棋之后再7位断。本图的下法在实战中也多有出现。

但是此时白棋并不能将黑一子吃掉。面对黑8长，白可以在外围获取厚势。

接下来——

图19（两分）

白如果在6位粘，被黑5吃掉一子亏损。

白1打吃、3粘。黑6打吃，白弃掉角上四子。

白11打吃、13吃掉黑一子都是先手利。形成黑棋获得角地、白棋外势的局面。

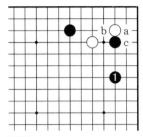

图20

图20（直接拆二）

此时黑棋不做黑a、白b交换，而是直接黑1拆二。棋形更加轻灵。即使角上会变成白棋的根据地，但黑棋可以兼顾上边、右边棋形发展。

后续白如果c位扳，黑b反扳严厉，白不好。白要注意黑一子，稳健出招。

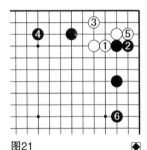

图21

图21（两分）

白1顶坚实。黑2立，白3跳是棋形好手。接下来白5挡和上边的夹击（如下图）两点见合。

黑4拆边，白5挡，黑6拆二补强下边棋形。

白3直接下在5位挡，黑3位小飞严厉。

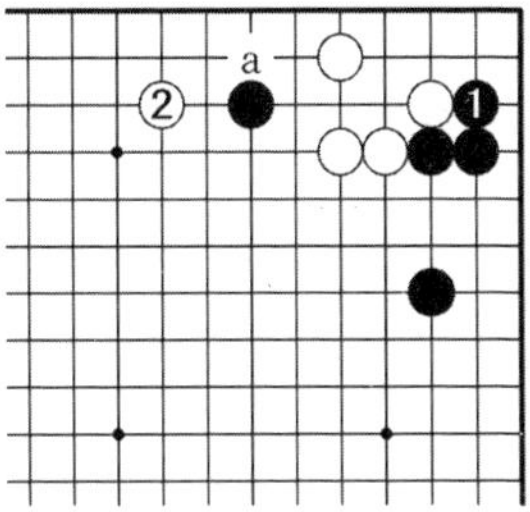

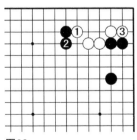

图22

图22（变化）

上图黑4，可以选择1位拐。

白2夹击，后续有a位托过的手段。

黑棋是否选择动出一子的同时不让白棋渡过，要看周围棋子配置而定。白棋也会随时做好迎战的准备。

图23

图23（场合下法）

如果担心形成上图的局面，白可以1位尖顶。接下来2位虎扳和白3挡见合。

与黑2长交换，白略亏损。但这样一来白棋可以确保下到3位。如果黑2的价值不大，本图是可选择的变化之一。

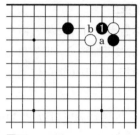

图24

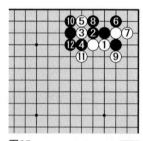

图25 ◆◆

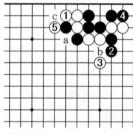

图26

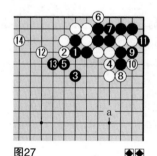

图27 ◆◆

图24（扳断）

为了更好地利用上边夹击一子，黑选择1位扳断。至今黑1仍然是此时局面下最常见的下法。

接下来白a断、黑b爬都是必然应对。是本图后续的定型下法。

图25（定式）

黑2爬，白3挖必然。这里黑有4位上打、5位下打两种选择。

白5立，黑6、8之后将选择权交给了白棋。白弃掉二子，先手整形。进行至黑12是本形中的代表定式。

图26（拐）

白棋如果征子有利，上图白9可以选择1位拐。征子是指白1拐，黑a先手粘之后黑b打吃。如果黑b打吃征子有利，则黑a粘之后黑棋b、c两者见合。白崩。

白5拐，给了黑棋两种选择。

图27（定式）

黑棋的第一个选择是黑1粘。白2压，进行至黑11角上棋形完整，白12跳加强上边数子。

黑13长告一段落。后续黑大概率会选择在a位夹攻击右边白数子。白会选择分断黑棋展开战斗。

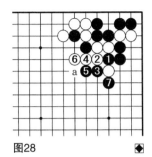

图28

图28（两分）

上图黑1，也可以直接如本图黑1冲，弃掉上边二子。

进行至白6，白棋吃掉上边黑棋二子，黑7吃掉白下边一子。通过转换双方都已经整形成功。

后续a点是双方必争的好点。

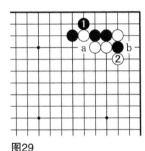

图29

图29（下打）

此时黑1下打。相比之下，下打的变化要少于上打，变化较为简明。

黑1下打，白2打吃是正确次序。接下来黑a提，白b提，双方可下。白棋能够获得角地，可以满意。

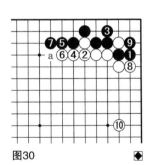

图30

图30（两分）

黑1立，白2粘。黑3补棋，进行至白10告一段落。

黑7如果在8位拐，则白7扳头，黑a断形成战斗局面。白7扳头，黑a断如果战斗不利，则不能选择8位拐的下法。

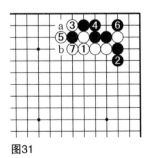

图31

图31（征子关系）

图29中的白2，直接在白1粘，黑选择直接2位长出的可能性较大。

白3断，如果征子有利，白5、7吃掉黑一子，结果两分。如果征子不利，白5只能a位长，黑6打吃，白b夹。这个棋形白棋不能满意。

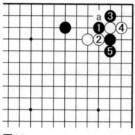

图32

图32（骗招）

黑1扳、3打吃、5长的下法有骗招之嫌。只要正确应对，结果就是白有利的局面。

最失败的下法就是白a断吃之后将角上二子做活。那样的话外围的白二子就失去了根基。

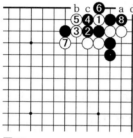

图33

图33（破解）

白1断，黑2长，白3、5好手。白7虎好型。

黑8不能脱先，否则白可以8位拐。黑a，白b，黑c，白d可以形成劫争。

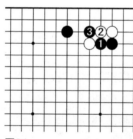

图34

图34（顶）

黑1顶，白2挡，黑3断。

黑棋的下法非常直接，看起来也有骗招之嫌。但其实下法本身非常实用，白棋的应对需要注意。

后续如果黑白双方都不肯退让，有形成复杂战斗的可能。

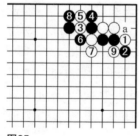

图35

图35（白好）

白1扳。如果黑2扳的时候白4位打吃，黑3位粘，白a粘局部活棋的话，白不利。

白3、5好手。黑8打吃、白9打吃吃掉对方二子，黑2明显成为残子，本图白有利。

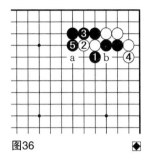

图36

◆

图36（征子）

上图黑2，实战中大部分会选择本图黑1打吃。

黑3粘，白4长，黑5征吃可以满意。如果征子不利黑5只能a位夹，白b吃掉黑二子，黑亏损。

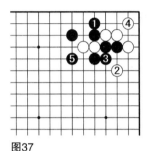

图37

图37（黑稍好）

上图黑3，选择本图黑1立。黑1的下法很可能会形成较为复杂的战斗局面。

白2、4是白棋稍微做出一些退让简明定形的下法。虽然后续还有些被利的手筋，但黑棋能够夹吃白二子，棋形厚实，黑稍好。

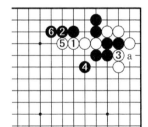

图38

图38（战斗）

如果对上图不满，白棋可以选择的下法有很多。

比如白1先手压之后3位连回。黑4小尖，白5继续压出头。后续白棋需要注意黑a断的收单。

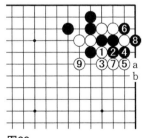

图39

图39（弃子）

图37的白2，可以如本图白1、3弃子。通过弃掉角上三子，白棋在外围获得厚势。

进行至白9，白棋在右边有了一定的模样。接下来白a或者b位还有先手利。本图是双方各获得实地和厚势的两分局面。

409

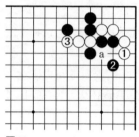

图40

图40（长）

此时白1长。如果白下在2位，黑a粘，白需要在角上继续花费一手。白1长可以一手解决角上的死活问题，然后腾出手来在3位压出头。

黑棋选择图37的下法时，就要做好可能形成本图战斗局面的思想准备。

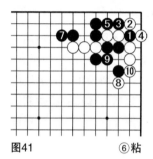

图41　⑥粘

图41（战斗）

接下来黑1断先手利，能弥补自身棋形眼位不足的问题。同时还剥夺了白棋的眼形。

白8靠是手筋，黑9粘，白10渡过。双方厚薄相当，两分。

图42（两分）

此时白1长是简明的下法。接下来黑可以选择是2扳吃掉角上二子，还是如下图。

黑如果2位扳，白3、5分断，7位虎好形。虽然黑棋角地所得较大，白外围厚实也很可观。

图42　◈

图43（战斗）

黑可以1位立，这样下是因为不想让白棋如上图3、5分断。

白棋救出角上二子是必然下法。黑3、白4先手交换之后，6位虎。角上白棋已经确保净活。

黑7尖，白8跳出头，后续双方会形成互攻局面。

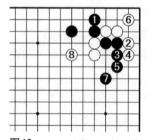

图43

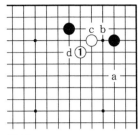

图44

② 小尖

图44（阻渡）

此时白1小尖，意在阻渡。同时准备对黑两边棋子展开攻击。

黑棋的主要应手有a位拆二、b位小尖、c位托、d位靠等。

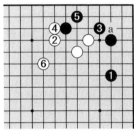

图45

图45（定式）

黑1拆二，白可以考虑2位飞压或者a位托角。如果白2飞压，黑3小尖是其中一种应对方法。可以获得较大的实地。

白4挡告一段落，黑5小尖联络好手，同时瞄着后续的冲断。白6小飞轻灵。

图46（两分）

上图白4，也可选择本图白1挡。这样黑棋直接动出一子棋形过重。黑2利用，后续还有a位小尖连回的手段，黑子还有活动余地。

黑2还可以下在b位或者c位高逼。

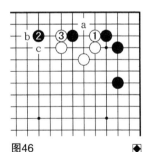

图46

图47（两分）

此时黑1托是为了最大限度获取角地。

白2挡，黑3顶告一段落。与图45相比，黑棋实地有所增加，但是a位冲断的手段暂时不成立，所以白不需要花一手棋补断点，可以选择脱先他投。

图47

411

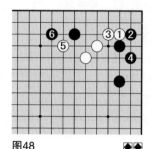

图48　◆◆

图48（定式）

图45～图47黑棋都获得了可观的角地，白棋如果不能接受会选择白1托角。此时黑可以选择的应对方法有2位扳和3位外扳。

黑2扳，白3退、5位飞压。

本图与401页图4相近，可以进行参考。

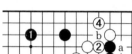

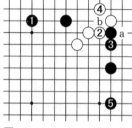

图49

图49（轻灵）

上图黑2，可以如本图直接1位拆二。

白2顶，黑3长、5位拆棋形轻灵。

上边和右边都快速整形成功。

白如果a位扳，黑b反扳严厉。

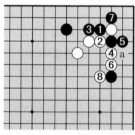

图50　◆◆

图50（定式）

黑1扳，意在控制上边白一子，是此时可以选择的下法之一。

白6手筋，进行至白8，黑棋获得实地，白棋在右边得到外势。

黑7打吃的方向给白留了a位的先手——

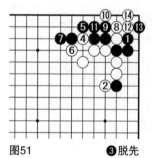

图51　❸脱先

图51（旧定式）

旧定式为了避免白棋有先手利，会在1位打吃。但是后续角上留有余味。

比如白4、6，后续会形成劫争。进行至白14角上打劫。

所以上图黑7是正确选择。

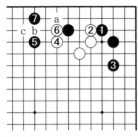

图52

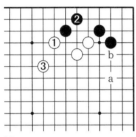

图53

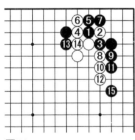

图54

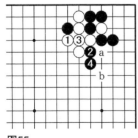

图55

图52（两分）

黑1小尖重视实地。与图45的黑棋拆二相比更为重视角地。

白2挡，黑3跳出头。白4飞压，黑5、7先手利，后续还有a位扳的手段。

黑5也可以图46，下在c位。

图53（两分）

白1飞压，黑2小尖是此时的好形。这样一来a位拆二已经不是必争的急所，也是上图黑1的目的所在。

但是本图中，白之后有b位靠的绝好点，各有利弊。

图54（托）

黑1并不是要联络，白2扳，4、6可以分断。

黑一子被分断，正常来说是白棋好的局面。但是如今来看白棋的厚势暂时还没有找到可以发挥的空间，而黑棋角上实地可观。黑棋可以将本图列出备选图形。

图55（白不好）

上图白8，如果直接在1位虎，则黑2、白3粘交换，白不好。

413

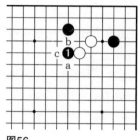

图56

图56（重视上边）

此时黑1靠，放弃动出角上黑小目一子，意在上边获得模样。在左上角有一定棋子配置的情况下是很好的选择。

白首先一定会a位扳，黑棋可以选择b位粘或者c位长。

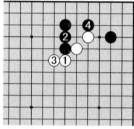

图57

图57（定式）

白1扳，黑2粘。虽然被白占据3位长的好点，但黑棋可以接受。

因为黑2粘之后有了4位托过的好点。但是需要注意黑棋的棋形有下图的余味。

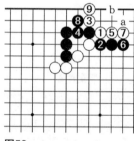

图58

图58（打劫）

此时白棋有1位扳的后续手段。进行至白9白棋无法净活，黑可以下在a位或者b位形成劫活。

但对于黑棋来说，角上的负担是一定要引起注意的。

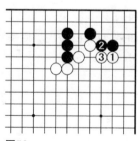

图59

图59（连续手段）

虽然会失去上图的手段，接图57后白1的下法也是可选变化。

黑2顶，白3贴，白棋获得巨大厚势。

如果在右边有一定棋子配置，本图白1的价值极大。

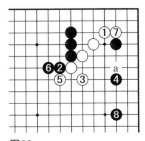

图60

图60（两分）

白棋此时1位小尖，放弃了图57白3的好点。目的是不让黑棋成功渡过。

但这样一来，黑可以抢到2位扳的好点。

进行至黑8告一段落。根据周围局势不同，黑4可以下在5位长，白a位夹。

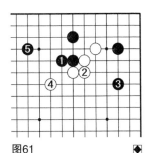

图61

图61（定式）

本图黑选择1位长。黑棋放弃了后续渡过的可能，将行棋重心放在了上边。

白2粘，黑3拆边稳健。白4小飞、黑5拆边应对。

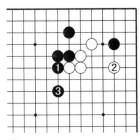

图62

图62（两分）

上图黑3，如本图黑1拐，目的是继续在上边有所发展。白2夹击，黑3继续跳扩张模样。

角上黑一子尚未净死，但从黑棋现在的行棋思路来看，黑棋已经几乎认定角上一子是可以弃掉的棋子。目前黑棋全部关注点都放在了经营上边模样上。

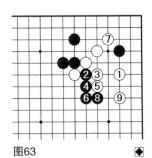

图63

图63（定式）

图61中白2，可以选择白1直接夹击角上黑子。

此时黑棋如果补角有被利之嫌，黑2断气合。

以下形成黑棋获得外势，白棋夺取实地的局面。双方两分。

③压

图64（坚实）

白1压。目的是通过黑棋的应对进行整形。同时也瞄着后续对黑小目一子发起反击。

另一方面在整形过程中也可能会使黑棋的棋形得以加固。白1是腾挪好手。

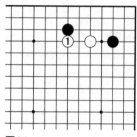

图64

图65（还原）

黑1扳，白2长，黑3长，白4挡，棋形还原白最初4位小飞挂角、黑一间低夹的定式。

两图棋形完全一样，请返回67页图105进行参考阅读。

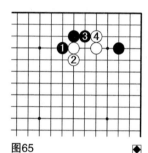

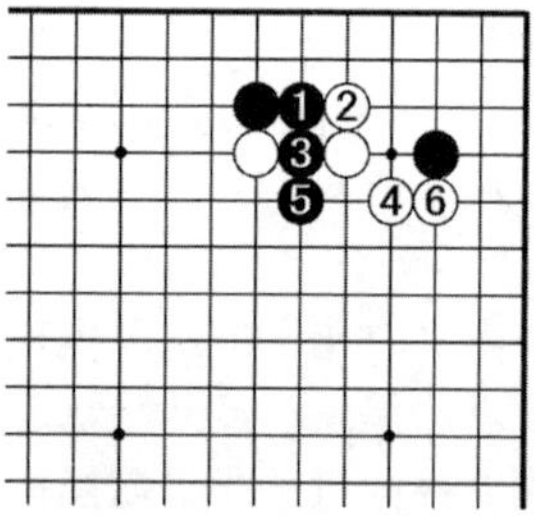

图65 ◆

图66（两分）

此时黑直接在1位长，白2挡，黑3冲。这是重视上边的下法。

白4小尖，接下来白6挡、5虎见合。

黑5长只此一手。白6挡角，双方两分。

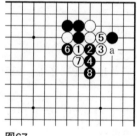

图66 ◆

图67（黑可战）

上图白3，如果在本图白1挡过分。被黑2断之后没有好的应对方法。

白只能3、5出头，黑6断吃、8长，白已经无法两边兼顾。白必须在a位补，但是在中腹的战斗中就必然落于下风。

图67

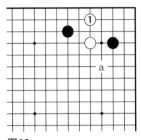

图68

④下跳

图68（意在战斗）

白1下跳，将左右两边黑棋分断。意在接下来对黑棋发动攻击，是倾向于战斗的下法。

黑棋的应对出现最多的是a位小飞。之后再寻求安置上边黑一子的方法。

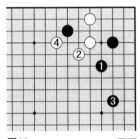

图69

图69（定式）

黑1小飞。白小尖出头继续保持着对黑棋两边的攻击状态。

黑棋如果重视右边，黑3继续在右边拆边，同时看轻上边一子。白4飞压之后，黑棋根据具体情况决定后续下法。

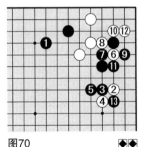

图70

图70（定式）

如果必须在上边落子，黑会选择在1位小飞。那么必须做好被白2逼住以后的应对准备。

黑3、5压长出头，白6靠是手筋。进行至白12，通过弃子白棋获得角地并且成功做活。黑13断，双方各有所得。

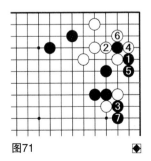

图71

图71（两分）

此时黑1下扳。这样下看轻了黑一子，同时会给黑右边更多的帮助。

至白6，白棋获得比上图更多的角地。黑棋虽然还是后手，但黑7的位置明显好于上图。

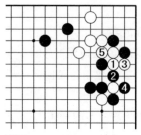

图72

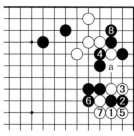

图73

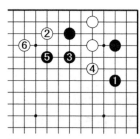

图74

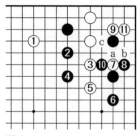

图75

图72（黑稍好）

上图白4，如本图白1长，黑可以2、4顺调将白一子拔花。

白5之后白棋的角地有了更加明显的增长，但是上图白棋是先手，本图则落了后手。相比之下本图黑棋稍好。

图73（黑有利）

本图白选择1、3的下法，接下来有a位长的后续手段。

黑4断吃好手。白5吃掉黑二子，黑8进角价值极大，同时还破坏了白棋的根据地。

相比所得，白棋损失的价值明显更大。

图74（拆二）

黑1直接拆二。与图69需要两手补强右边不同，黑1只需要一手就可以保证右边棋形安定。

但是接下来面对白棋的压迫，黑棋很难找到合适的反击手段。接下来白棋有可能脱先，如果继续在局部落子，大概会在2位夹击攻击黑一子。

图75（夹击）

白可以1位二间高夹。黑2跳出头，看似双方互攻的局面，实际上白棋的眼位明显更为充足。

比如白7、9。黑10打吃一子，白11获得角地。黑10若在11位扳，则白a，黑b，白c打吃眼位仍然十分丰富。

418

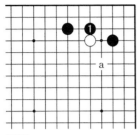

图76

⑤脱先

图76（托）

黑棋夹击，白可以选择脱先。黑1托渡过棋形舒适，但如果白棋在棋盘其他地方有更重要的急所，也是可以接受的局面。面对白棋脱先，黑棋可以在1位托过，如果更重视右边发展，会在a位小飞。

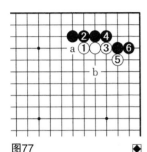

图77

图77（定形）

黑棋托过以后，白可以1位长。黑2粘，白3、5继续先手利，然后再度脱先他投。

黑棋获得了极大的角地，而白棋可以在局部脱先二手，在其他地方也有所得。

黑6也可以在a位拐，白会b位补强。

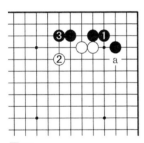

图78

图78（定型）

白长，黑1位退。这是不想让白形成如上图的先手利。

白2小飞棋形轻灵，黑3之后还有a位靠的后续手段。

黑3虽然也可以选择脱先，但白走到3位也是绝好点。

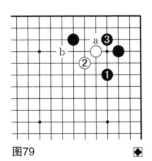

图79

图79（别法）

如果讨厌被利，同时右边是接下来的发展方向，那么黑在1位小飞是可选项。

白2小尖出头，否则黑2位置绝佳。黑3小尖获取角地。

接下来白a挡强硬，想要轻灵应对会在b位飞压。具体下法可以根据周围棋子配置而定。

9. 一间高夹

黑1一间高夹是随着现代围棋发展出现的严厉夹击下法。如今在实战中经常出现。

白棋接下来的应对要考虑的是后续行棋方针：是要寻求眼位还是挑起战斗？

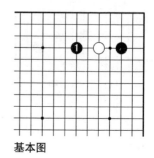

基本图

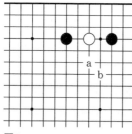

图1

黑1（白的应手）

黑棋的夹击较为严厉，白棋的应手选择范围也相对狭小。如a位跳、b位大飞等。其他都是在特定的局面的下法。

即使白a跳是通用的下法，后续的变化也会有不同。

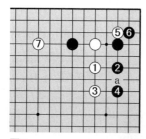

图2 ◆◆

①一间跳
图2（定式）

白1、3跳出简明。进行至黑4，白棋出头，黑棋获得实地。白7夹击黑一子。

黑2可以选择a位拆二，速度快，棋形薄。

白5、黑6的交换理由如下图。

图3（余味）

黑棋如果想在局部继续落子，会在1位打吃。

白2挡。此时就能看出上图白5、黑6交换的意义了。接下来白有a位立的后续手段。

当然黑a位提本身也是有一定价值的。

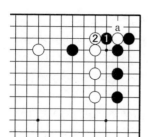

图3

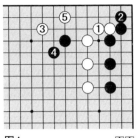

图4

◆◆

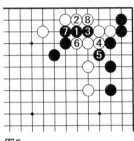

图5

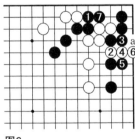

图6

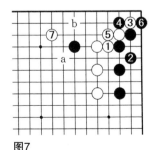

图7

图4（定式）

此时白棋直接1位退，与黑2交换。然后3位夹击。黑4小尖之后白5可以小飞渡过。虽然棋形连接尚未完整，但基本上的联络已经可以保证。

黑4可以脱先或者选择更严厉的5位跳分断，本图尚未有完整的定形下法。

图5（渡过）

接上图。黑1小尖，白2至4、6是准备好的应对手段。黑7、白8可以成功联络。

要注意的是黑棋还有更强硬的下法，白棋要提高警惕，如下图。

图6（双方分断）

上图黑5，如本图1位拐分断。这对于白棋来说是非常严厉的手段。进行至黑7，双方两块尚未活净的棋缠绕在一起。后续一场激战在所难免。

黑3还可以考虑下在4位打吃，白3提，黑a打吃形成劫争，变化也较为复杂。

图7（牺牲）

图4中的白1可以选择本图1位顶。黑2虎，白3连扳，黑4、6吃掉一子。

这样一来后续黑a位小尖，白b小飞渡过就不用担心图5、图6中黑棋的严厉手段了。

421

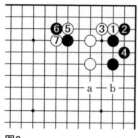

图8

图8（扭断）

白棋选择不对黑一子进行攻击。白1、3角上交换之后，5、7扭断寻求就地做活。

一旦白棋已经获得眼位，就不要白a与黑b交换亏损实地。

接下来——

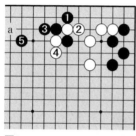

图9

图9（定式）

接下来黑棋有平稳的应对方法、也有反击的可能。

黑1、3交换稳健。白4长，黑5小飞或者a位拆二整形告一段落。白棋成功获取眼位，黑棋在上边会有所发展。

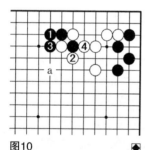

图10

图10（两分）

黑1直接长。白2打吃，黑3打吃先手。

白提掉黑一子，棋形较上图更好，但黑棋获得先手也可以满意。

接下来黑棋如果想在上边有所发展，可以在黑a位跳出头。

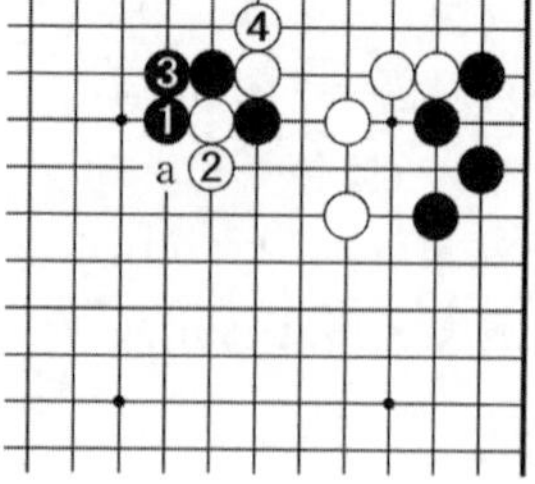

图11（场合下法）

看似有些乏味，黑1打吃、3位粘也是一种选择。

白4立。黑1、3的下法因为有a位的好点，是重视左边发展的下法。

图11

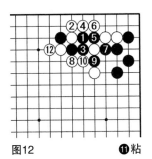

图12　　　　　　⓫粘

图12（白整形）

黑1、3进行反击。黑棋在选择本图下法之前如果没有做好准备，结果不会满意。

白4、6联络。黑7打吃，白8、10先手封头之后12长，本图白好。

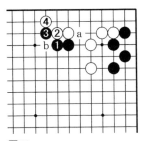

图13

图13（长）

此时黑1长。重视实地的话，很少会选择黑1的下法。白2爬，黑3扳。

白2、4是必然的下法，白2或者4直接在a位后退不能忍受。

白4也可以选择以下变化图中提到的b位断。

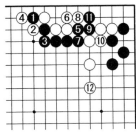

图14

图14（白可战）

黑1连扳，白2、4吃掉黑一子。

黑5以下可以将白分断，进行至白8，白上边棋形已经完整，白12跳出，上边数子出头顺畅。

此时是白棋可战的局面。

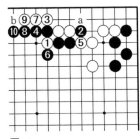

图15

图15（白重视实地）

白1切断。

黑2扳，白3打吃。白5断，黑6打吃。

白为了防止黑a位立的手段成立，白7、9继续先手爬长气。这样一来黑b拐也变成了后手。

白棋实地价值更诱人。

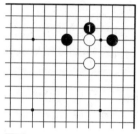

图16

图16（下托）

白一间跳，黑1下托目的是直接渡过。

但是这必须遭到白棋的反击，黑棋很难获得好结果。虽然也有特殊棋形黑棋可以一战，但总地来说还是特殊的场合下法。

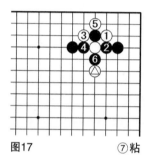

图17　　　　　⑦粘

图17（扳断）

白1扳。白1与白3扳后续结果基本相同。黑4、6分断。白5提子之后黑棋外围棋形已经不完整。

白7粘，白△一子位置绝好。

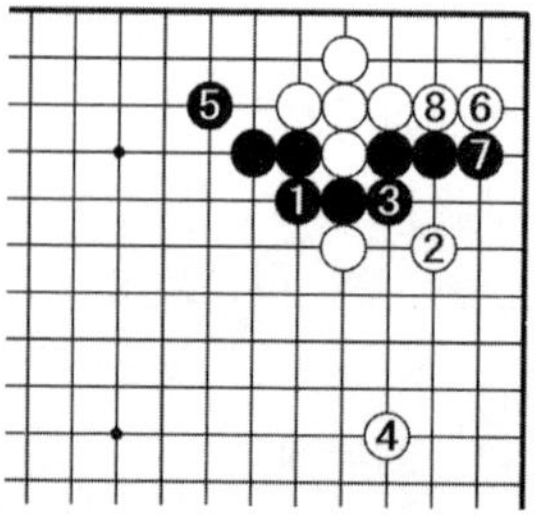

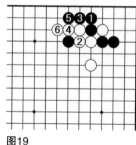

图18

图18（白有利）

黑1粘、白2跳先手。黑3粘，白4拆边。

上边白棋形弹性十足，黑5小尖，白6、8做活结果可以满意。

黑1如果在3位粘，白会在1位断。

图19（白好）

图17的黑4，如果在1位立，则白2粘。黑棋用来夹击的一子被撞伤。

为了吃掉白角上一子，黑3拐、5爬撑起。白6长，棋形厚实。

本图白棋优势。

图19

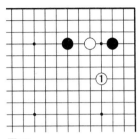

图20

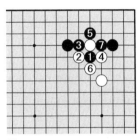

图21 ◆◆

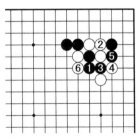

图22

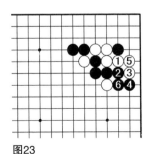

图23

②大飞

图20（千变万化）

二间高夹时白1大飞，在一间高夹的局面下同样是可选下法之一。但有个前提条件，征子需要白棋有利。

对于黑棋来说压力减弱，白棋的棋形也相对轻灵。

图21（定式）

黑棋有1位靠或者7位顶的应手。

黑1靠，白2扳，黑3断。接下来黑5打吃、7加强角地。

白6中腹提花棋形极好，黑棋获得角上实地，两分。

图22（征子关系）

作为白棋在选择大飞的时候一定要提前考虑到上图黑5可能如本图黑1长。

白2粘必然。黑3、5冲断关系到了征子情况。

白6如果成立，则白4可以挡住。同时说明黑1是恶手。

图23（黑好）

上图白6如果征子不利，则只能白1拐。黑2冲下白棋不利。

白3、5扳粘，黑6粘。黑棋获得外势的同时角上还留有余味，黑好。

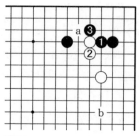

图24

图24（顶）

黑1顶，白2长，黑3扳。这样下可以不让白棋形成图21中腹拔花的好形。但是必然遭到白棋的反击。

接下来白大部分情况下会直接a位扳断。特殊局面下也可能会保留a位的手段直接在b位拆边。

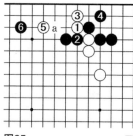

图25

图25（定式）

白1扳，黑2断，白3立先手，黑4虎补，白5跳出。白5可以在a位跳。

不管如何，黑6夹击以后就形成了互攻的局面。黑白双方中间分断对手的二子都是棋筋，绝对不可被对手吃掉。后续可以预见将展开激烈战斗。

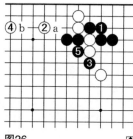

图26

图26（定式）

上图黑4，如本图黑1粘棋形厚实。白2出头，黑3鼻顶。白4拆二，黑5吃掉二子告一段落。

白2、4是根据上边棋子配置选择的下法，如果不想有图29以下的变化，白2可以下在a位，4下在b位。

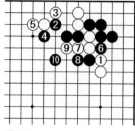

图27

图27（无法动弹）

上图白4，不能选择动出白二子。

比如白1，黑2、4先手之后，黑6断吃。白7逃出，进行至黑10被枷吃。

白1在6位拐，则黑1位冲断即可。

那么为什么上图黑1是厚实棋形呢？——

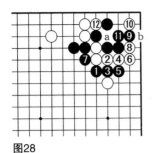

图28

图28（对杀）

图25中的黑4虎的局面下，黑1鼻顶不成立。白2以下逃出，黑9挡，白可以10位夹。黑11粘，白12打吃。黑如果a位粘，则白b渡过。对杀黑失利。

如果选择图26中的黑1，白10的下法自然消失。

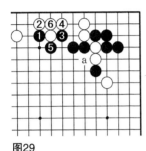

图29

图29（设想）

图26中的黑5补会后手。所以在实战对局中有本图黑1、3的下法出现。白2扳至白6被利。这样一来黑可以省略a位补而脱先他投。

但是此时白二子并未完全死净，只要时机成熟白棋就会动出二子。

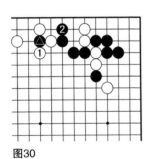

图30

图30（反击）

上图黑3尖顶，白可以直接1位打吃反击。黑虽然可以吃掉白二子，但等于让黑△一子变成恶手。

如果黑2脱先，白2渡过好形。一般白1打吃，黑2会直接立下。

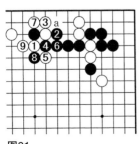

图31

图31（黑先手）

回到图29，白2也考虑本图白1上扳。黑2尖顶，白3立至白9，黑外围数子得到加强。

本图白a的价值比之前更低，黑棋可能脱先。后续黑吃掉白下边二子和中间二子见合。本图白棋在上边的棋形同样令人满意。

10. 二间高夹

黑1二间高夹是现代围棋出现的新型下法。

本图被称为"村正妖刀"，后续演变可能会非常复杂。

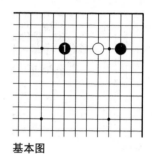

基本图

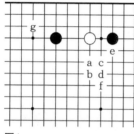

图1

图1（白棋应手）

白棋的应手有a位一间跳、b位二间跳、c位小飞、d位大飞、e位靠、f超大飞和g反夹。

a和b下法比价简明；c～e中隐藏了复杂变化；本图比较常见的应对是a位和d位。

①一间跳

图2（定式）

白1跳简明。这样下可以避免复杂变化。

黑2，白3，黑4，白5反夹。接下来黑a跳，白b跳出头。白5如在b位跳，则黑在上边拆边。

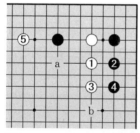

图2　◆◆

图3（选择）

黑棋不想如上图被白反夹，可以选择黑1拆边。

但是白2跳之后有a位的后续手段。白2点，黑b粘，白c爬回。黑c挡，白d位靠角严厉。

白2跳，黑d位立可以一手补角棋形厚实。

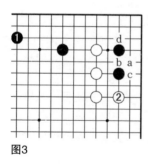

图3

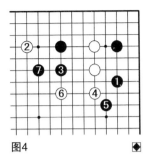

图4

图4（定形）

面对白一间跳，黑棋可以拆二。虽然棋形薄弱，但加快了行棋步调。

白2夹击。黑3出头，白4顺调跳出。黑5飞，白6镇头。攻击黑棋的同时向中腹进发。

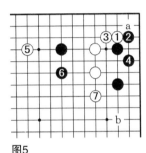

图5

图5（其他下法）

白1、3托退，黑4虎，白5出头。黑4是棋形好点，如果在二间夹的情况下黑还是选择a位进角，以后白有4位点的后续手段，棋形薄弱。

但是根据具体局面不同，黑4也可以在5位拆边，白a位扳，黑b拆二。

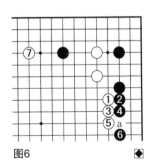

图6

图6（定式）

白1飞压。黑2爬，白3长。形成厚势以后白7反夹。

但是黑2可以如下图冲断反击，此时黑绝不仅仅2位爬一种选择。

黑6也可以7位拆二，白a位拐。

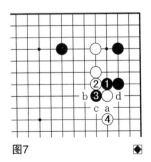

图7

图7（战斗）

此时黑1、3冲断反击。白4跳好形，此时黑有a位打吃、b位长两种选择（请参考小飞挂角·二间高夹变化）。

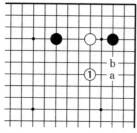

图8

②二间跳

图8（轻灵）

白1二间跳轻灵。可以快速走向中腹。

白棋自身棋形有些薄弱，但对左右黑棋都有可以利用的手筋，白棋不用担心未来变化。接下来黑棋有a位二间跳、b位一间跳的两种选择。

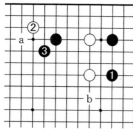

图9

图9（反夹）

黑1二间跳。

白在2位或者a位夹击是常见下法。根据黑一子的动向决定后续如何整形。此时白也可以b位直接跳。

这是手数极少的定式，黑白双方都未完全定形。

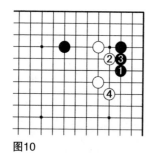

图10

图10（定型）

黑1一间跳棋形厚实，对白薄弱棋形威胁更大。

此时白棋补强是当务之急。白2刺先手，白4小尖是其中一种下法。

本图黑棋获得先手，可以在上边抢先落子。

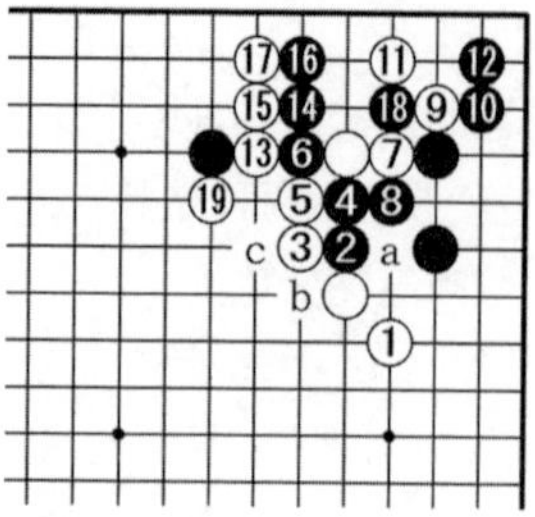

图11（白厚）

上图白2刺保留，白可以直接1位小尖。黑2以下分断，白可以选择弃子获取厚势，结果白可以满意。

黑4如果在a位粘，白13位靠整形。黑b断，白c长。这个变化也是白棋可战的局面。

黑可以静待时机。

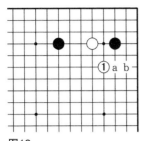

图12

③小飞

图12（反击必然）

白1小飞是志在战斗的下法。白1不仅仅要想到黑a或者b的稳健应对，而是必须想到黑棋反击后的变化。

后续的战斗大部分情况下都是黑棋有利的结果。所以白1的下法要根据周围棋子配置而定。

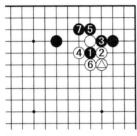

图13

图13（黑稍好）

黑1靠断。

如果白棋征子有利，白2、4可以吃掉一子。这个转换黑棋有利。

白△效率过低。

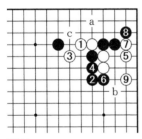

图14

图14（复杂）

此时白1长战斗形成复杂局面。

黑2跳，白3小尖出头，黑4粘。

白5跳，黑6拐强手。黑棋也可以在a位小飞，白7，黑8，白b小飞出头，黑c小尖。

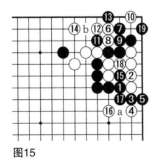

图15

图15（黑可战）

接图14，黑1、3封锁，白6至白10，黑棋角上与边上白棋形成对杀局面。

进行至黑19，白七子被吃，黑棋明显占据优势。

黑1在6位跳，白a小飞，黑b跳也是一种变化。

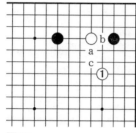

图16

④大飞

图16（妖刀）

白1大飞，这是变化非常复杂的棋形。

白1大飞，黑如果a位靠可以分断白棋。但这是白棋计算内的反击手段。

除了a位靠，黑还有b和c位两种选择。

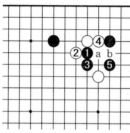

图17

图17（靠）

黑1靠，白2扳。黑3长，白4顶调整棋形。

白通过牺牲飞压一子来完成整形。

黑5好形，除此之外还可以选择a位或者b位。此处黑5跳出现较多。

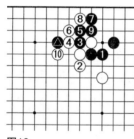

图18

图18（白好）

上图黑3如果1位退，白2长，结果黑不能满意。

黑3切断，白4、6分断，进行至白10，黑▲被伤，白好。

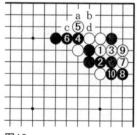

图19

图19（黑有利）

接图17。白1、3是俗手，结果白不好。

白3冲，黑4断。虽然黑棋在局部落了后手，但还有黑a至白d的先手利，黑棋的厚势未来发展空间更大。

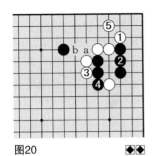

图20

图20（定式）

接图17。白1扳、3位压寻求角上根据地。黑4将白上下分开，进行至白5是定式下法。

黑4压，白5小尖坚实。此时黑a断已经不成立，白可以b位挖吃。

图21

图21（定式）

上图白5也可以1位立。1位立更重视实地，但是要注意征子情况（可参考图24）。

黑棋可以选择脱先或者a位断。即使征子利，黑a位断也可以在全局作战中获得利益。

黑棋如果脱先，白b虎是好形。

图22

图22（旧定式）

白1、3的次序，黑4的应法可能会所改变。白5虎，黑6拐。

但是黑a位无子，后续白b严厉。

所以即使是白1、3的次序，黑在大多数情况下还是会选择在a位粘应对。

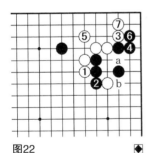

图23

图23（实地与厚势）

此时黑1立进角。白2挡，黑3粘。黑棋实地所得较大。

白4位小飞整形，棋形舒展。后续黑如果a位断，白b打吃弃掉二子。

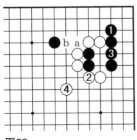

433

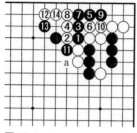

图24

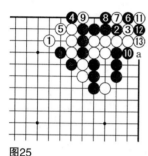

图25

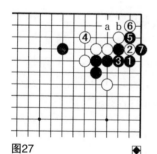

图26

图27

图24（征子关系）

接图21。此时黑1断。黑5小尖，白6、8抵抗，进行至白14对杀白胜。必须要注意的是，此时黑a打吃征子必须是白棋有利。

黑棋即使征子不利，也可以1位断。接下来在左下角引征。

图25（黑有利）

上图白12，如果在本图1位跳，则对杀无法获胜。

黑2，白3之后，黑4扳先手利，对杀结果变成打劫。

白13打吃，黑可以a位打直接开劫或者脱先。此时黑棋即使脱先，白棋也无法一手消劫。

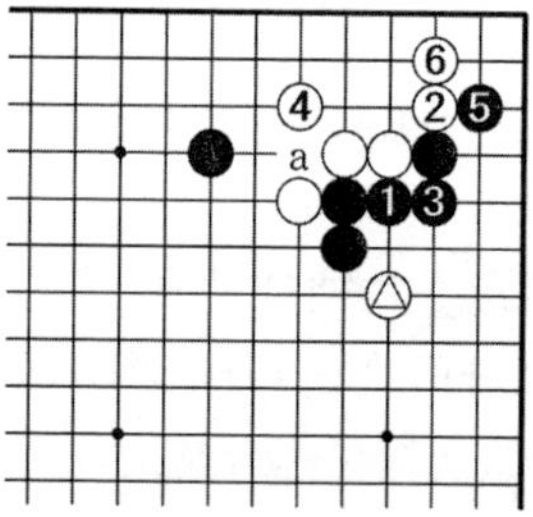

图26（白无不满）

面对白棋顶，黑1挡住。接下来a位断变得严厉，白4虎补是急所。

黑5可以扳角，但与图20、图21相比，白△一子明显活力十足，本图白可以满意。

图27（白无不满）

上图黑3可以选择1位虎。白2先手打吃之后还是会立即在4位虎补。黑5、7吃掉白一子告一段落。白a或者黑b断吃是后续官子手段。

相比之下本图黑棋形更为厚势，但上图黑可以获得先手他投，本图落了后手。

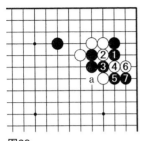

图28

图28（场合下法）

此时黑1是场合下法。选择黑1必须周围有棋子配置。

一般来说白直接2、4冲断即可。黑5、7紧气，白a打吃如果征子有利黑崩。即使白棋征子不利——

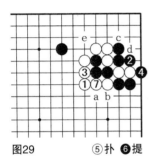

图29 ⑤扑 ⑥提

图29（封头）

白1夹封头，外围想成厚势。白棋可战。

黑2如果在7位冲，则白a，黑b，白3，黑粘，白c，黑2，白d先手打吃，黑4，白e虎补。仍然是白好的局面。

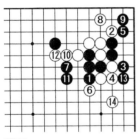

图30

图30（白有利）

黑棋拒绝被封锁，此时选择黑1拐或者下图变化。

白2扳急所。后续变化基本上都是白棋有利。

黑3至黑9在角上做活，白10、12出头，白有利。

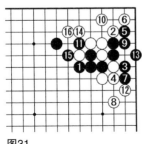

图31

图31（白可战）

黑1拐，白还是会在2位扳。黑5，白6连扳在角上获取根据地。

黑11断吃，13只能委屈两眼做活。白14、16之后本图仍是白可战的局面。

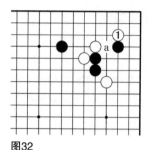

图32

图32（新型）

白不在a位顶，而是直接在1位托是新手新型。

白棋形看似薄弱，但黑棋形也尚未完整，整形难度不大。

后续变化基本上会变成黑棋获得外势，白棋获得角地的局面。

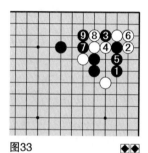

图33

◆◆

图33（定式）

黑1跳。黑还有4位顶的应对手段。

白2扳谋取角上根据地。

黑3扳整形。白4、6之后，黑7、9获得外势，双方两分。

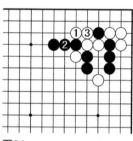

图34

图34（后手）

上图白8，如本图白1、3打吃，角上地盘有所增加。

但上图白棋先手，本图白棋落了后手。

一般来说一手之差价值极大，可以选择本图的局面少之又少。

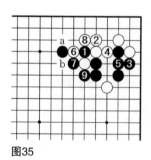

图35

图35（两分）

图33中的黑3，可以直接在1位断。与白2立交换之后，黑3再虎补。

白6打吃，黑7是常见手筋。

黑9之后，白是在a位虎还是b位断吃要根据周围棋子配置而定。

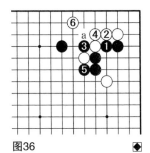

图36

◆

图36（定式）

白托，黑可以1位顶。白2挡，黑3、5打吃整形。

黑a好点，白6小飞出头。本图简明两分。白6也可以如图38，两图各有优劣。

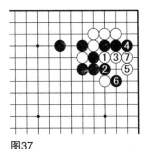

图37

图37（黑有利）

上图白6，如本图白1断会帮助黑棋加强外围厚势。

黑2～4是常见的弃子手筋。黑6扳，白7紧气，黑获得先手。黑可以满意。

白5如果在7位挡，黑直接在5位夹，白亏损更甚。

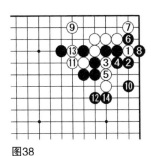

图38

图38（黑厚）

上图黑棋弃子取势，白棋不能接受。所以考虑白1、黑2交换之后3位断吃。黑4粘、6打吃做活。

白7、9，黑10简明。白11长吃掉黑一子，黑14吃掉白三子可以满意。

黑10如果在11位提，白10位跳变化复杂。

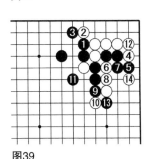

图39

图39（白稍好）

图36中的黑5，如本图1挡是实战中出现的下法。

接下来白2、黑3交换之后白4扳。白6断严厉。

进行至白14，是黑棋外势、白棋获得实地局面。但白10断一子的存在，使黑棋外势并不完整。

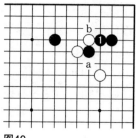

图40

图40（顶）

手段看似粗糙，此时黑1也是可选下法之一。让白a打吃，黑可以上边渡过。

白a只此一手。如果白b位立。黑a长好点。后续白若不想黑棋渡过，也有抵抗手段。

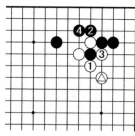

图41

图41（白可战）

白1打吃，黑2打吃，白3提。黑4长虽然是黑棋想好的变化，但与431页图13进行对比可以发现，白△一子位置明显占优。本图白可战。

作为黑棋，会希望白棋的拔花在后续局面无法发挥效用。

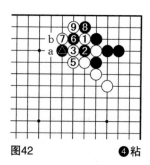

图42　　　　　❹粘

图42（抵抗）

在征子有利的前提下，白棋可以1位反击。意在分断黑△一子。

白9打吃，黑如果1位粘，则白a征吃。此时黑如果在b位打吃则形成劫争。

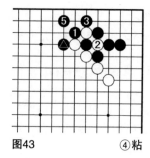

图43　　　　　④粘

图43（渡过）

如果一定要渡过，黑会选择1位断吃。

虽然白棋的棋形比图41还要厚实，但是如果黑棋现阶段的目标就是渡过，同时不要孤立黑△一子，本图就是可选的下法。

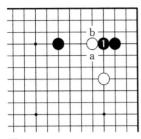

图44

图44（顶）

白大飞，黑1顶。

黑棋的想法是不让白棋获得借用，后续只要白棋应对无误仍然可以成功整形。

白a长。如果白b位立，则黑a扳严厉。

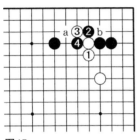

图45

图45（意图渡过）

白1长，黑2、4扳断想要渡过。白棋不会允许。

白棋的应手有a位长、b断吃两种。这两种下法都会形成白棋可以接受的局面。

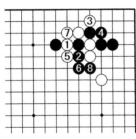

图46

图46（黑好）

白1打吃、3位打吃是俗手。

白5打吃先手，可以分断黑一子。白7粘落后手。

黑8可以吃掉白二子，黑棋可以满意。

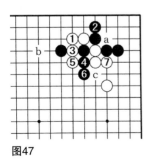

图47

图47（战斗）

白直接1位长，接下来瞄着a位断吃。黑2补断。

白3、5冲出头，这里可以看出白棋与上图的差别。白7拐形成战斗。白7若在b位夹击，黑c打吃极大。

接下来——

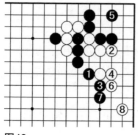

图48

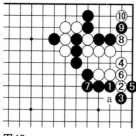

图49

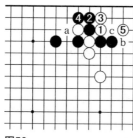

图50

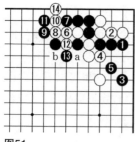

图51

图48（白可战）

黑1尖顶是棋形要点。白2挡急所，黑3扳，白4立。

角上黑棋利用极多，黑5花一手棋补强。

进行至白8两分。但黑棋外围棋形尚未完整，白棋可战。

图49（黑崩）

上图黑5，如本图黑1挡不成立。

白2扳、4位虎好形。后续白8扳、10夹和a位断见合。黑5、7补掉a位断点，则白8、10吃掉黑角。黑崩。

图50（难解型）

白1断，黑2立，白3挡先手，白5跳。等待黑棋出招。

后续变化有可能会非常复杂，一旦黑棋走错将会变成白棋有利的局面。白棋还有a位长的手段。

黑棋可以在b位挡还是c位冲断中二选一。

图51（长出）

黑1挡，白2粘住最大限度地长气。

黑3跳，白4、黑5交换之后6位长出。黑9、11目的是渡过，但白14立下强手。如果白14在a位提，则黑14位打吃，再b位粘，白不能接受。

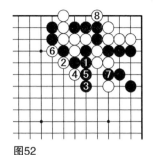

图52

图52（白稍好）

接下来黑1粘，白2断吃。吃黑一子和三子见合。

黑3～7可以吃掉白三子，白6提掉黑一子以后8位渡过。本图白稍好。

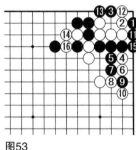

图53

图53（白厚实）

图51的黑3，直接选择本图黑1直接在角上与白棋对杀不好。

白2是长气手筋。黑3点，白4紧气。黑5以下至黑13紧气，白14长，黑15吃掉白角。但白16冲外势极厚，白优。

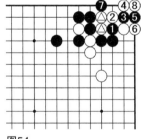

图54

图54（冲断）

黑1、3冲断是大头鬼的手筋。可以吃掉白△子。

黑棋可以吃掉白三子，但是即使棋子被吃，白棋也不落下风。

白8之后——

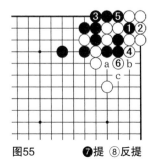

图55　❼提　⑧反提

图55（白可战）

黑1、3紧气，白三子已经无法救回。白4至白8弃子联络，白a位打吃也是先手。

黑5如果在6位长，则白b，黑c，白5，黑苦战。

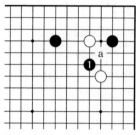

图56

图56（点）

白大飞，黑1点。只给了白棋a位的整形可能，是一种带有挑战意味的下法。

黑1点明确的表达了分断白棋的态度。此时白a小尖，分断已经无法避免。

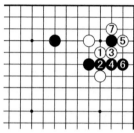

图57

图57（黑略厚）

白1小尖，黑2冲，白3，黑4分断。白3下在4位，被黑3位断无理。白棋的下法都是必然，无法反抗。

黑4分断，白5扳，黑6立先手。形成实地与外势的转换。相比之下黑棋外势价值看起来更大。

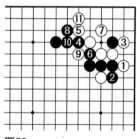

图58

图58（白好）

此时白1外扳更好。黑2拐，白3虎扳给右边留了破空的手段。

黑4靠，利用角上一子筑起外势。

白7至11将角地补强没了后顾之忧。黑棋的外势极厚，白棋角地较大，棋形完整。本图白更好下。

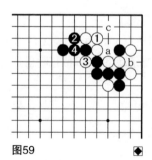

图59

图59（两分）

上图白棋落了后手。如果想要获得先手，上图白7可以选择白1粘。黑2虎，白3打吃先手交换之后可以脱先他投。

但是这样一来黑棋后面有a位打吃、c位跳的官子手段。白棋角地变小，与上图各有优劣。

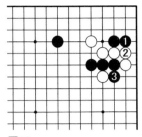

图60

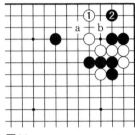

图61

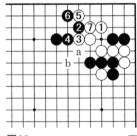

图62 ◆

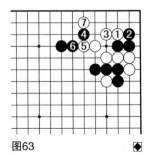

图63 ◆

图60（试应手）

黑3拐之前，先黑1与白2进行交换。后续黑棋必然要弃掉角上二子，但要先考验白棋如何吃子。

根据白棋的下法黑棋可以在外围筑起厚势。

图61（味道不好）

白1跳，棋形撑得很足。但黑可能选择2位跳。虽然黑棋在角上不能做活，但白棋想要净吃也不容易。白1不是本手。

白1下在a位更过分，黑马上可以下在b位做活。

图62（定式）

白棋的下法有1位小尖，下图1位夹也许更为稳妥。

白1小尖，黑2飞点，进行至白7告一段落。

虽然白后续可以下在a位，但黑b位枷基本可以封锁。

图63（定式）

白可以选的还有1位夹。

黑2、白3交换之后，黑4飞点。进行至白7告一段落，与上图基本相同。

但是白1夹，黑棋有2、4以外的应对方法。

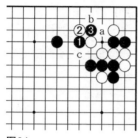

图64

图64（扭断）

比如黑1、3扭断。

此时黑棋的下法也是在试应手。根据白棋的下法决定后续如何整形。

白棋的应手有a～c 3种。

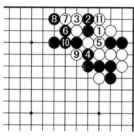

图65

图65（黑稍好）

白1～3可以吃掉黑二子。但是黑4、6可以在两边先手利。

进行至白11告一段落。图58对比可以发现黑棋上边棋形已经完整，本图是黑棋稍好的局面。

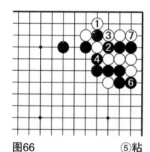

图66　　　　　⑤粘

图66（黑稍好）

白1打吃，黑2可以挤打。

白3提，黑4打吃先手，白5只能粘住。

黑6拐变成先手，与上图不一样的地方是本图黑棋在右边的棋形完整。

两图如何选择，交由白棋做决定。

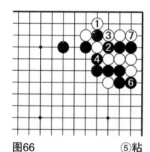

图67

图67（黑稍好）

上图白3如本图白1粘，黑2粘。

白3紧气，黑4打吃长气以后6位挡住。白7爬长气，黑8以下可以吃掉白四子。

一般情况下本图黑棋优势。如果白棋有棋子配置也可以考虑。

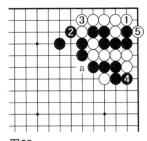

图68

图68（黑好）

上图白7如本图1拐可以吃掉黑六子。

但是这样一来，黑2打吃、黑4拐都成了先手。

黑棋在局部获得先手。虽然还有a位断点，在结果肯定是黑棋有利。

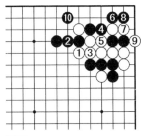

图69

图69（黑稍有利）

白1打吃、3位粘意在出头。

黑4顶，白5位断，则黑6、8先手，黑10跳在上边获取实地。

外围黑四子白棋是否可以找到合适的攻击方法暂未可知。黑稍好。

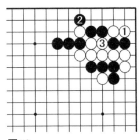

图70

图70（黑稍好）

上图白5，如选择本图白1夹。黑2打吃掉白一子告一段落。白棋较上图结果稍好。

但是白1夹，黑也可能强硬在3位粘。如果黑3位粘，后续变化非常复杂。如下图。

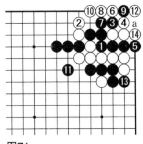

图71

图71（大型变化）

黑1粘，如果白5渡过实在太委屈。白2立强手。

以下进行至白14，是大型变化的其中一种。

黑11可以在a位打劫。但白先提劫，黑棋劫材不利。

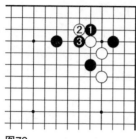

图72

图72（托断）

白棋小尖，黑1、3托断是非常过分的下法。其中含有陷阱要引起注意。

不论如何，只要白棋正确应对，在本局部就必然可以获得优势。

图73

图73（两边打吃）

白1、3两边打吃后5位挡住争夺角地。

此时黑如果直接8位拐打，则白6粘。黑a冲，白可以b位挡。

黑6断吃之后在8位拐打，白9跳。轮到黑棋做出选择。

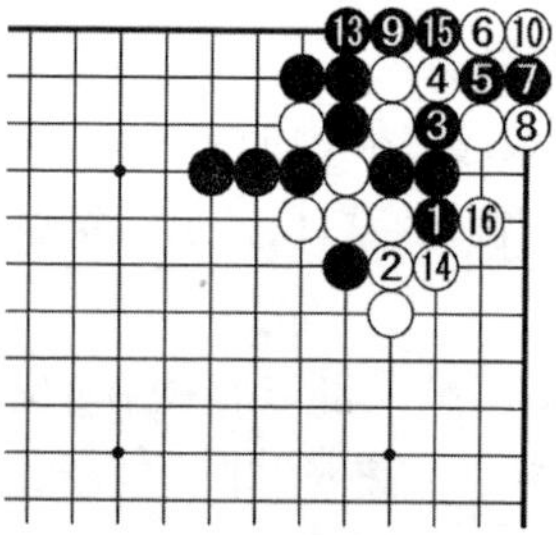

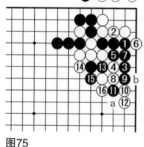

图74　⑪=⑤　⑫=⑦
　　　⑰=⑤　⑱=④

图74（白好）

黑的下法有本图和下图两种，但最终的结果黑棋都不能满意。

黑1拐，白2粘。黑3、5冲断可以吃掉白三子。

但下图与441页图55相同，白18可以反提，结果白满意。

图75

图75（黑崩）

黑1挡，3位跳试图与角上白棋对杀，但明显气不够。

白4尖顶好手。黑5挤，进行至白16，对杀明显白胜。后续如果黑a，则白b。

黑崩。

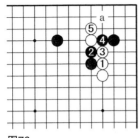

图76

图76（白无理）

此时白1选择了正面作战，但明显是无理手。

白还是应该在3位小尖才是本手。

白5立，黑a位跳就是好点，但此时黑棋有更简明的下法。

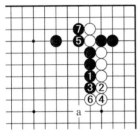

图77

图77（黑好）

黑1、3压，在白4长之后5位扳。

白6拐头是为了不让黑下在a小飞的好点。但是黑7挡可以获得巨大实地。

白6如果动出二子也不好下——

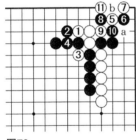

图78

图78（黑有利）

白1拐、5小飞进角。黑6靠好手。接下来白如果a位扳，则黑8夹可以吃掉白三子，黑棋形厚实。

白7～11形成劫争，但黑b提劫好之后白并找不到合适的劫材。本图黑好。

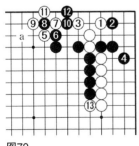

图79

图79（黑稍好）

白1小尖更稳健。黑2靠，白3小尖先手，白5大飞出头。进行至白13形成转换。

但是黑6还有7位跳断的可能，同时后续黑a位点是好手。黑棋的选择极多，可以满意。

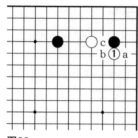

图80

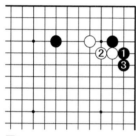

图81

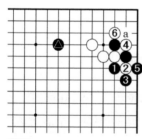

图82

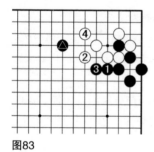

图83

⑤外靠

图80（压迫）

白1外靠，高目定式有相同棋形，不同的是此时黑棋二间高夹位置已经有子。

此处也含有形成复杂变化的可能。

黑棋的应手主要有a、b、c 3种。

图81（简明）

黑1扳简明。白2退稳健应对。

黑3长处于低位，意在不让白棋有成功整形的机会。更为重视攻击。

白的后续下法如图84以下的变化图。

图82（白稍好）

上图黑3，也可以选择本图黑1扳。白2断，黑3位打吃；白如果在4位断，则黑在a位打吃。

进行至白6，基本还原高目定式。

但是这样一来黑▲一子位置尴尬，这一点来看白棋稍好。

图83（后续手段）

接下来黑1好点。

白2虎，黑3长，白无奈只能4位补。这样黑▲一子后续可能就有了用武之地。

本图中黑棋大部分还是会选择图81的黑3长。

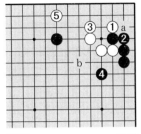

图84

图84（定式）

此时白1夹。

黑此时可以2位粘或者a位虎。黑2粘，白3立，黑4小飞，白5大飞做活。

白5也可选择在b位小飞出头。

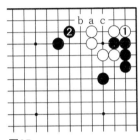

图85

图85（白稍重）

上图白3虽然后续下在1位是好点，但如果直接白1挡，则黑2小尖好点。

接下来黑a托好点。黑a，白b扳，黑c长严厉。白如果在c位虎，则黑b之后角上尚未净活。

直接白1挡棋形不够轻灵。

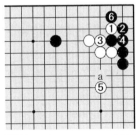

图86

图86（定式）

白1夹，黑2虎。黑棋不想让白下到图84的3位立。

白3打吃先手，黑4粘之后白有两种选择。

如果重视右边或者中腹，可以白5或者a位跳出头。白6打吃获得角地。

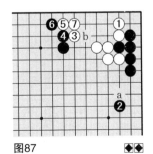

图87

图87（定式）

白1立重视实地。黑2或者a位飞出头，白3小飞直接就地做活。

白1与黑2交换之后如果马上脱先，黑b点严厉。

白1立与之后5、7是系列下法。

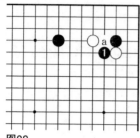

图88

图88（扳断）

白靠，黑1扳断，严厉，黑白双方在后续的下法中都要非常谨慎才行。

白a断是必然的一手，后续的下法根据双方的选择而定。是获得实地还是获得厚势。

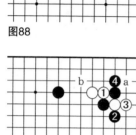

图89

图89（定型）

白1断至黑4三三，是此时的定形图。

白3如果在4位打吃，黑3提。白a立，黑b飞，白棋形不佳。

黑4进角做好了弃子的准备，也考验白棋的选择。

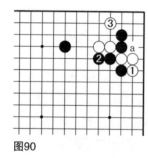

图90

图90（外拐）

白棋的下法有1位外拐和a位内拐两种。

黑2压。根据白棋的下法选择是否弃子。

白3跳意在吃掉黑角上二子。

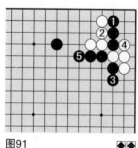

图91

图91（定式）

即使要弃子，黑1长气也是此时的好手。与白2交换之后黑3长。

白4拐，吃掉黑角上三子。

黑5长告一段落。白棋获得实地、黑棋夺取外势，两分。

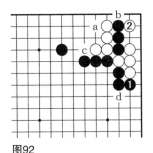

图92

图92（被利）

如果右边更有发展，黑1拐是先手利。但是这样一来，上边黑a，白b，黑c，白2的先手交换就将消失。所以在实战中黑1拐大部分情况下都会先做保留。

此时白1爬与黑d交换并不所得，黑不用担心。

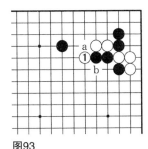

图93

图93（反击）

图91的变化白若不满意，可以选择白1扳出。

但是这样下的结果是无法吃掉黑角上二子，变成黑棋获得实地、白棋夺取外势的局面。

黑a位断不成立，白b打吃瞬间被征吃。

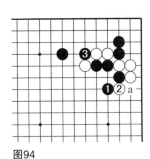

图94

图94（断）

黑1虎，白2打吃交换之后，黑3可以切断。黑1与白2的交换就是反之上图所示的征子。

白2只此一手，否则黑a虎会见白三子全部吃掉。

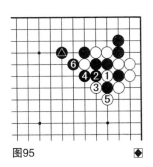

图95　◆

图95（旧型）

接下来进行至白5，白棋吃掉二子，黑6吃掉白三子。

本图与小雪崩定式只有一路之差棋形相近。黑▲一子虽然子效偏低，但本图仍是黑棋满意的局面。

但是白棋有反击的手段。

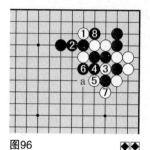

图96

◆◆

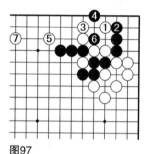

图97

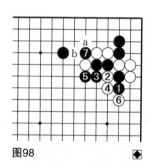

图98

◆

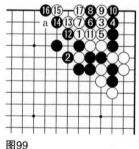

图99

图96（定式）

上图白1，如本图白1与黑2交换是改良版的定式。

进行至黑8，虽然看起来与上图几乎没有区别，但白在a位有了先手利。

虽然黑8有可能脱先，但要做好出现下图变化的心理准备。

图97（动出）

白1跳动出。黑2挡，白3立好手。

黑4、6可以无条件吃掉白二子。但在黑棋吃掉二子联络的同时，白棋已经在上边快速出头，这样的变化黑棋在实地上亏损较大。

图98（两分）

如果不喜欢图96的下法，图94中的黑1可以如本图1位长。

白2断之后黑顺调3、5获得先手，黑7打吃。

但是本图白留有a位的后续手段。白a打吃，黑b粘，又会出现上图的变化。

图99（打劫）

白1打吃，黑2提气合。进行至白17，局部形成劫争。

本图如果黑下在a位是黑先提劫，虽然打劫是黑棋有利，但在局部已经有了打劫的可能。

白1打吃，黑是选择粘还是提要看具体棋子配置而定。

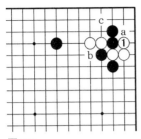

图100

图100（内拐）

白1内拐。此时黑可能直接a位拐，但此时这手棋并不好。白1与黑a交换明显得利。

此时黑棋的应手有b位压、c位小尖两种。

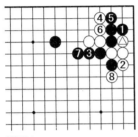

图101

图101（黑中计）

黑1拐就如上图讲解所说，中了白棋的计谋。

白2拐，黑3压，白4跳。黑5挡长气，白6粘。黑7封头，白8打吃。此时黑1与白△先进行了交换。

请与两分的图91进行对比。

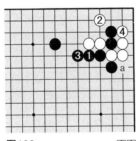

图102

图102（定式）

黑1压。不给白下在a位的机会。此时的战斗黑棋应对更为自如。

白2跳吃掉黑二子，黑3长封头，白4补告一段落。

黑获得先手，本图双方两分。

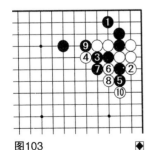

图103

图103（两分）

如果不想将角上实地拱手让给白棋，黑1小尖是棋形好点。白2拐，黑3压。

白4扳寻求行棋步调。黑5可以在8位虎（请参考图94）。

白虽然落后手，但后续有很多先手利可以根据棋子配置使用。两分。

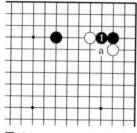

图104

图104（顶）

"村正妖刀"如今指的是小目·一间高挂·二间高夹的定式。但究其根源，最初是指黑1顶之后产生的所有复杂变化。

此时白棋的下一手必然是a位挡。

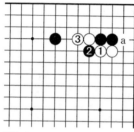

图105

图105（白应手）

白1挡，形成"二子头"的棋形。此时黑2断形成战斗的局面。

白接下来大多在3位长，或者a位扳。

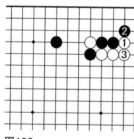

图106

图106（扳粘）

白1、3扳粘是以往比较简明的定式。

但是如果想到黑棋的强手，这样的下法并不能如愿。后续变化较多。

此时对于黑棋也是不能掉以轻心的局面。

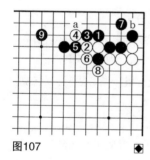

图107

图107（两分）

黑1打吃、3渡过是简明下法。

白4扳凑调白8拔花，黑9小飞补棋告一段落。双方各获得实地和外势，两分。

黑7如果在a位打吃，白8提，黑可以脱先他投。但这样一来白角上多了b位夹的官子手筋。

454

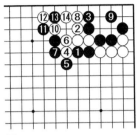

图108

图108（强手）

黑1选择上压不求渡过，是此时的强手。如之前变化图中的讲解所提到了，后续对于双方来说都是复杂的局面。

白4扳，黑5反扳。黑13打吃，白14做劫，后续要看劫材情况而定。

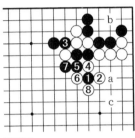

图109

图109（两分）

黑1跳，接下来黑a跳与3位断见合。白有2位靠和3位粘两种选择。

白2靠，黑3断。白4挖吃可以将黑一子拔花。

黑3如果在8位长，则白3粘，黑b虎补角，白c小飞出头。也是两分局面。

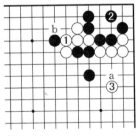

图110

图110（战斗）

此时白选择1位直接粘。此时黑角上尚未完全做活，白也要做好黑在a位跳封的准备。

此时黑2如果选择在角上补活，白3可以拆二。

接下来黑b立形成战斗局面。

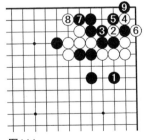

图111

图111（打劫）

上图黑2，如本图黑1跳封住白棋，白2打吃夺取黑棋眼形，形成对杀。

对杀的黑白都无法净杀对方，进行至黑9形成劫争。两方压力都非常大。

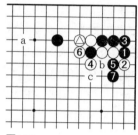

图112

图112（白可战）

白△长，黑1、3扳粘。如果白棋征子有利，直接4位打吃即可。

黑5、7断吃出头，白选择a位等夹击。

黑7如果在b位打吃，则白c位长。黑二子气紧，不好。

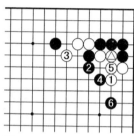

图113

图113（黑好）

一旦征子不利，白棋会陷入苦战。白棋选择下在△位，必须提前考虑到征子的情况。

白1虎，黑2～6应对。虽然黑棋角上尚未活净，但此时攻击白棋，白棋根本无暇他顾。

白1如果在5位粘，黑2长、白3小尖、黑1夹击严厉。

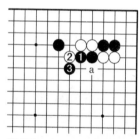

图114

图114（压）

征子如果是白棋有利，图112的下法黑棋需要避开。那么可以选择本图黑1压或者a位长。

白2扳，黑3连扳将白棋封住。

但是本图的后续变化只要白棋应对正确，结果就是白棋有利。

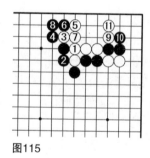

图115

图115（黑无理）

白1粘，黑2挡。虽然暂时将白棋封住，但黑棋形的断点有两处。白3、黑4扳交换之后又增加了一处。

白5虎、黑8粘住之后白9、11扩大眼位，黑棋的角上也处于危险之中。接下来——

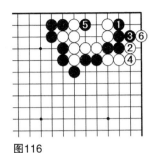

图116

图116（白胜）

黑1挡，白2、4扳粘。白棋虽然局部没有净活，但对杀占据上风。

黑5占据棋形急所，白6扳，对杀白胜。

本图之后可以得出结论，上图黑4~8过分。

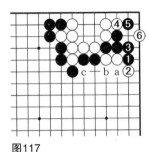

图117

图117（白胜）

上图黑1，如本图1、3扳粘意在长气。

此时白棋有两种下法。

第一种是直接白4、6破眼。黑a断吃、白b打吃之后有了c位断点，黑不成立。但此时白棋有需要注意的地方。

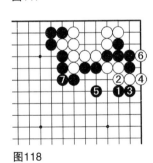

图118

图118（黑可战）

黑1点是白棋需要提前想到的手段。

白2粘可以吃掉角上黑棋五子。但是黑棋可以通过弃子在外围收气。

黑3、5先手利，然后7位粘，黑棋厚势完整，可以满意。

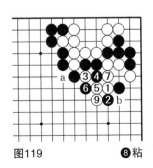

图119　❽粘

图119（破解）

此时白1出头是好手。

黑2扳，白3断吃是手筋。白5、7顺调打吃，白9出头，问题解决。

后续黑有a、b两处断点，已经无暇顾及角上黑五子死活。

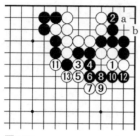

图120

图120（白好）

图117中的白4，还有别的选择。比如本图白1粘。如果黑6位跳，则白2位拐，黑b挡，白c位点将黑角净吃。

黑2继续抵抗，白3断吃严厉。进行至黑12，即使黑棋吃掉了白四子，白13中腹拔花明显更有优势。

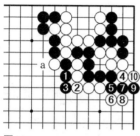

图121

图121（黑崩）

上图黑12，如本图黑1不成立。

白a长是先手，所以黑3必须继续长气。白4以下宽征白胜。

黑9立，白10挡好手，黑崩。

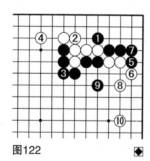

图122 ◆

图122（两分）

图115中的黑4扳会导致对黑不利的局面。

为了回避上述变化，此时黑可以选择1位扳。白2粘，黑3粘补断点。白4跳出头，黑5、7扳粘做活。

白10拆边，双方两分。

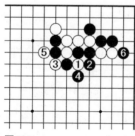

图123

图123（黑稍好）

上图白2可以选择本图1位断吃。目的是白3、5将上边两个黑子吃掉。

从棋形来看白棋特别厚实，但被黑6扳，黑棋所得实地也十分巨大。本图还是黑棋稍好的局面。

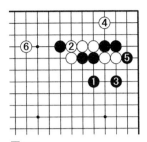

图124

图124（白无不满）

此时黑1跳是为了避免战斗的态度。

但是白2粘极大，白棋可以满意。

黑3跳，白4先手利、6位拆边好形。

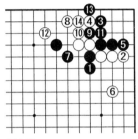

图125

图125（白可战）

此时黑1长也是避战的态度。同样黑棋想要获得局部优势有一定难度。

此时白有2位立和下图扳粘两种选择。

黑3跳，白4靠，黑5挡角，白6拆二出头。黑7小尖，白8以下至白12出头。

角上黑棋是金柜角，仍有余味。

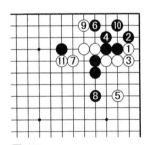

图126

图126（两分）

白还可以1、3扳粘。黑4补断点，白5拆二。

黑4虽是棋形好点，但角上仍未净活，黑6补棋有必要。

白7、9先手利，11压，后续形成战斗局面。

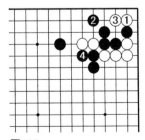

图127

图127（黑可战）

上图白5如果直接在1位夹破眼，有过分之嫌。

黑2小尖好形。白3长渡过，黑4封头。此时明显是黑可战的局面。

白棋应该戒急戒躁，上图白5拆二是正确选择。

459

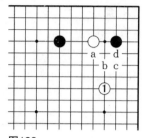

图128

⑥超大飞

图128（轻妙）

白1超大飞，比大飞的步伐迈得更广。

黑棋的应手有a位靠、b位小飞、c位一间跳等。

白棋的攻击并不严厉，所以黑棋也可以直接脱先。接下来白可以下b或者d位。

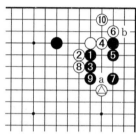

图129

图129（白稍好）

超大飞的局面，黑1靠是主流下法。但是换个角度来看，白棋超大飞应该就是等着黑棋1位靠出。

进行至白10，超大飞的白△明显比在a位更有活力，这是白棋的加分项。

白10可以选择b位立。

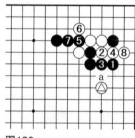

图130

图130（白好）

超大飞的局面下，黑1跳不好。

白2~4冲断变成了可选择的下法。

△的位置要明显好于a位大飞，本图明显白棋满意。黑1还是应该选择上图长为好。

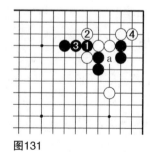

图131

图131（黑稍好）

白扳，黑1断是可选下法。

白2打吃、4立虽然可以简明定形，但下法缺少了些灵气。

黑棋断之后的下法如下图之后所示，这也是超大飞的用意所在。

后续白a冲，黑棋会弃掉二子。

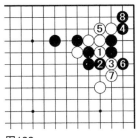

图132

图132（冲断）

面对黑棋断，白选择1、3冲断应对。

黑4扳，白棋后续的思路是弃掉四子，但白5粘长气非常有必要。此时白棋有三口气，接下来可以让黑棋收气吃了。

黑6、8之后——

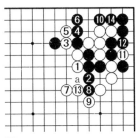

图133

图133（白厚实）

白1紧气，3、5切断，白7飞封，黑棋已经无法出头。

虽然黑棋在角上实地也非常可观，但后续白还有a位先手，外势厚实。

本图白稍好。

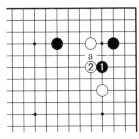

图134

图134（小飞）

黑a靠是白棋在选择超大飞时已经设想好的反击下法。

对于黑棋来说，a位当然是可选点。如果不想让白棋如愿，也可以黑1小飞或者图144以下的一间跳应对。

此时白2压，想要将黑棋封锁。

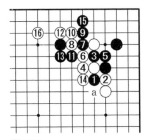

图135

图135（黑稍好）

此时黑1扳，3、5打吃粘住的下法意图明确。白6拐，黑7断。

白8、10分断，黑11断。进行至黑15，黑棋角地较大，可以满意。

如果黑a征子有利，白棋处于更加不利的局面。

461

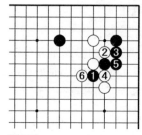

图136

图136（白有利）

此时如果白棋征子有利，在黑1扳的时候可以白2虎。

黑3挡，白4、6征吃，白棋可以满意。如果白棋征子不利，将陷入苦战。

如果黑棋有较好的引征手段，本图也是可选变化。

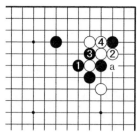

图137

图137（两分）

黑棋不想被征吃，在白虎的时候可以黑1反打。

白如果3位粘会导致征子不利，所以白2分断黑棋。黑3提，白4粘两分。黑a是马上可以落子的好点。

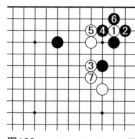

图138

图138（两分）

在白3压之前，先白1、黑2交换是好时机。通过这个交换，黑还想7位扳出就有了风险。

黑4打吃，白5挡先手。虽然白1一子被吃，但白棋达到了封锁的目的。两分。

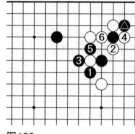

图139

图139（白有利）

如果此时黑棋还是选择1位扳出，白2是早已准备好的反击手段。

黑3打吃，白4断吃。黑5、白6气合各提对方一子，黑●变成废子，本图是白稍好的局面。

黑3如果——

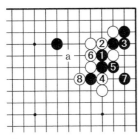

图140

图140（白好）

黑1挡，白2先手打吃、4断。

黑5拐吃，白6粘。黑7小尖，白8打吃。此时如果白棋征子有利，必然是白好。

如果征子不利，白a跳，黑8长，形成战斗局面。

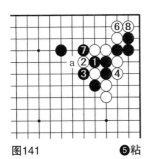

图141　　❺粘

图141（白有利）

上图黑5如本图黑1冲，白2、4滚打，黑5粘，白6立。黑7打吃，白8吃掉黑角上三子，白棋所得实地极大。

黑7如果下在8位角上长气，则白7粘，对杀黑棋明显不利。

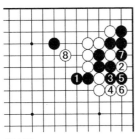

图142

图142（两分）

图140的黑7如果不想被征吃，会选择1位长。

这样白2以下的变化就无法避免。但是黑棋已经成功分断白棋，后续必然是双方都可接受的战斗局面。白2以下的变化也可保留。

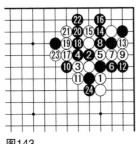

图143

图143（黑好）

图139的白2如果选择白1断战斗，黑2、4正面迎战，后续变化较为复杂。

进行至黑24，从结果来看明显是黑棋有利。

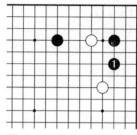

图144

图144（一间跳）

白棋超大飞，黑棋想要分断有一定难度。那么可以放弃这个想法，黑1跳稳健应对。

根据白棋的应对，后续再寻找攻击的机会。

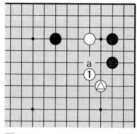

图145

图145（定式）

白1或a位跳是普通应法。

这样一来还原成黑棋二间高夹、白1位或者a位跳、黑一间跳、白△位应对的棋形。

白1小尖，黑a靠断并不是好选择。

白a位跳，黑1靠断要考虑征子情况。

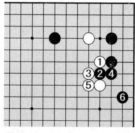

图146

图146（两分）

此时白棋还有一个选择就是白1靠。既然选择了超大飞，白1靠比上图更符合白棋的行棋思路。

黑2、4挖粘，6位小飞出头告一段落。之后白棋一般会选择在上边夹击黑一子。

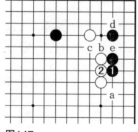

图147

图147（黑不好）

黑1长，白2粘棋形舒适。

接下来黑a跳不成立，即使通过黑b、白c交换之后a位跳出，后续白d托好点，黑气紧不好。根据场合白还可能在e位挖粘整形。

本图黑不好。

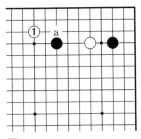

图148

⑦反夹

图148（重视上边）

与小飞挂·二间高夹的情况相同，此时白棋可以1位反夹。这是重视左上角的下法。

白棋的目的是在a位托过。黑棋后续下法要考虑到这一点。

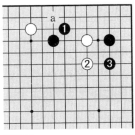

图149

图149（战斗）

黑1小尖或者a位跳拒绝白棋托过。白2跳，黑3跳，后续形成互攻局面。

白2也可以将挂角一子看轻，脱先在上边拆二。

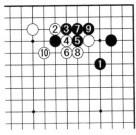

图150

图150（两分）

黑1小飞。白2、4托断。

黑5、7等待白棋出招。白8拐头，黑9渡过可以满意。

如果对本图变化不满意，白2可以直接在上边拆二调整行棋方向。

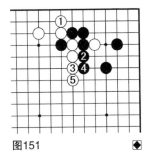

图151

图151（两分）

上图白8，可以如本图白1立。

黑2、4出头吃掉白一子。

黑棋角上实地可观，白5长出头棋形厚实。

与上图相比各有优劣。

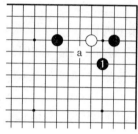

图152

⑧脱先

图152（小飞）

白棋脱先，黑1小飞发起攻击。

此时白棋是动出一子还是继续脱先，需要先做出选择。

如果继续脱先，黑a位飞压是好点。这也是黑棋选择1位小飞的原因。

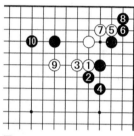

图153

图153（白重）

白1、3靠压出头。黑4虎，白5、7在角上交换之后白9跳出头。

但是在这个过程中黑棋的棋形得到加强，黑10继续保持着对白棋的攻击状态。相比之下白棋损失要大于所得。

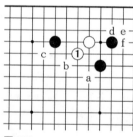

图154

图154（小尖）

看起来行棋速度稍缓，但白1是此时可选点之一。

后续白有a飞压，b小尖之后还有c位飞压、d位托，黑e扳，白f断等手段。

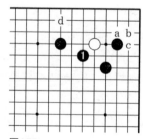

图155

图155（再次脱先）

棋盘上还有重要大场的情况下，白棋可以再次脱先。

黑1飞压好点，但是白一子仍然还有活动空间。比如白a托，黑b，白c在角上做眼，或者在d位侵分等。

第三章

大飞挂角

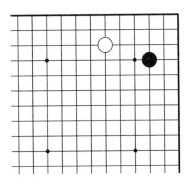

　　大飞挂角的下法，在不想被对手夹击的局面下使用较多。与小飞挂角、一间高挂不同，大飞挂角比较温和。后续还有托三三的好点，很难成为被攻击的对象。但如今在全局战斗思路下，对手选择夹击的可能性也越来越大。

1. 小尖

黑1小尖是大飞挂角时特有的应对方法。黑1也是大飞挂角时设想好的下法，黑棋获得实地，可以满意。

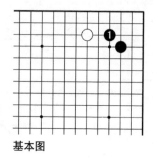

基本图

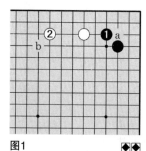

图1

图1（定式）

大飞挂角之后左上拆边和白a托角见合。黑1小尖，白2拆二或者b位超大飞。

拆二能保证基本安定，不用担心被对手攻击。

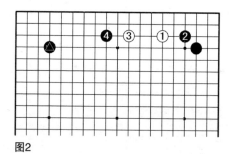

图2

图2（逼）

此时黑4逼是好点，给拆二带来威胁。

在黑棋▲位有子的情况下，白选择大飞挂角较多。

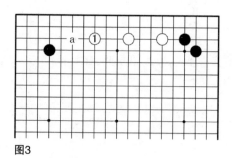

图3

图3（继续拆边）

不想被对手逼住，白1继续拆边也是好点。当然白1也可以直接在a位挂角。

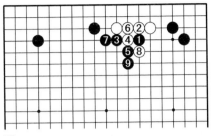

图4

图4（模样）

图2如果白棋脱先，此时黑棋会有很多后续手段。黑1点是其中一种。目的是以左上角为中心形成模样。

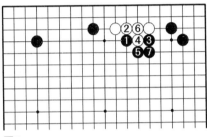

图5

图5（同样）

如果重视右边发展，可以黑1、3封头。白6粘，黑7粘即可。

黑1直接下在7位镇也是重视右边的下法。

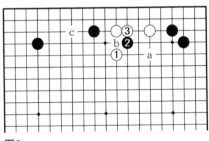

图6

图6（一间跳）

白棋要补强会1位跳或者a位跳。

黑2刺试应手。白3挡后续黑有b位冲断的可能，同时c位打入的严厉程度有所下降。

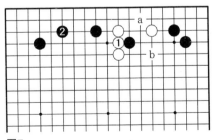

图7

图7（目的）

如果白1粘，黑2拆二。接下来黑有a位点的后续手段。

如果白b跳补可以消除隐患，棋形坚实。但要做好落后手的准备。

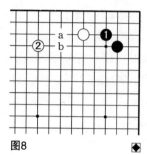

图8

图8（定式）

黑1小尖，白2可以超大飞。此时白棋是选择拆二还是超大飞，可以根据周围棋子配置和个人喜好而定。

超大飞行棋速度快，但是黑有a、b打入的后续手段。面对黑棋的打入如何应对是一个需要探讨的话题。

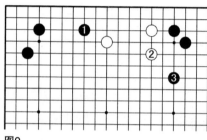

图9

图9（一间跳）

在这里要局面下，黑1拆三是好点。白2跳补是普通应对，虽然不能完全防止对手打入，但应对起来会容易很多。

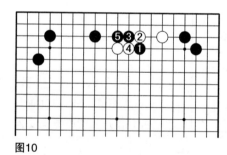

图10

图10（打入）

如果白棋没有如上图2位跳，此时黑1打入严厉。白2托，黑3扳断、5渡过。白棋无法吃掉黑1一子，后续处理上下两块孤棋，分身乏术。

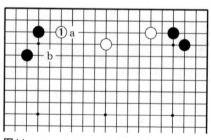

图11

图11（逼）

黑没有如图9逼住，那么白1或者a位逼住就是此时的好点。后续白b镇极大，白1是积极的下法。

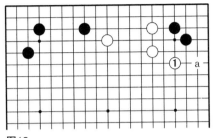

图12

图12（小飞）

图9的黑3可以脱先，但这样一来白可以1位小飞给黑角施加压力。黑选择a位小飞忍耐有稍微被利之嫌。

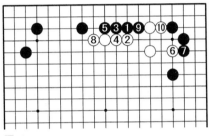

图13

图13（打入）

图9的白2即使已经跳补，黑1仍然可以打入。但是后续白棋可以获得厚势，可以满意。白6跳是为了在黑9的时候可以下到白10位顶。

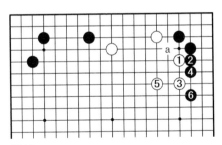

图14

图14（两分）

白还可以选择1位肩冲。但是在过程中会让黑角得到加强，好坏各半。

黑2如果在a位出头，白会2位挡。

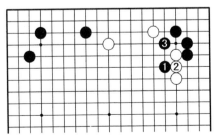

图15

图15（战斗）

如果黑棋想要小尖出头，可以先在1位刺交换之后，3位小尖，形成战斗局面。

黑1、3的下法非常严厉。需要注意的是不要在后续互攻中导致攻击计划落空。

2.肩冲

面对大飞挂角，黑可以1位肩冲。与黑小尖获取角地的意图不同，肩冲目的是在右边获得发展。

是形成模样有利的下法。

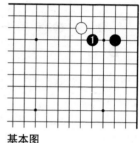

基本图

图1（白棋应手）

黑棋肩冲，白棋的下法有a位压和b位小飞。

选择白a，黑可能会重新夺回原本已经放弃的角地。白b小飞是重视实地和根据地的下法。

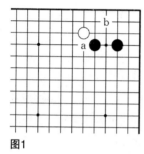

图1

①压
图2（定式）

白1压。黑2挡，白3长。这是基本定式下法。

如果黑棋在左上角有棋子配置，后续黑在a位夹击的可能性较大。

本图与白1二间高夹，黑2小飞应对的图形相同。

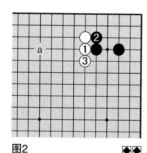

图2　◆◆

图3（两分）

黑1扳头。

白4、6扳粘，黑7粘，白可以抢占8位长的好点。

根据周围棋子配置，黑7也会下在8位连扳。

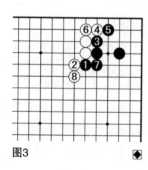

图3　◆

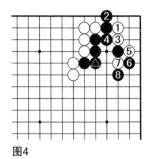

图4

图4（不成立）

接上图。白1夹不成立。黑2立，白3、5，进行至黑8白棋净死。黑▲粘就是起到了兼顾防止白在角上出棋的作用。

但是一旦在8位周围有了白棋的棋子，黑棋就需要注意本图的手段了。

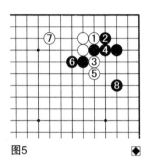

图5

图5（战斗）

白1拐，黑2虎强硬。白3可以切断。从黑棋最初肩冲的思路上来看，以下的战斗局面黑棋是欢迎的。

白5长，黑6长见合，白7与黑8交换之后形成互攻。本图黑可战。

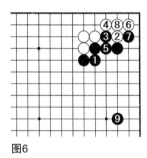

图6

图6（场合下法）

白棋拐，黑1粘是要避开上图战斗局面，选择了退让。

白2进角，黑棋损失了不少的角地。

黑9拆边未来有一定发展，黑1粘是在周围有棋子配置的情况下可以选择的下法。

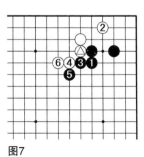

图7

图7（白可战）

黑1长是常见下法，但在此时白2小飞进角有些不利。白△与黑1的交换，黑有被利之嫌。

黑3拐，白4、6整形，白可以满意。本图白可战。

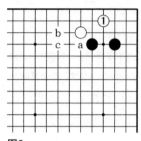

图8

②小飞

图8（根据地）

白1小飞重视实地。此时白棋可以获得根据地，更容易做活。

黑棋的应手有a位压、b或者c夹击。a的目的是在右边获得模样，b、c意在攻击或者封锁。

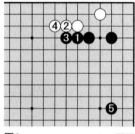

图9 ◆◆

图9（定式）

黑1压。简单直接的准备筑起厚势在右边发展。

白2长，黑3压，白4长。黑5拆边告一段落。

黑棋的模样确实可观，但在局部黑棋多花一手棋，而且是白棋挂角后局面，本图双方两分。

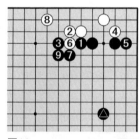

图10 ◆◆

图10（定式）

右边❸位有子的局面，黑1压，黑3跳的下法比较常见。

白4尖顶交换之后，白8小飞出头。白6也可以直接8位小飞，那么黑棋会6位粘或者脱先。

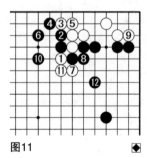

图11 ◆

图11（战斗）

上图白8，选择本图白1断发起战斗。

但是黑2挡，白3、5扳粘之后，白9必须补活。黑棋可以获得先手。

从棋形来看，白棋是处于被攻击的一面，但是可以阻止黑棋形成上图的大模样，是对于白棋有利的一点。

474

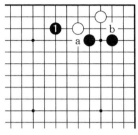

图12

图12（夹击）

白小飞，黑1夹击。根据白棋的下法决定接下来是夺取眼位攻击还是封锁白棋获取厚势。

白棋的应手有a位出头、b尖顶试应手等。

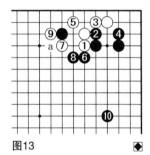

图13

图13（定式）

白1出头。黑选择2位冲这步有俗手之嫌的下法，之后4位双。后续黑棋瞄着5位小尖先手破眼。

白5虎保住眼形，黑棋选择在右边扩张模样。

白9可以在a位长。

图14（战斗）

白1跳，不想让黑棋形成上图的模样。黑2小尖先手，白棋只能忍耐。

黑2先手，4位拆边补强右边。

白5夹击，黑6跳出头。

图14

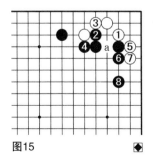

图15

图15（定式）

白1尖顶试应手。黑还可以选择5位立或者a位粘。

黑2、4直接将白封锁，获取外势。

白5扳、7爬之后告一段落。黑棋获得厚势，白棋获得实地。双方两分。

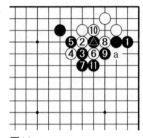

图16

图16（包含打劫）

黑1虽然有被利的感觉，但也是此时的可选下法。

接下来白2、4是计划内的下法，黑5断强行封锁。

后续白有a位断吃的手段，黑△提。围绕这个劫争的战斗将会非常复杂。

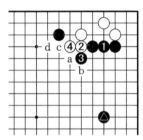

图17

图17（战斗）

黑如果在△一带有棋子配置，那么黑1粘是一个好选择。

与上图不同，黑1粘对白棋形压迫不强。

白2、4出头。此时若白4在a位扳，黑b长，白c虎。接下来黑可以d位扳。

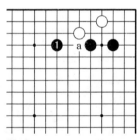

图18

图18（高夹）

黑1高夹。高夹的目的在于阻止白棋出头。

但在后续根据战略调整，黑棋也可能给白棋出头的机会并继续对其发动攻击。

白会在a位出头。

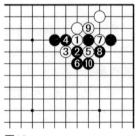

图19

图19（封锁）

白1、3出头。黑4断，白5、7吃掉黑一子。

这是黑棋已经计划好的下法，白7打吃，黑8反打将白棋封锁。黑棋在外围筑起厚势。

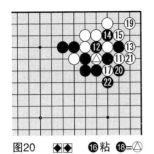

图20 ◆◆ ⑯粘 ⑱=△

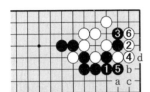

图21 ◆◆

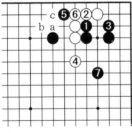

图22

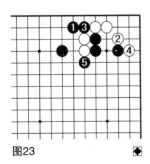

图23 ◆

图20（定式）

白11断吃，黑12提劫。白13二路反打是此时的手筋。黑14提，白15、17打吃、19虎补。黑22提掉一子告一段落。

黑14若在15位长，则白会在△位提劫，黑17粘，白21粘。变化与下图相同。

图21（定式）

上图黑12，可以如本图黑1粘。进行至白6，黑棋的厚势虽不如上图，但获得了先手。

白4若在6位爬，则给了黑棋选择权。除了还是在5位打吃之外，黑还可以在4位打吃，白5位长，黑a打吃，白b拐，黑c，白d。

图22（战斗）

此时黑1冲、3双，让白棋出头，意在整体攻击。

白4跳出头，黑5飞刺先手。黑7拆边。

如果不能接受黑5，白4可以在a位托，黑b扳，白c立就地做活。

图23（定式）

黑棋若对上图不满意，可以先在1位飞刺。白若3位粘，则与上图还原。

白棋也可以2位反夹，黑3断气合。形成转换。

黑棋吃掉二子，棋形厚实。双方两分。

3. 一间夹

黑1夹。白棋大飞挂角，黑1的目的明显是不想让白棋在上边有所发挥。

众多夹击的方法中，一间夹是最严厉的一种。

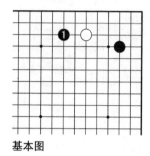

基本图

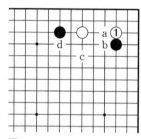

图1

①托三三

图1（白棋应手）

白棋被夹击时，白1托三三选择腾挪。此时若白脱先，黑a是绝好点。白1的目的也在于此。

除此之外，白还可以选择b位靠。至于c、d的下法只有在特殊局面下才会出现。

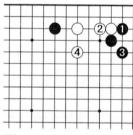

图2

图2（黑不好）

此时黑1扳是忍让的下法。

白只需要2位长，黑3虎，白4跳出即可。白棋棋形舒展，眼位充足。而黑棋夹击的棋子反而显得单薄。

黑1不是此时的正确选择。

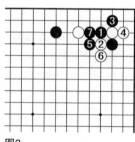

图3

图3（扳断）

黑1扳断。白2扭断是此时的手筋，黑3至黑7将白一子分断，考验白棋后续的应对。

黑3如果先在5位打吃，白6长，黑3打吃，白可能在7位断吃。

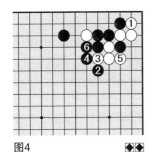

图4

◆◆

图4（定式）

接下来白1拐角，黑2跳是好手。此时黑棋的目的是为了在上边形成厚势。

白1拐价值也很大，可以先手将棋形做活并获得角地。双方两分。

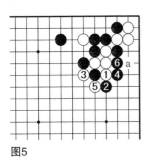

图5

图5（对策）

黑棋既然选择了上图黑2跳，就要做好白5如本图白1反击的准备。

黑2连扳。白如果a位夹，黑3粘即可。

白3断吃，黑4滚打。

接下来——

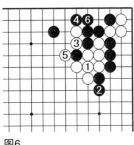

图6

图6（黑大优）

白1粘，黑2长。

白3断打，黑4扳即可渡过。白5提，黑6粘在联络的同时也将角上三子净吃。

本图白大亏，图5中的白1不成立。

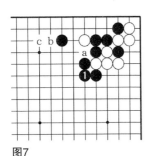

图7

图7（旧形）

以往的定式下法中，图4中的黑6粘也可以选择本图黑1。

但是这样白有a位断的后续手段，同时白b、c等下法也会对黑未来发展造成困扰。

而如果黑棋再花一手补强棋形又过于重复，所以黑1粘的下法如今已经基本消失。

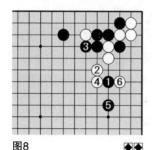

图8

◆◆

图8（定式）

黑1也是定式之一。黑1的目的是希望能够上边和右边都能有棋子配置。

同时在白棋出头的时候黑3可以顺调补强。

白2、4出头，黑5跳，白6夹棋形坚实。局部告一段落。

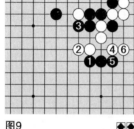

图9

◆◆

图9（定式）

图8的黑3，可以选择先将黑1、白2交换。

白4小尖、6位立吃净黑一子告一段落。

如此黑棋在上边和右边都成功整形，白棋也在角上获得根据地。两分。

图10

图10（两分）

白可以1位压。黑2拐，白3压，目的明确的发展右边厚势。

进行至白7，白棋形厚势。过程中黑棋上边棋形也变得非常舒展。▲一子未来还有可以利用的可能。

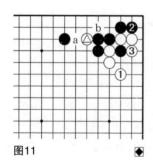

图11

◆

图11（两分）

白1小尖，不要角地。黑2进角价值不小，白3拐吃。

白1的目的是为了保留白△的活力，同时还有a位的后续手段。

黑棋也可能保留2位进角，以后还有下在b位的选择。

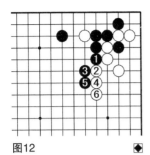

图12

图12（别法）

上图黑2，可以选择黑1压。

白2扳，黑3扳，白4长，黑5压。

如图所示，黑棋在上边获得厚势。而白棋形漂亮也可以满意。

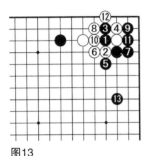

图13

图13（白好）

白2断，黑3立下。此时黑棋的目的是弃子。

白4、6，黑7立，目的达成。

但是本图与黑最初夹击的想法相违背，白棋可以满意。

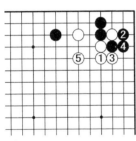

图14

图14（两分）

白棋还有不吃黑二子的下法。

白1以下反过来弃掉一子在外围整形。

图13黑棋想在右边拆边，而本图白棋最大所得就是能够破坏黑棋的意图。

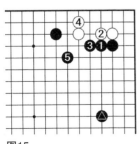

图15

图15（还原星定式）

如果黑在●位一带已经有棋子配置，在白托三三的时候，黑可以1位长。

白2爬，黑3、5封锁告一段落。

本图与星·小飞挂角·一间夹的定式相同，两分。

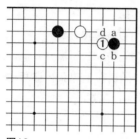

图16

②碰

图16（手筋）

白1碰黑小目一子上。与白a想要快速做活的目的不同，白1碰更倾向于将出头放在未来发展的第一位。

黑棋的应手有a位立、b位长，c、d扳等。

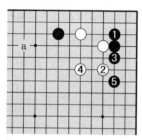

图17 ◆◆

图17（定式）

既然白棋放弃进角，黑1占据角地是此时非常自然的选择。

白2跳棋形坚实，黑3长必然。白4跳整形，黑5跳出头告一段落。

接下来白会在a位方向夹击或者脱先他投。

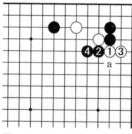

图18

图18（白无理）

白1扳，如果黑棋在3位扳当然没有问题。但一旦黑2断反击，白棋就马上有了无理之嫌。

黑2若在3位扳是缓手，白2粘会让黑棋子全部处于低位。

白3立反抗，黑4长。

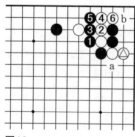

图19

图19（白好）

上图黑4如果直接在1位打，黑3、5分断。黑棋可以分断白一子，白6可以吃掉角上黑二子，白棋可以满意。

白△立，也是计算到了黑1~5的手段。△如果在a位长，则白6拐，黑可以b位扳应对。

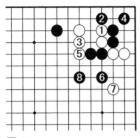

图20

图20（黑可战）

接图18。白1挡，黑2扳、4位虎角上成活。

白5出头，黑6跳。此时黑棋角上已经净活，明显有利。

进行至黑8，白左右棋形都很薄弱，陷入苦战。

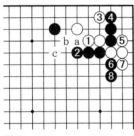

图21

图21（黑厚）

白1、3目的要吃掉黑角上二子。

黑4挡长气，看后续白棋如何应对。

白如果5位拐，虽然可以吃掉黑角上三子，但黑6、8在外围获得厚势，黑a、b、c都是先手。

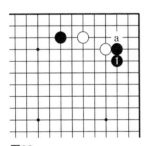

图22

图22（长）

黑1长坚实。

黑a立目的是夺取白棋根据地，黑1更倾向于在右边的发展。

即使黑棋重视右边发展，那么白棋有a位扳的后续手段，腾挪整形空间较大。

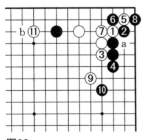

图23

图23（两分）

白1扳，黑2扳，白3压。黑4长，白5连扳是整形手筋。

黑6、8吃掉白一子，给了白a位打吃的先手。白9小飞、11夹击。

黑10也可在b位拆二。

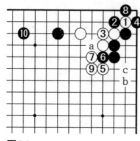

图24

图24（两分）

上图白3可以直接白1连扳。黑2、4，白5跳。本图成立的前提是黑2在3位打吃，白2粘，黑a打吃征子不利。

本图黑10拆边，右边黑若b位小飞，白有c位手筋。两分。

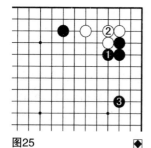

图25

图25（场合下法）

如果不想形成上图的局面，在白三三扳的时候，黑可以1位拐。

白2粘，黑3拆边可以在上边有所发展。

但是这样一来让白棋在角上所得较大，本图是场合下法。

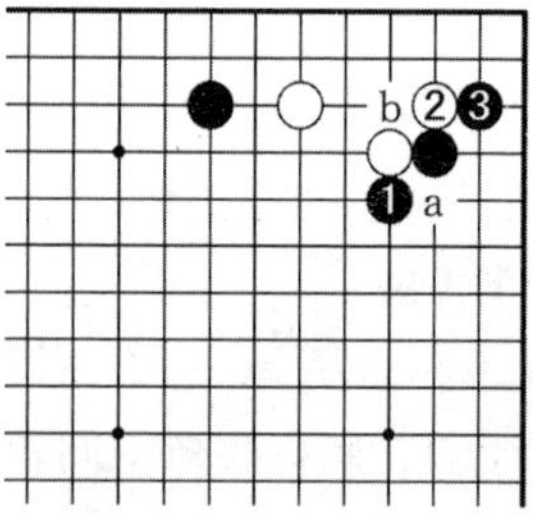

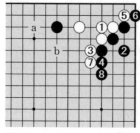

图26

图26（扳）

如果重视右边，此时黑1扳是有力的下法。

白2扳，黑3连扳，不让白棋轻松获得根据地。

黑3如果a位粘，白b粘与图25棋形相同。

图27

图27（定式）

白1粘，黑2虎好形，此时白5扳，黑可以6位扳。

白3扳，5与黑6交换，白7压，黑8长告一段落。

接下来白可以在a位夹击，如果没有攻击对方的想法可以在b位镇头。

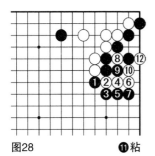

图28   **⑪**粘

图28（黑崩）

上图黑8，如果1位扳，白可以2位断反击。

黑若3位打吃，白4、6立，黑7挡住，白8扑进行至白12，黑角上被全吃。

上图白5与黑6的交换，就是计划到了若黑1扳，白2断的后续下法。

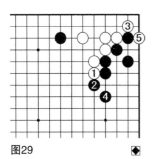

图29   **◆**

图29（两分）

此时白1可以直接压。

但是黑2扳，白3扳，黑4可以调整思路在4位虎补。

黑4虎好形，白5可以在角上打吃也可以满意。

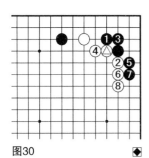

图30   **◆**

图30（定式）

黑1在角上扳，意在获取角地。

白2若在3位断，则后续变化还原图3。但是白既然选择△位碰，本意就不在形成图3的局面。

白2外扳是有力的下法。黑3粘，白4长至白8，双方两分。

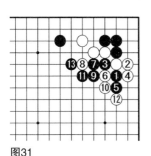

图31

图31（白可战）

上图黑5若在1位夹，白2立。黑3断，白4～12，白12吃掉黑二子，黑可以吃掉白上边四子。乍一看双方形成了转换。

但是白四子还尚有余味，本图白可战。

4.一间高夹

黑1高夹，与低夹相比，白棋更容易腾挪整形。

白棋有a或者b的下法。a位托角的后续变化与一间夹类似。

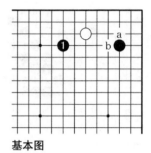

基本图

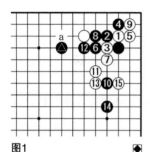

图1

①托三三

图1（两分）

白1托三三，黑2扳，白3断。

进行至白15，黑▲与a位一间夹结果相同。

是下在▲位还是黑a，选择权在黑棋。可以根据左上的棋子配置做出判断。

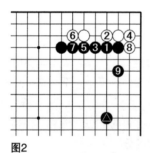

图2

图2（还原）

如果在上边已经有子，白托三三，黑棋可以选1位长在右边形成模样。

白2爬，进行至黑9，还原星・小飞挂角・一间高夹的定式棋形。

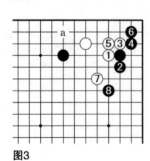

图3

②碰

图3（两分）

白1碰黑小目一子。

黑2长坚实。白3扳，黑4、6不让白棋获得根据地，黑8在右边小飞。与一间夹不同，白有a位小飞的后续手段。白7可以直接下在a位。

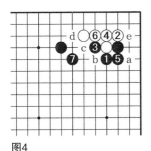

图4

图4（封锁）

黑1扳，白2扳角，黑3打吃。这是一间高夹独有的下法。

黑5粘，白6粘，黑7小尖封锁。

黑5若在a位虎，白b位断打，黑c长，白6粘，黑d扳，白e立，后续可能会形成战斗局面。

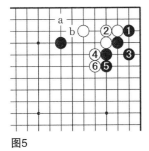

图5

图5（定型）

黑若1位扳，白2粘，黑3虎，白4扳。与一间夹的下法相同。

因为白有a位飞的后续手段，所以不用担心眼位的问题。

此处若黑棋先落子，可以在b位尖顶对白进行攻击。

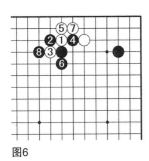

图6

图6（黑稍好）

在小飞挂角·一间高夹的局面下，是有白1、3的腾挪手段。但在大飞挂角时，这个下法就不太合时宜。

黑还是4、6交换之后8位打吃。如果黑棋征子有利，可以满意。

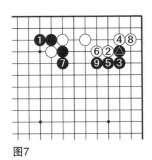

图7

图7（黑可战）

如果征子黑棋不利，1位长也是黑可战的局面。

▲的位置较小飞挂角更远，白棋可以借用的机会变少。

白6，黑7，黑可以满意。

487

5. 二间高夹

黑1二间高夹。与其说是在夹击白一子，此时黑棋更重视的是上边的棋子搭配。

白棋的应法有a位托和b位碰。

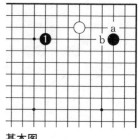

基本图

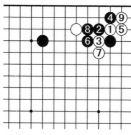

图1

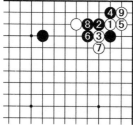

图2

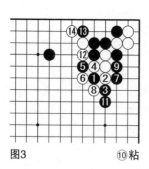

图3　　　　⑩粘

①托三三

图1（定形）

白1托三三，黑2扳以下与一间夹、一间高夹的下法相同。

黑8粘定形，白9拐是最常见的下法。

此时黑棋有了新的选择。

图2（简明）

黑1直接拐，白2跳。这是简明的下法。

此时黑棋如果脱先他投，白也会在2位跳补，然后黑再1位拐。

白棋成为好形可以满意，黑棋抢得先手能够占据棋盘上其他大场，双方可下。

图3（不成立）

接图1。一间夹的局面黑1是定式下法，但在二间高夹的情况下，黑1就是问题手。

白2、4抵抗，6打吃至12，黑已经无法应对。可以参考478页图6找到两者的区别。

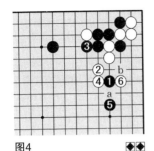

图4

图4（定式）

与一间夹的情况相同，黑1也是可选择的下法之一。白2小尖，黑3顺调补强上边棋形。

白4压，黑5跳，白6夹告一段落。

黑5如果在a位长棋形过重，白b小尖仍然可以满意。

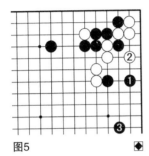

图5

图5（两分）

如果对上图黑5也觉得棋形偏重不满意，可以黑1跳先手交换之后在3位拆边。或者直接在3位拆。

要点就是要与下边的棋子进行搭配。

本图棋形更为舒展，但上图黑获得先手。各有优劣。

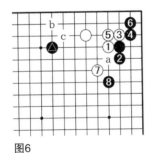

图6

②碰
图6（两分）

白1碰。黑2长坚实。白3~7整形。白5可以选择a位压（参考483页图23）。

▲处于高位，白7如果下在b位即可确保眼位。如果此时黑先c位小尖是好点。

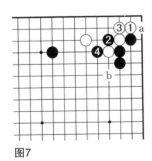

图7

图7（黑厚实）

白1连扳，黑如果在3位打吃，白2位粘，黑a打吃，白可以b位跳封。

但此时征子关系极大。白1连扳，黑2、4如果征子有利黑外围厚实，白不利。

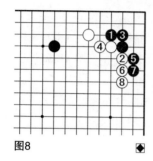

图8

图8（定式）

黑1扳。本图的后续变化在一间夹的图形中已经进行讲解。

白2扳。黑3粘稳健。白4长，黑5爬、7爬告一段落。

白2如果在3位断，则还原图1局面。

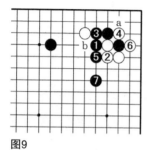

图9

图9（实地与厚势）

上图黑3，如果如本图黑1打吃会形成转换。黑3粘只此一手，白4打吃获得角地。

进行至黑7，形成黑棋外势、白棋实地的局面。

黑5如果在a位打吃，白6提，黑b拐棋形稍有不满。

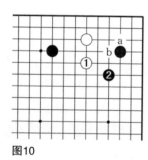

图10

图10（黑好）

大飞挂角被夹击的局面下，直接1位跳棋形缺乏妙味。黑2简单应对即可。

此时还是在a位或者b位应对最好。

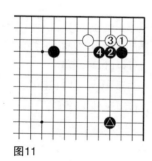

图11

图11（还原）

⚫附近如果有黑子搭配，白1托角黑可以2位长。这样还原了星位·小飞挂角·二间高夹的定式局面。

本图双方两分，如果白棋不能满意黑棋所得厚势，可以选择2位碰。

第四章

二间高夹

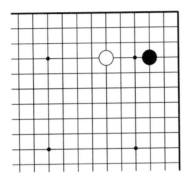

　　二间高夹更为轻灵，更重视对手夹击后的下法。距离小目一子更远，被攻击的可能性变小。黑棋的应手有守角、夹击、脱先3类。黑棋如果守角，则白棋有可能脱先他投。二间高夹是轻灵和快速的夹击方法。

1. 小飞拆边

白棋二间高夹，黑1小飞应对。这是最温和的下法。

二间高挂的后续手段是a位托角，黑1小飞就是为了防止白棋进角的手段。

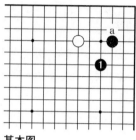

基本图

图1（定形）

黑棋小飞，达成了防止二间高挂进角的目的。

此时马上脱先比较少见，白大概率会在1位拆边。接下来的大场是在右边a位一带落子。

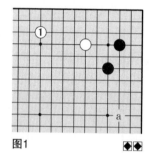

图1

图2（打入）

白超大飞，黑可以1位打入。

白2压，黑棋可以简单的3、5应对，白6顶，黑7小尖联络。局部告一段落。

黑棋获得实地，白棋先手取得外势。本图可以说是定式后的定式下法。

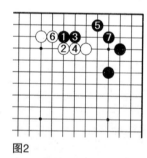

图2

图3（黑厚）

上图白6若直接在1位穿象眼，结果并不能满意。

黑2、4冲断，白5～13的下法必然。黑棋外围极厚并且获得了先手。

后续黑还有a位扳头的后续手段，本图黑优势。

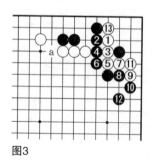

图3

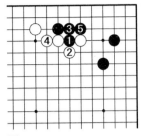

图4

图4（黑好）

在黑棋征子有利的局面下，图2中的黑3长可以选择本图黑1挖。

征子的局面是白在3位打吃，黑2位长，白5位粘，黑4位打吃。如果黑棋征子有利黑棋优势。

进行至黑5，黑可以满意。

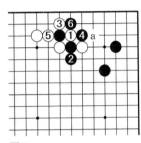

图5

图5（打劫）

黑棋在选择挖的时候，还需要计算到本图白1的下法。白1打吃，黑2长，白3、5吃掉一子。

黑6打吃，白如果粘住，则黑a位长，黑棋可以满意。但此时如果白棋劫材有利a位开劫非常严厉。

如果黑棋此时不能下在6位，则是黑棋不满的局面。

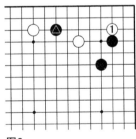

图6

图6（托）

黑棋打入的时候，白1可以托角。在二间高挂的局面下，白1本来就是白棋目的选点。

但是此时直接托角尚且不一定获得好结果，黑▲位有子，只要应对正确结果黑棋就可以接受。

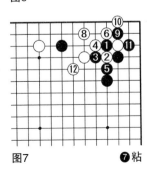

图7　　　❼粘

图7（两分）

黑1扳，白2断是既定手段。

此时黑3打吃，白4～12，基本整形成功。本局基本是双方两分的结果。

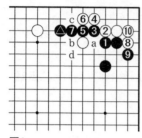

图8

图8（黑厚）

黑▲位如果有子，白托角时黑1长非常严厉。白2爬，黑3扳好手。

进行至白10，黑棋不仅获得先手，外围还非常厚实。

白7如果下在a位，白7挖，黑b，白c，黑d，黑棋还是厚实的好形。

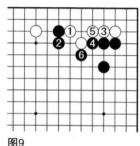

图9

图9（黑厚）

上图黑1长，本图白选择白1尖顶、3位爬可以渡过。

黑2长应对即可，进行至黑6，黑棋厚实。

黑2还可以在3位拐，白2位虎扳形成转换。这样也是黑好下的局面。

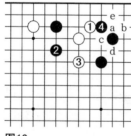

图10

图10（黑稍好）

此时白1小尖目的是不让黑棋渡过。

黑2跳出头形成互攻局面。本图黑稍好。白3若在a位托角，则黑b扳，白c虎，黑d长。接下来黑3跳封和黑e打吃两点见合。

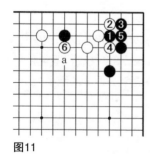

图11

图11（黑缓手）

白棋小尖，黑1直接尖顶是白棋的理想图。

白2、4先手利之后6位压。黑打入一子瞬间失去活力。

黑此时还是应该在a位跳出。

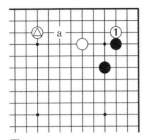

图12

图12（托）

此时如果白先落子可以下在1位托角。图6～图9中a位已经有了黑棋。本图黑棋没有棋子，就变成白棋可战的局面。

白1托角，后续形成角地和外势转换的变化较多。要注意白△的配置。

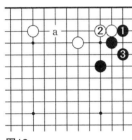

图13

图13（白有利）

黑1扳，白2退。白棋棋形舒展。黑1、3被白先手利，后续黑a打入的可能性变得渺茫。

如果实在不得已只能下在黑1扳，但本图实在不是好选择。

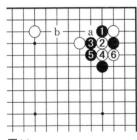

图14

图14（反击）

此时黑1反击是正确思路。接下来会形成转换。

白2断、黑3打，白4逃出。白4如果在a位打吃则还原图7的下法。但此时黑b处无子，应对略显消极。

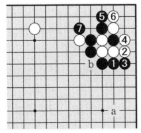

图15

图15（定形）

接下来黑1～5先手利，黑7虎告一段落。形成黑棋厚实白棋实地的转换。

本图是两分，但在实战对局中要考虑到上边和右边的棋子配置就会判断出局面优劣。比如若a位白棋有子，则黑7虎之后白b断会变得十分严厉。

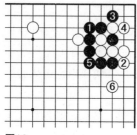

图16

图16（白可战）

上图黑3如果在1位粘，目的不是要现在2位挡，而是要黑3打吃的先手。

此时白必然2位拐。

黑5粘，白6小飞，黑棋不满。

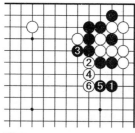

图17

图17（战斗）

上图黑5很想直接在1位跳，但要做好白2切换后的战斗准备。

此时的战斗右边和上边的棋子配置非常重要。这决定了后续的发展哪一方会陷入苦战。

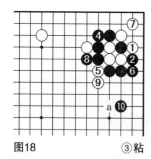

图18　　　　　③粘

图18（黑稍好）

白不在2位立，而是直接1位提是场合下法。黑2打吃，以下的进程黑棋有利。

但是如果在a位一带白棋已经有了棋子配置，就可以选择1位提。因为这样一来黑10无法拆边，优劣差距明显。

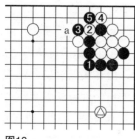

图19

图19（打劫）

左边若白△一带有子，上图黑4可以选择粘在1位。

白2、4断吃，黑5打吃。

此时白a打吃会形成劫争。此劫价值极大，如果白棋失利会导致角上白棋陷入死活危险之中。必须要根据局面上的劫材决定后续下法。

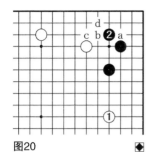

图20

◆

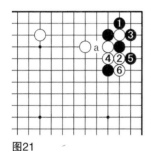

图21

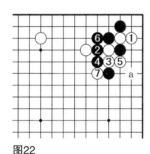

图22

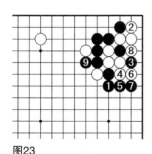

图23

图20（定形）

如之前变化图中所讲，如果白在1位一带已经有了棋子，那么a位托角对于黑棋来说将变得严厉。

所以如果此时白1，那么大部分情况下黑会在2位小尖守角，所获角地价值不小。

黑2也可以下在b位小飞，白c，黑d。

图21（变化）

白棋扭断，黑1打吃的目的是若白3立，黑再a位打吃。

白2打吃、4粘分断黑一子是简明下法。

与图15、图18的结果正好相反，本图黑棋得了实地，白棋在外围形成厚势。

图22（战斗）

此时如果白1立，会令黑棋达成目的。但从结果来看也是可选变化之一。白1是更为重视实地的下法。

黑4打吃、6位粘。

白7断。虽然白此时下在a位棋形厚实，但稍感委屈。

图23（黑可战）

接下来黑1长。白2拐是要点，黑3至黑7是先手利。

黑9拐出头，本图是黑可战的局面。但在实战中也要根据周围棋子配置做出决定。

本图与图21的转换结果正好相反。

2. 小飞守角

黑1小飞是应对二间高夹特有的下法。如果没有二间高夹一子，这是无忧角的形状，实地所得较大。

白棋的应手有a压、b位挡和脱先他投。

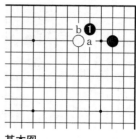

基本图

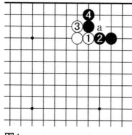

图1

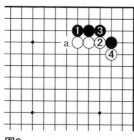

图2

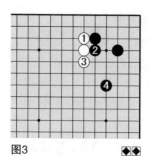

图3　◆◆

①压

图1（还原）

白1压，结果与小目·一间高挂·黑下托白长的棋形相同。可以进行参考阅读。

黑2顶，白3拐。此时黑也有a位退的下法。

图2（爬）

黑1爬，白2顶、4位扳还原大雪崩定式的棋形。

白2若在a位长，黑2顶，白不能满意。

此时白2、4是必然应对。

②挡

图3（定式）

白1挡，黑2贴。白3长好形。

接下来黑4大飞是为了避免图5以下的变化。但如果棋盘上有其他大场，黑棋也可以选择脱先他投。

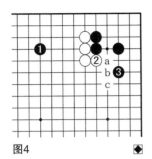

图4

◆

图4（定形）

左上角如果黑棋有棋子配置，则黑1夹是好手。不让白棋在上边拆边的同时对白三子展开攻击。

白2拐，黑3跳应对。黑3如果在a位虎，白b扳，黑3，白c长，白棋形厚实。

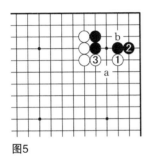

图5

图5（黑脱先）

图3中的黑4如果脱先，白1靠是此时的棋形急所。

其他的下法还有3位拐、a位小飞和b位碰等。

白1，黑2立，白3拐好形。黑棋被利。

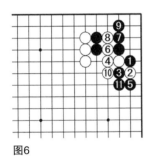

图6

图6（白厚）

黑1扳，白2连扳强手。

黑3断吃、5打吃可以吃掉白一子，白6冲黑棋只能忍耐。

黑7立，白8冲、10打吃先手，白不仅棋形厚实还获得先手，本图白优。

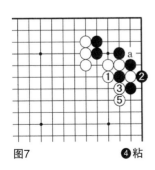

图7

❹粘

图7（白厚实）

上图白6，也可以在本图1位打吃。

如果黑在3位粘，白在a位切断严厉。黑2必须提。

白3打吃先手、5位长。白棋厚实。

上图黑1给了白棋凑调整形的机会。

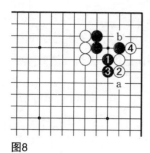

图8

图8（虎）

此时黑1虎出头。白2长，黑棋并不能获得满意结果。

此时黑不能让白下到3位拐，所以黑3必须压，白4扳。接下来如果黑a扳，白b打吃，角地损失极大。

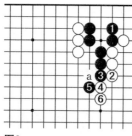

图9

图9（白好形）

此时黑只能1位立，白2长，黑3必须继续压出头，不能让白棋下到3位。

白4扳、6长好形。白棋接下来还有a位断点的后续手段，黑棋无法攻击白上边三子，白优势。

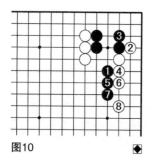

图10

图10（两分）

此时黑选择1位飞压。

白2扳，黑3只能被动忍受。但接下来白4，黑5，白6，黑7，黑棋可以先一步出头。

白8跳出。黑棋的结果要明显好于上图，双方可下。

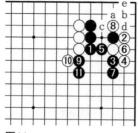

图11

图11（黑可战）

此时黑1有个有趣的下法。

白2扳，黑3夹强迫白棋走在低位。黑7长、11扳棋形厚实。

后续黑a～e还有打劫的保留手段，本图黑可战。

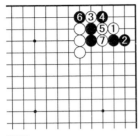

图12

图12（碰）

此时白棋选择1位碰。

黑2立，白3扳、5断。此时立即动出也可以成立，白棋可以寻找合适时机落子。

黑2立危险。

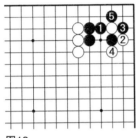

图13

图13（被利）

黑选择应在1位，会让白棋很多角上手段无法施展。

但这样一来，白2扳，黑3打吃，白4外扳打吃变成先手利。

此时白棋已经获利，可以脱先他投。

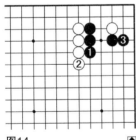

图14　◆

图14（两分）

此时的局面下黑1是好手。

白2如果跟着长，黑3立。这样黑棋得到加强，图12的问题就迎刃而解。

黑棋可以吃掉白角上一子，白棋可以在2位长棋形得到加强，双方可下。

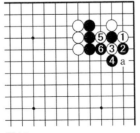

图15

图15（打劫）

白棋如果对上图不满，可以选择白1扳。

黑2连扳，白3打吃，黑4反打。

黑6打吃，此时白棋不能粘，棋形太重。白会找机会在a位开劫。

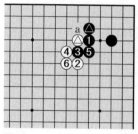

图16

③脱先

图16（压）

黑棋▲位角上飞，白棋可以选择脱先。这样一来棋形与黑无忧角，白△肩冲相同。

轮到黑先，黑会1位压或者a位爬。黑1压，白2跳，进行至白6定形。

图17

图17（长）

看起来不如上图白2跳轻灵，白1位长也是此时的选择之一。黑2小飞或者a位拐应对。这是肩冲三线棋子时如定式一样的下法。

白棋如果还在局部继续落子，会在b位拆二。也可以白c试应手（可以参考图5～图11的变化图）。

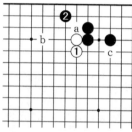

图18

图18（实地）

不想让白下到上图c位，黑1继续压。这样虽然黑棋角地有所加强，但白2长棋形也有所加强。

黑3、5继续贯彻重视实地的方针，白棋在外围获得厚势。

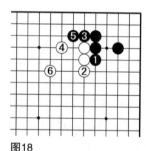

图19

图19（定形）

黑1爬也是重视实地的下法。

白2跳或者3位长。白2跳，黑3、5挖粘。白6粘，后续黑a跳价值极大。

白如果3位长，黑会5位继续爬，白2长，黑a位跳出。

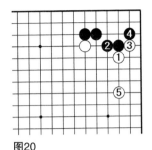

图20

图20（碰）

此时白棋也会选择脱先，或者上图白2跳等。本图白1碰也是此时的手筋下法。

黑如果2位应对，白3交换之后5位拆二。白1至黑4交换先手利，白5也可以脱先他投。

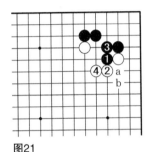

图21

图21（上扳）

黑1上扳，白2连扳意在轻灵腾挪。

黑3粘，白4长。接下来黑a打吃，白b打吃弃子。

如果白棋在下边有棋子配置，本图是很好的选择。

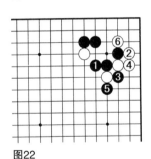

图22

图22（转换）

上图黑3如果如本图黑1长，白2连扳是此时的手筋。

进行至白6形成转换，黑棋获得外势。

黑5打吃，如果征子有利，是黑可战的局面。

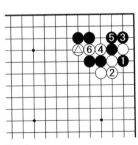

图23

图23（分断）

黑1、3吃掉白一子，这正是白棋想要的结果。

△一子此时正好发挥作用，白4、6可以将黑二子分断。

黑棋如果征子有利可选择上图。否则如图20、图21变化图较好。

3. 小尖

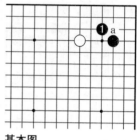

黑1小尖的下法并不常见。小尖更为重视实地，目的在于防止白a托角的手段。

但是在白棋二间高挂的局面下，将棋子下在低位，难免有被利之感。

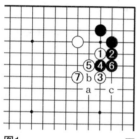

图1

图1（定型）

此时白也可以脱先他投。如果继续在局部落子，可以选择1位肩冲。

黑2爬，白3跳，黑4、6挖粘，形成实地与厚势的转换。

白7之后，后续黑a刺，白b粘，黑c刺价值很大。

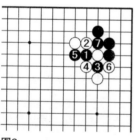

图2

图2（黑有利）

上图黑4，也可以考虑如本图黑1反击。白2之后白陷入苦战。

黑3打吃，白4反打是局部手筋，黑5长严厉，白6提，黑7打吃。本图黑可战。

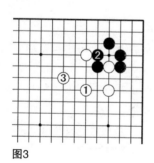

图3

图3（交换）

此时白1跳轻灵。黑2连回，白3小飞向中央发展。

如果不能接受本图，图1的白3可以选择4位长。

4. 肩冲

白棋二间高夹，黑1肩冲是重视右边厚势发展的下法。

白棋的应手主要有a位压、b位小飞两种。

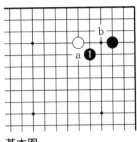

基本图

图1（定式）

白1压，黑棋面临2位长和3位扳的选择。

黑2长，白3继续压，黑4长，白5小飞先手交换之后7位小飞出头。白7如果轮到黑棋落子会在a位拐。

后续上边会留有大场。

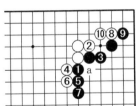

图1　◆◆

图2（两分）

黑1扳头。

白若a位断，黑2挡白苦战。

白2拐先手交换之后4位扳头是普通应对。进行至白10，与一间高挂定式棋形相同。

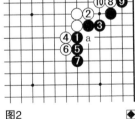

图2　◆

图3（两分）

白1扳，黑2挡整形。白3立，黑4连扳整形。

白5长，黑6粘，白7小飞。黑棋厚势很有威力，白棋实地所得也可以满意。

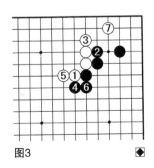

图3　◆

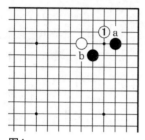

图4

图4（小飞）

白棋二间高夹，黑肩冲，白1小飞进角的下法也时有出现。

黑棋可以选择稳健地在a位守角或者b位压。

如果气合会选择b位，常规下法选择a位挡居多。

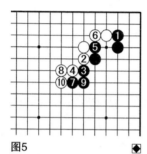

图5

图5（两分）

即使这是白小飞进角时所想，黑1挡也是此时的好点。实地较大。

白2压，黑3扳双方在中腹展开竞争。

黑棋获得右边，白棋在上边有所发展。双方可下。

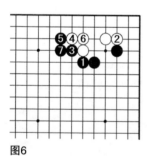

图6

图6（黑略厚）

此时黑1压，白2进角。

进行至黑7形成黑棋厚势、白棋实地的转换。从棋形上看黑棋外围较为厚势，但既然白棋选择了小飞的下法，这个局面一定在计划之内。

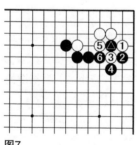

图7

图7（黑好）

上图白4如果在1位扳会助长黑棋的外势发展。

黑6打吃，白如果粘住有被利之嫌。如果放置不管，黑▲提劫对白角会造成一定威胁。

黑棋可以满意。

5. 靠

黑1靠是富含计谋的下法。

与黑a肩冲的态度相同，黑1也是重视右边发展的下法。不同的是可以根据白棋的应对方法调整后续的战略，比较灵活。

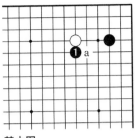

基本图

图1（白棋应手）

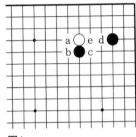

黑棋靠，白棋的应手有a位长、b位扳、c位扳断、d位跳碰等。

白若下在e位，黑c位压严厉，不可选。

图1

图2（两分）

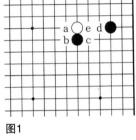

白1长冷静。黑2退，白3拐头在上边谋求发展。

黑4获取角地，白5跳棋形舒展。这是白棋二间高夹所求的结果。双方两分。

图2 ◆

图3（一长一短）

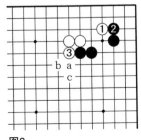

上图白3，如本图白1与黑2交换之后再3位拐。

白1可以限制黑棋角地，但此时白拐轮到黑棋落子。

后续黑大概会在a位扳，白b扳，黑c长。与上图各有优劣。

图3

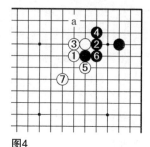

图4

图4（黑稍好）

白1扳。黑2扳紧凑。

白3粘棋形笨重，黑4立整形，还留有a位的后续手段。

进行至白7，白棋虽然外势不逊于图2，但黑有a位的手段，本图黑稍好。

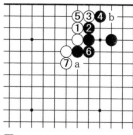

图5

图5（两分）

白1的下法更为有趣。

黑2挡，白3、5扳粘，7位长。白好形，黑获得角地。

黑6若在a位长是重视中腹的下法，但白留有b位夹的后续手段。

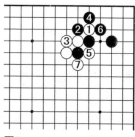

图6

图6（黑稍好）

此时白1连扳是可选择的手筋下法。

但是这样一来，黑2、4会调整方针获取角地。黑6、白7各提一子，是黑稍好的局面。白3一子效率不高。

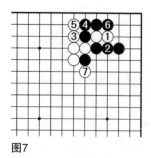

图7

图7（黑稍好）

上图白5如本图白1多长一子。

黑2粘，白3、5再进行弃子。但这样一来白7打吃之后提子的价值就要小于上图。

本图还是黑棋实地更令人满意。

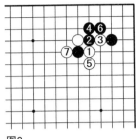

图8

图8（黑稍好）

白1扳，黑2断，白3、5交换，白7征子有利是白选择本图的前提。

但是即使白棋征子有利，黑6打吃获得角地，棋形厚实并无不满。

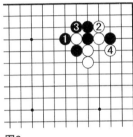

图9

图9（白好）

黑1打吃是想改变征子的结果（白若2位立，黑3位拐打）。白2直接分断。

黑3提，白4虎补。黑棋最初小目占角一子被伤，本图明显白好。

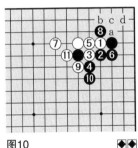

图10　◆◆

图10（定式）

白1跳碰会形成简明转换的局面。

黑2扳，白3扳粘，让黑棋出现断点。黑6粘，白7跳冷静。进行至白11双方两分。

后续若白a位断，黑b立，白c挡，黑d夹。

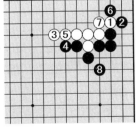

图11　◆◆

图11（两分）

上图白7可以先在白1、黑2交换之后再3位跳。

黑6打吃获得角地，与上图相比黑棋角地略少，但外势所得较大。

与上图各有优劣，也是两分局面。

6. 一间夹

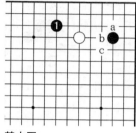

基本图

黑1夹。

二间高夹的后续下法有a和b两种，此时黑1夹也坚决防止了白a进角。

所以此时白棋的应对方法有b或者c。

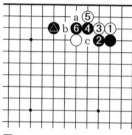

图1

图1（黑好）

白1托角，黑2长。白没有好的应对手段。

白3爬，黑5扳强手。此时▲是好点。

黑6之后，白a爬，黑可以在b位或者c位补，黑棋外围厚实可以满意。

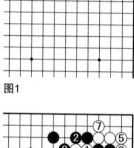

图2

图2（黑好）

白若1位断，黑2爬联络。

白3、5扳粘、7位做活，黑8虎严厉。

白要逃出二子，压力极大。黑棋明显优势。

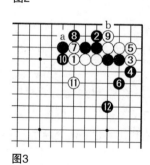

图3

图3（黑稍好）

上图白3如果在1位长，黑如果在5位扳，白7冲，黑8，白a断形成转换。虽然这样也是黑棋可战的局面，但黑2也是此时的好选择。

白b立是先手，所以角上白棋可以做活。黑棋外围厚实，黑可战。

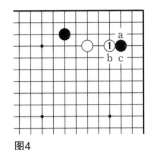

图4

图4（碰）

此时白1碰是手筋。给黑小目一子施加压力的同时还可以瞄准机会对黑夹击一子发起反击。

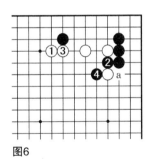

图5

图5（黑充分）

黑1立，白2跳轻灵。黑3长，后续黑a冲和黑5跳见合。

白4补强，黑5跳。黑好形。

此时白棋最好能有更好的下法。

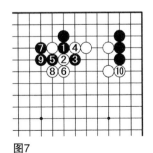

图6

图6（黑可战）

上图白4，选择本图白1。根据黑棋动出一子的下法实现抢占白a好点的目的。

黑棋直接在2位冲是好手。白3压，黑4扳形成转换。黑棋棋形舒展可以满意。

图7（白棋的目的）

此时黑棋若动出一子，就让白棋达成了目的。

比如黑1冲，3扳。白4断，黑5吃掉白一子之后，白成功抢到白10好点。

黑3若在5位断，白6长，接下来白9和白10两点见合。

图7

511

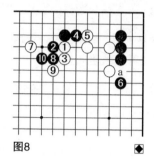

图8

图8（两分）

白1、3压长是此时的好选择，可以兼顾上下两边。

黑6跳，白7夹击。后续会形成互攻的局面。

黑6如果在上边落子，白会抢占a位好点。

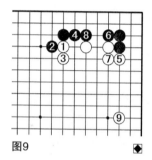

图9

图9（两分）

图5中的白2，还可以选择本图白1。目的也是兼顾上下两边。

黑2、4之后，白5扳。黑6拐，白7、9在右边获得模样。

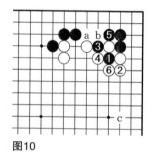

图10

图10（白好）

上图黑6，如果选择1位断并没有好结果。

白2长，黑3打吃，白4反打。

接下来如果黑a渡过，白提劫，黑b粘，白c拆边。白棋的外势明显要比上图更厚实。

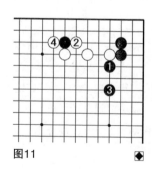

图11

图11（两分）

如果不能接受图9白在右边有所发展，此时黑棋可以直接1位扳。

白2虎、黑3跳形成转换，双方可下。至于是要上边有所发展，还是在下边获取实地，选择权在黑棋手上。

512

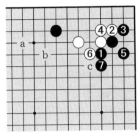

图12

◆◆

图12（定式）

黑1是重视右边发展的必然下法。

白2扳角是此时的手筋。进行至黑7，与大飞挂角·一间夹的定式相同。

接下来白a夹，黑b，白c，形成互攻局面。

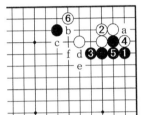

图13

◆

图13（定型）

上图黑3，可以如本图黑1虎。白2粘，黑若a位虎，则还原上图。黑3长更重视右边发展。

白4打吃先手，白6小飞棋形坚实。白6也可以下在b位尖顶，黑c长，白d出头，黑e扳，白f出头。

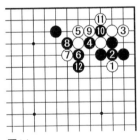

图14

图14（别法）

上图白4，直接在本图1位先手利，3位立。

黑4挖吃，白5立冷静。此时白棋可以渡过。

黑6虎，白7扳，白9、11补角。白7动出一子是为了后续战斗做准备。

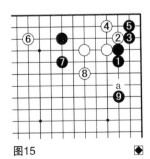

图15

◆

图15（两分）

此时黑1长，在右边发展。白2扳，黑虽然3、5进角，但后续白棋还有a位夹击的手续手段。

所以白8跳出有先手味道。白6夹击，双方互攻。局面两分。

513

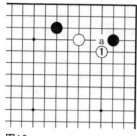

图16

图16（压迫）

白1肩冲是比较新颖的下法。

通过压迫黑棋小目一子，根据对手的下法来伺机攻击上边黑一子。

白1比a位更加轻灵快速，但也有不易快速整形的问题。

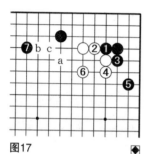

图17

图17（定型）

黑1长，白2顶，黑3拐、5小飞是普通应对。

白6跳方是棋形要点，本手。此时如果在a位飞镇，黑b小飞，后续黑棋必然会找到机会抢占6位点方的急所。

相比之下，白棋更看重的不是a位飞镇，而是c位肩冲的好点。

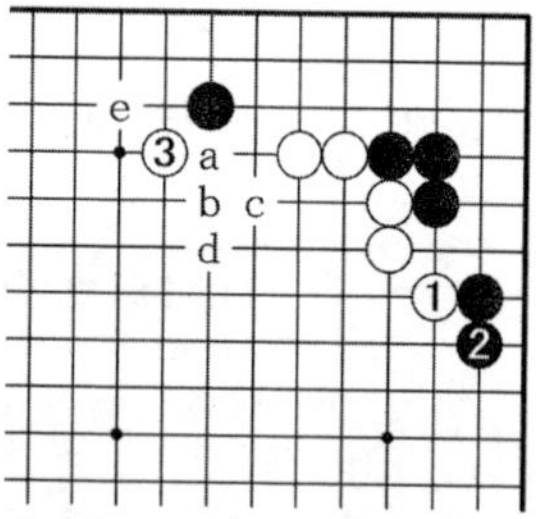

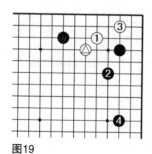

图18

图18（未解决）

此时白棋不急于简单定形，如白1尖顶、3位肩冲的下法曾在实战中出现。

黑a冲，白b扳，黑c扳，白d长形成战斗局面。白1与黑2的交换稍有亏损，本图好坏尚无定论。

白3肩冲、黑若e位跳可以直接出头。

图19（还原）

白1小尖，黑2小飞应对则还原小目、小飞挂角、二间夹、白△的定式。

白棋二间高挂，黑一间夹，这样的局面都是双方计划外的结果。

图19

7. 脱先

二间高夹比较温和，所以黑棋选择脱先也情况较多。

此时轮到白棋先走，白1托是首选。如果黑棋继续脱先，白会a位扳或者b位长。

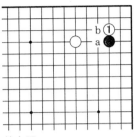

基本图

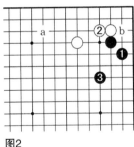

图1

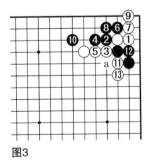

图3

图1（白充分）

除去一些特殊情况，黑1的应对有缓手的感觉。白2长、4位拆边，棋形舒展可以满意。

本图与白a位挂角棋形相似，但白拆边可以更远一路棋形更为充分。

图2（白稍好）

此时黑1小尖是为了下一手可以在2位扳。此时白棋必须补棋。

白2冷静。此时黑3要比上图黑3速度快，但后续白a与b两点见合，还是白稍好的局面。

图3（白有利）

白1立严厉。黑2扳，白3断，后续战斗明显是白棋有利。

黑4长，白5粘，以下白可以吃掉黑三子。

黑4如果在a位打吃，白5粘，这样也是白好。

515

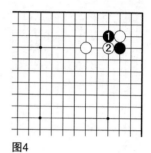

图4

图4（扭十字）

白托三三，黑1扳是必然的一手。

白2断。此时黑棋要思考的是后续如何腾挪。

接下来黑棋应该怎么下呢？

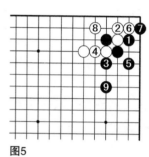

图5

图5（黑不够满意）

黑1、3选择弃掉一子整形。

下法简明但略有不满。黑5弃子整形，但是白8吃掉黑一子也极为厚实。

黑棋还应该找到更好的腾挪下法。

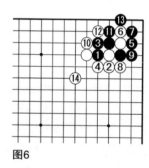

图6

图6（白稍好）

黑1、3先手利，黑5打吃吃掉白一子。本图也是简明定形的变化图。

但是进行至白14，白棋上边形成巨大厚势。当然如果黑棋能够让白棋的厚势无法发挥作用，本图也是可以考虑的下法之一。

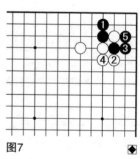

图7

图7（两分）

此时黑1立。这样一来左边的二子和右边的一子都不能被白棋轻易吃掉。

白2打吃、4粘简明。白棋获得先手和外势、黑棋获得实地。两分。

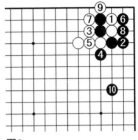

图8

图8（白稍好）

白棋此时有1位挡的抵抗手段。即使白二子被黑吃掉，也不会让黑下成上图的局面。

黑2选择弃子。黑4、6、8都是先手利，但是本图的结果还是白稍好。

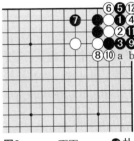

图9

图9（定式）

黑1夹是此时的手筋。接下来给白棋出了一道选择题：是要弃子还是救出角上二子。

白2选择弃子。进行至黑13，黑棋获得角地。但白a甚至一线的b位都是先手，这是实地与厚势的转换。

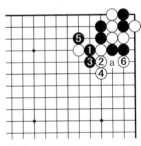

图10

图10（两分）

上图黑7，也可以如本图黑1直接打吃、3位出头。目的是不让白棋形成厚势。

但进行至白6，白棋获得了角地。

白4也可以直接在a位拐，可以一手棋直接吃净黑二子。结果各有优劣。

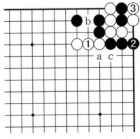

图11

图11（黑中计）

此时白不在a位长，而是1位粘，是给黑上下两边的棋形设了一道陷阱，机会成熟甚至可能会吃掉黑一边数子。

黑2中计。白3提，接下来白有b位和c位两个好点，黑上下两块棋必死一块。

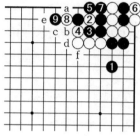

图12

图12（一本道）

黑1跳出。白2挖以下的进程是一本道，白8扳，黑9夹是此时的关键。

如果白马上a位立阻渡，黑b～f，白四子被吃。为了让a位立能够成立，白需要做下图的准备。

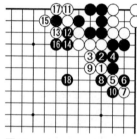

图13

图13（黑稍好）

白1先做准备工作。黑2挖、白3至白7交换之后，白11可以立下阻渡。

黑8、10以后，白9粘可以长气，11立下。但是进行至黑18，黑棋也获得外围巨大厚势，本图黑棋稍好。

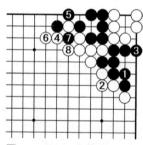

图14

图14（白厚实）

上图黑8如果本图黑1粘，白阻渡的下法不成立。黑棋可以吃掉白角。白2粘，黑3立。对杀黑胜。

但是白4至白8，白棋获得外势。

即使黑棋获得角地，但还是上图的厚势价值更大。

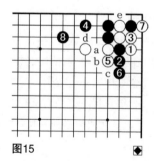

图15

图15（两分）

黑"二·2"夹，白1、3目的是在角上做活。黑4跳，白5压、7打吃做活。

黑4也可以在a位打吃，白5长，黑b打吃，白c长，黑d虎。这样白棋可以吃掉黑棋二子，但是黑留有a位渡过的后续手段。白棋实地不如图10。

第五章

外挂（中国流）

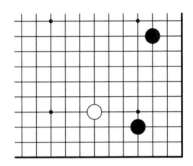

在近代流行布局中"中国流"必然占有一席之地。三手棋将星·小目连接在一起形成模样，此时白棋可以选择如图挂角。不是从小目正面而是从外围挂角。这种下法虽然尚且没有被认可为定式的下法，但在实战中出现的频率已经非常高。这里就将常见的定形介绍给各位读者。

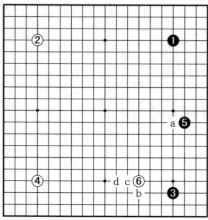

基本图

外挂

黑1～5形成"中国流"。黑5若在a位，则被称为"高中国流"。

黑5位有子，白棋直接挂角必然会被攻击。所以白6外挂是此时的好选择。除此之外，白还可以选择b、c、d等下法。

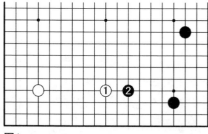

图1

图1（逼）

白棋若想在下边有所发展，可以直接白1拆边。那么黑2逼住的可能性较大。外挂正是因为不想让黑棋下到2位好点。

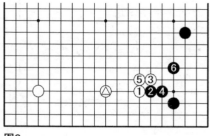

图2

图2（稍显重复）

上图黑2如果脱先，此时白1拆二。但是黑2碰，进行至白5，白△一子稍显重复。所以白棋会想先在1位挂角。

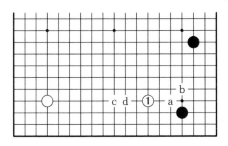

图3

图3（黑棋应手）

外挂的选点并不仅白1一种。在此处就以白1大飞挂为中心进行讲解。黑棋的应手有a、b守角或者c、d夹击等。

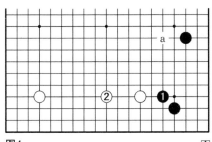

图4

图4（小尖）

黑1小尖。后续如果黑下到a位可能在右边形成模样。

黑1小尖，白2拆边。

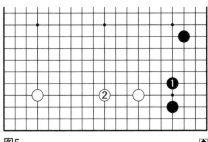

图5

图5（守角）

此时如果选择稳健守角，黑1是最常见的下法。

白2拆边，发展下边。

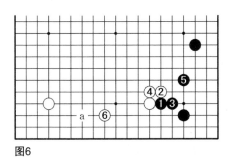

图6

图6（均衡）

此时黑1靠不好。白2至黑5，白可以在6位拆边甚至a位守角，棋子配置均衡。

这就是外挂的优点，本图可以与图2进行对比，高下立现。

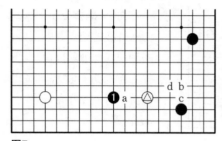

图7

图7（夹击）

此时黑1夹击。外挂并不仅仅只有白△一种，黑棋也有1位夹击或者更为严厉的a位可以选择。

白棋的应手b、c、d 3种较为常见。

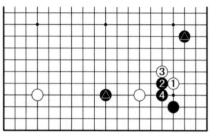

图8

图8（挂）

白1堂堂正正挂角。黑棋必然要将白二子分断。

黑2、4靠断。黑棋在△位已经有子限制白棋拆边，战斗黑有利。

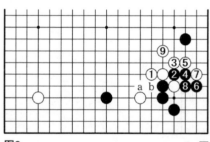

图9

图9（长）

白1长，选择弃掉一子。黑2断，白3打吃，白9虎补。但是后续还要注意黑棋有a或者b位分断的手段。

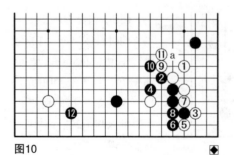

图10

图10（虎）

白1虎，弃掉外挂一子也是简明下法。这样白棋抢占黑棋角地的同时，白9、11出头。

白9如果脱先，黑a封锁是绝好点。

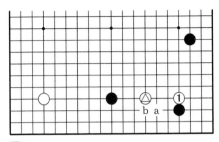

图11

图11（靠）

白1靠寻求腾挪。白△如果在a位或者b位，白1的效果会更好。

△位置较远，后续黑棋可战。

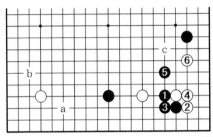

图12

图12（转换）

黑1扳，白2反扳谋求角地。进行至白6双方两分。

接下来黑a挂角，白b小飞守角，黑c封头是绝好配置。

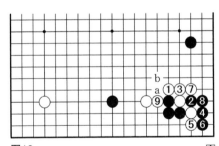

图13

图13（外势）

如果白棋不想让黑在下边形成模样，可以选择1位扳。

黑2吃掉白一子。如果黑a、白b的征子白棋有利，白9是好点。

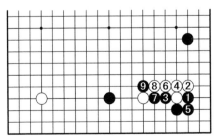

图14

图14（扳）

黑1扳，白2外扳，黑3、5好手。白6、8封头，但黑9断是黑棋的既定手段。黑可战。

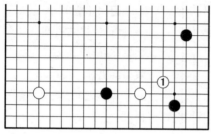

图15

图15（小飞）

白1小飞是轻灵的下法。此时黑棋没有严厉的攻击手段。但是另一方面白棋也无法快速整形获得眼位。

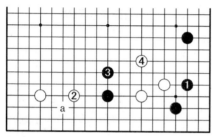

图16

图16（互攻）

接下来黑1守角、白2夹击。如果再被黑抢到a位挂角，则黑明显有利。

黑3跳、白4跳形成互攻局面。

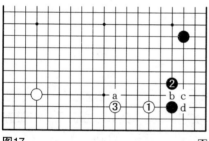

图17

图17（充分）

白1外挂，黑若在a位一带夹击，则白b、黑c、白d切断严厉。

黑2守角棋形充分，可以满意。

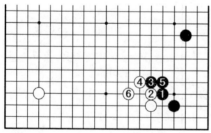

图18

图18（别法）

此时黑1小尖也是一种选择。白2，黑3、5扩张中国流的模样。实战中曾出现黑3在6位夹击的积极下法。

林海峰围棋死活快速提高200题：基础力

（日）林海峰　著
　　　　　马旭赫　译

出版日期：2022年2月
书　　　号：ISBN 978-7-5591-2422-7
定　　　价：50.00元

林海峰围棋死活快速提高200题：必杀力

（日）林海峰　著
　　　　　母东让　胡丹蔚　译

出版日期：2022年2月
书　　　号：ISBN 978-7-5591-2421-0
定　　　价：50.00元

林海峰围棋死活快速提高200题：逆转力

（日）林海峰　著
　　　　　苏　甦　译

出版日期：2022年2月
书　　　号：ISBN 978-7-5591-2420-3
定　　　价：50.00元

阿尔法围棋是如何思考的？

（日）河野临（日）小松英树（日）一力辽　著

苏　甦　译

书号：ISBN 978-7-5591-1467-9

定价：58.00元

· 本书选取阿尔法围棋带有强大冲击力的精彩手段，展现具体的应对方法。
· 回答问题的是被誉为最努力棋手的河野临九段和才气逼人的棋手—力辽八段。
· 由小松英树九段作为出题者和其他两位棋手共同研讨和讲解。
· 本书将以往的常规下法进行详细介绍，力图加深对阿尔法围棋的理解。

围棋手筋宝典

（日）石田芳夫　著

马旭赫　译

书号：ISBN 978-7-5591-1468-6

定价：48.00元

· 本书收录了实战中常见的手筋形、手段形等共668图。
· 依据棋子构成形状和主要部分所占路数区分主要棋形。
· 各个棋形配有相应的相似图、参考图或次序图。
· 参照图中配有类似棋形或双方对同一手筋的不同下法，以供参考。

围棋实战名局妙手

（日）鹤山淳志　著

苏　甦　译

书号：ISBN 978-7-5591-1781-6

定价：48.00元

· 本书中以序盘和中盘为中心，选取了职业棋手对局中比较精彩的38个片段，简化读者的打谱时间。
· 每道题目都设置了ABC三个选项，对每一个选项的实战变化做了深入分析，附录了问题图之前的对局次序图。

围棋常用定式与序盘策略

（日）大桥成哉　编著
　　　　刘　林　译

出版日期：2023年5月
书　　　号：ISBN 978-7-5591-2896-6
定　　　价：50.00元

围棋高手在想什么：基本作战问题大集锦

（日）水间俊文　编著
　　　　鲁　健　刘　林　译

出版日期：2023年5月
书　　　号：ISBN 978-7-5591-2897-3
定　　　价：58.00元

围棋打谱提高法：黑棋的作战下法与白棋的行棋意图

（日）水间俊文　编著
　　　　刘　林　鲁　健　译

出版日期：2023年5月
书　　　号：ISBN 978-7-5591-2898-0
定　　　价：58.00元

围棋点三三定式与攻防

（日）藤森稔树　著
　　　　刘　林　译

出版日期：2023年4月
书　　　号：ISBN 978-7-5591-2927-7
定　　　价：58.00元

本套图书《围棋进阶练习之棋形篇》（上、中、下三册）则主要侧重围棋局部的各种"间架结构"，以弥补市面上其他优秀作品所未能涵盖的部分。通过八章专题的讲解，力图让围棋爱好者进一步具备优秀的棋形感觉。在内容的结构上，每章分例题讲解和习题精练两部分，并留有综合练习部分以供围棋爱好者巩固。

围棋进阶练习之棋形篇（上）——基础棋形

沙 砾 编著
幅面尺寸：170mm×240mm
页 数：144
书 号：ISBN 978-7-5591-1375-7
定 价：28.00元

本册主要面向级位阶段的初级爱好者。

围棋进阶练习之棋形篇（中）——常见棋形

沙 砾 编著
幅面尺寸：170mm×240mm
页 数：160
书 号：ISBN 978-7-5591-1372-6
定 价：28.00元

本册主要面向业余低段阶段的中级爱好者。

围棋进阶练习之棋形篇（下）——实战棋形

沙 砾 编著
幅面尺寸：170mm×240mm
页 数：148
书 号：ISBN 978-7-5591-1371-9
定 价：28.00元

本册主要面向业余中高段的爱好者。